邱二毛
著

轻松读秦史

大秦王朝那些事儿

中国检察出版社

作者简介

邱二毛,本名邱春艳,男,土家族,青年作家,媒体人。曾用笔名雁春秋、秋实等,1982年生于湖北利川。

自幼喜爱写作,中学时开始发表文章,在校期间曾在《星星》诗刊、《青年文学》、《青年文学家》、《中国青年研究》等省、国家级刊物发表文学作品近百万字。作品多次被知名刊物转载,小说作品入选多种青春文学选集,在校期间出版有小说集《青春汛期》。

工作期间,新闻作品多次获全国性新闻奖项。现为检察日报社总编室副主任、中国诗歌学会会员、中国少数民族作家学会会员、中国检察官文联文学协会会员。工作之余运营原创微信公众号"邱二毛的文字铺",以写人物和故事为主,或以古人笔法写今人今事;或以今人笔法写古人旧事;用暗黑手法写毒鸡汤;用不正经手法传递正能量。所写作的"新史记系列作品"获得广泛影响,所写作的非虚构作品《世上自是有情痴,官场再无陈行甲》等成为现象级的刷屏作品。

喜欢简单粗暴的运动。连续三年跑完北京马拉松(全程42.195公里)。

扫一扫,进入邱二毛的文字铺

新史记·邱二毛自传

（代序）

　　新太史二毛曰：凡人可立传呼？答曰可。

　　史者，凡过往者，人人皆史，事事皆史。人生天地之间，若白驹过隙，忽然而已。大夫与布衣，英雄与凡人，千古帝王与斗升小民，皆将于浩渺光景中成土灰。然史书立传者，或为帝王将相，或为英雄大夫，鲜见凡人。

　　何故？盖因史者以为奇人创历史，与凡人无关。然凡人如海之浪花，若无渺小之花，何来大海之澎湃？若无凡人，何来英雄？是故新太史二毛愿为凡人立传也。凡人既可立传，乃自二毛始。

　　邱二毛者，一九八二年生，楚地清江郡利川人。其先为齐太公望吕尚（姜尚）之后。太公封于齐而都营丘，其支庶居于营丘者，遂以丘为氏，世居扶风。自汉始，因避孔丘名讳，若干丘氏改为邱。清雍正三年，颁诏尊师重道，称先师孔子圣讳，理应回避，凡系姓氏、地名，丘字一律加邑部为邱字。二毛之祖，原居闽南，后迁于楚地清江郡。

　　二毛生于布衣之家，父为师，母佣耕。生两子，长子唤作大毛，曰海燕。次子为二毛，曰春燕。求学时笔误，师以为春艳，遂以此名入档，自此谬误成真，无改。是所谓男人女名，贵也。

　　幼时，长者问其志何如？二毛答曰或威武如成吉思汗征战寰宇，或勇猛如将军领千军万马杀敌，或智慧如诸葛运筹帷幄决胜千里，或快意如江湖大侠替天行道锄强扶弱。长者叹曰,黄口小儿口出狂言,不足为外人道也。

及入学,父管教甚严,曰:棍棒之下出孝子,拳脚之下思进取。乃苦其心志,劳其筋骨,勤其身手。稍有乖戾之事,殴之。学业未及甲等,殴之。助父母锄地耕田,若不尽心,殴之。

其时,二毛勤学善思,学业甲等,尤好作文。长短课文皆能诵之,亦出口成章,杜撰故事,同龄少年皆服,常跟随左右。某年,乡童作文大赛,二毛夺冠,父甚慰之。

二毛渐长,读书愈狂。爱读书作文,不喜算术。然父尤擅授算术,亲督导之。二毛算术亦能夺冠。某日,一算术题师不得解,二毛解之。师大喜,告其父,父亦喜。

又数年,入初中,二毛愈爱文史哲,不喜数理化,然成绩尚可。学业毕升高中,摘得班级桂冠,入城中重点。然偏科愈甚,文名列前茅,理名落孙山。常读红楼等中外名著,喜作文更甚,乃暗自思忖:吾当学曹公著红楼留青史也。未几,有文见诸期刊,稿酬若干,大喜。恐人误其性,乃以姓名倒行,号曰"雁春秋",似有刀笔侠义之感。

又三年,高中毕,算术大败,险落榜。乃入一三流太学府习新闻之术。然新闻无学,二毛常避课,或读书,或作文。文见报端期刊者,多不可数。稿酬渐丰,二毛以作生计,解父母之贫。时有作文之师曰周剑,颇爱其才,悉心教授,左右荐之,又集其作文展之,学府皆知二毛之才。遂邀二毛以弟子之身登教授讲堂,为师兄妹传经解惑,从者无数。

又三年,著《青春汛期》。明年,太学毕。北上京城求职。

初,二毛贫,租住地舍。念及李斯之事,亦叹曰:人之贤不肖譬如鼠矣,在所自处耳。

二零零六年,二毛因著作颇丰,擅作文,于数百人中胜出,入某报为刀笔吏。二毛传书恩师报喜,奈何恩师周剑因病升天,转喜为悲。

当年既有雄文,独领风骚,稿酬颇丰,然未获重用。明年,请辞。辗转多报,皆胜任。乃留于京西某报,仍为刀笔吏。多作官样文。然二毛以为:官样文亦可锦绣。乃奋笔疾书点石成金,同僚赞之。

二毛喜读史,以秦史为甚。二毛曰,史者,国之大典,述往以为来者师,乃国家民族文化之基。然国人知史者甚少。乃叹曰:国人需普法,亦需普史也。某年,欲著秦之书,以故事记之,以利众人阅。又数年,子生,大喜。作政文愈多,渐不堪案牍之劳行,身心俱疲。秦之书乃搁置。

业余乃作小文以忘忧,研公号之术。号曰:邱二毛的文字铺。然文学之梦已逝,岂敢再言学曹公著红楼,唯消遣尔。于是日渐平凡,终无大成。

又数年,秦之书乃成。因公私繁忙,一年后乃付梓。

二毛为人何如?旁人曰:至情至性重情重义多愁善感也。

及成年,父母常在楚地,兄在南粤,皆远隔千里。每念及家人,二毛竟泪盈枕席,夜不能寐。某年,妹病重,二毛遍寻京城良医救治,终康复。

二毛求学时,有师妹肖氏,湘女子也。时为学府电视台采访者,受命访之。遂识二毛,相谈甚欢,互生爱慕,终结秦晋之好。二毛至京城,肖氏俭以修身,以钱财助之。待学业毕,肖氏随二毛北上,同甘共苦。二毛惜之,爱妻如一,始终不渝。

幼时,二毛能文武,兄弟跟随者甚众,常与人斗殴,皆胜。见不平事,常与兄弟助之。某日,见集镇恶霸欺乡下弱小,恨不能相助,耿耿于怀。及成年,兄弟四散各方,江湖已远,再见不平事,庙堂之外一刀笔吏,为之奈何?念及兄弟之情,叹行侠仗义梦断,不免黯然神伤。

呜呼!人人皆有不凡之志,初,多与二毛同。然不凡之人鲜见矣,不凡之梦多坠落凡尘,亦犹如二毛也。自此不提效成吉思汗诸葛等人,亦不提曹公红楼之事。

时值共和七十年,二毛三十有六。曾梦中惊醒,自问曰:吾是何人?身在何处?去向何方?念及壮志未酬,不觉以泪洗面。亦如陈拾遗所吟：前不见古人，后不见来者，念天地之悠悠，独怆然而涕下。及深思，乃淡泊。

某夜，再与周公相会。遇一神，问曰：汝之壮志何如？答曰：无壮志。惟愿岁月静好，妻儿团圆，父母享乐，兄妹安康，自此终老凡尘，无憾也。神曰可。

二毛醒，乃歌吟。

歌曰：

吾本碌碌一北漂，哪堪纷纷世上扰。庙堂江湖皆已远，情系何处写离骚？

或曰：

世人皆为前途愁，我煮文字为淡酒。勿求沉醉忘归路，只需微醺去烦忧。

邱二毛作于2018年4月8日，2018年6月13日修正

4

目 录

第一章　　那一场改变历史的举重比赛｜001

第二章　　骑黑马的落魄王孙｜007

第三章　　天下首富的烦恼｜013

第四章　　史上最强的跨国官商合作｜019

第五章　　嬴政的身世之迷｜026

第六章　　嬴政的悲催童年和少年｜030

第七章　　吕不韦的志气与霸气｜035

第八章　　太后情缘｜042

第九章　　吕不韦的最后时光｜049

第十章　　谍影重重的大秦帝国｜054

第十一章 | 人才济济和阴谋遍地的大秦帝国 | 058

第十二章 | 赵国牛人李牧的崛起 | 065

第十三章 | 屈韩灭赵,打响统一第一枪 | 072

第十四章 | 一场注定失败却要名垂千古的刺杀(上) | 078

第十五章 | 一场注定失败却要名垂千古的刺杀(下) | 084

第十六章 | 用对人,统一就完成了一半 | 092

第十七章 | 真正的统一,从心开始 | 099

第十八章 | 大秦帝国改革总设计师 | 104

第十九章 | 大秦帝国的总工程师 | 108

第二十章 | 帝国那么大,皇帝想去看看 | 112

第二十一章 | 长生路漫漫,始皇上下而求索 | 118

第二十二章 | 从英雄到"寡人" | 125

第二十三章 | 那些年,皇帝遇到的刺客 | 129

第二十四章 | 危机四伏的巡游之路 | 135

第二十五章 | 始皇驾崩，竟与臭鲍鱼"同床共枕" | 141

第二十六章 | 惊天变局，沙丘之谋静悄悄 | 149

第二十七章 | 同流合污，造反三人团形成 | 154

第二十八章 | 造反造反！以皇帝的名义造皇帝的反 | 161

第二十九章 | 后宫之谜，母仪天下的人是谁 | 168

第三十章 | 立储之惑成祸 | 177

第三十一章 | 胡亥即位，杀人立威 | 183

第三十二章 | 蒙氏蒙冤，帝国双璧陨落 | 190

第三十三章 | 李斯落难 | 200

第三十四章 | 李斯的最后自白：如果再回到从前 | 211

第三十五章 | 二世末日：从一部《指鹿为马》的大片开始 | 219

第三十六章   阴谋落幕：阴谋家赵高死于"阴谋" ｜ 227

第三十七章   大泽乡疑云：一场"骗局"引发的起义 ｜ 236

第三十八章   最后一战：少府章邯力挽狂澜 ｜ 244

第三十九章   君梦成骸：大秦王朝留下千年背影 ｜ 251

1 那一场改变历史的举重比赛

武王有力好戏，力士任鄙、乌获、孟贲皆至大官。王与孟贲举鼎，绝膑。八月，武王死。

——《史记·秦本纪》

秦武王英年早逝的惨剧给了后人一个启示：最能举的得到的不一定是举重冠军称号，还有可能砸到自己的脚。

——《轻松读秦史》

很多年以后，秦始皇嬴政亲政之日，面对那些对他顶礼膜拜的臣民，面对山呼海啸响彻皇宫内院的"皇帝陛下"的呼声时，他一定会记得很多年前的那场举重比赛。也就是他的曾叔祖父秦武王举办的一场比赛。那次举世瞩目的比赛也正是嬴政此刻能够当上皇帝，接受朝拜，舒舒服服地遥想当年的必要而不充分条件。也就是说，有了那次举重比赛，嬴政未必一定能当上皇帝，但如果没有这次比赛，嬴政一定当不上皇帝。

既然这次比赛如此重要，那我们还是先回顾一下这次比赛的盛况吧。

比赛项目：举重

比赛器具：一级国宝雍州鼎

重量：1000斤（传说中是千钧，即三万斤，这个数目有点太传说了，

1

咱还是低调一点,就算一千斤吧)

　　发起人:秦武王

　　临时组委会主任:秦武王

　　运动员:秦武王,大臣任鄙、孟贲

　　裁判员:秦武王

　　观众:秦武王随员大臣

　　颁奖单位:秦国朝廷

　　颁奖嘉宾:秦武王

　　宣传机构:秦武王办公厅

　　从这张简表我们可以看出,秦武王对体育运动尤其是举重项目非常重视,亲力亲为,集发起人、组织者、运动员、裁判员、颁奖嘉宾于一身。

　　与一般的比赛不一样的是,这次比赛没有提前准备,而是临时发起的。

　　公元前307年,秦军伐魏,攻下宜阳。周都洛阳离宜阳很近,顿时门户大开。秦军占领宜阳后,前方将士请示秦武王,是继续攻魏还是先去周都洛阳玩玩再说。秦武王指示说,既然都到天子脚下了,当然要进城去玩玩,也好让将士们开开眼,看看都城的花花世界,好让他们以后正式攻打洛阳时有点动力。当然,除此之外,秦武王还有点花花肠子没告诉他的部下们——他对天子之城里的一样东西很感兴趣。

　　因此,武王不仅批准了前方将士进城去看看的请求,而且亲率任鄙、孟贲所部的精兵强将前往攻打洛阳。前方将士早就想进城去看看周朝都城的美女和国宝了,得到武王之令,自然个个精神抖擞,磨刀擦枪,志在必得。因为他们知道,此时的周天子虽然仍然是传说中的天下共主,但身边根本没有什么能打的军队。所以,要真打起来,周天子一定扛不了多久。

没想到周天子太不够意思,他根本没有打算抵抗,还亲自出城迎接秦军。估计还说了几句"洛阳欢迎你!全国人民都很欢迎你"之类的话。

这样一来,秦武王反倒有些不好意思了。人家毕竟是天子,亲自出城相迎,还免费让秦军游览都城和皇宫,如果自己再带兵进去打砸抢烧,是不是有点过了?传出去有点不厚道。

于是秦武王善心大发,决定大军主力就不进城了,就在城外驻扎。自己只带部分精兵入城,并且向周天子保证,进去只是想看一样东西,绝不会有不文明不友好的举动。

周天子自然很高兴,不过有些担心,秦武王想参观的不会是我大周朝的传国玉玺吧?如果是这样,就麻烦了,因为秦武王参观完以后,很有可能会提出借回去玩玩,鉴赏鉴赏之类的要求。

但是情况比周天子想像的要好点。秦武王想参观的是九鼎。虽然九鼎也是天下的象征,问鼎就等于挑战天子地位,但是这比参观传国玉玺要好点,至少,这九鼎没那么容易带走。

因此,周天子还暗自庆幸了一下,一高兴就派了名周朝的办公厅主任一类的官员陪同秦武王一行参观九鼎,并负责导游和讲解。

这样,在周朝办公厅主任的引领下,秦武王率领任鄙、孟贲等直奔周室太庙,去看周朝一级国宝——九鼎。

只见九个宝鼎一字排列在殿堂之内。这时,周朝办公厅主任开始解说:这九鼎本是大禹收取天下九州的贡金铸成,每鼎代表一州,共有荆、梁、雍、豫、徐、青、扬、兖、冀九州,上刻本州山川人物、土地贡赋之数。

秦武王将九鼎仔细欣赏一番,看到雍州鼎时,突然想到了一个问题:这些鼎有人举过吗?周朝人员很配合地回答说:"自从有鼎以来,没有听说也没有人见过举鼎,这鼎重达千钧,谁能举得起呀!"

秦武王有此问,实在是跟他的个人爱好有关。

传说中的秦武王,身高体壮,崇尚武力,勇力超人。常以斗力为乐,凡是勇力过人者,他都提拔为将,置于身边。乌获和任鄙以勇猛力大闻名,秦武王就破例提拔为将,给予高官厚禄。齐国人孟贲,力大无穷,勇冠海岱:陆行不怕虎狼,水行不避蛟龙,一人同时可制服两头野牛。听说秦武王重用天下勇士,孟贲西赴咸阳面见秦武王,被任用为将,与乌获、任鄙享受一样的待遇。

不过包括扳手腕、举石头之类的游戏估计秦武王都已经玩过了,实在搞不出什么新意来,也没有挑战性。

听说这雍州鼎没被人举过,秦武王马上兴奋起来。这一级国宝又重又大,实在是举重比赛的最佳器具。更重要的是,打坏了不用赔,自己也不用心疼。

传说此鼎重达千钧,每钧相当于三十斤,也就是说这鼎有三万斤。不过这个说法有点太传说了。估计回答他的那个周朝陪同人员的话是虚指,主要是形容此鼎很重。咱们还是低调一点,就算它一千斤吧。不过就这个数,对于人类来说也是极有挑战性的。

但秦武王玩的就是心跳,玩的就是挑战。他决定就地开展一场举鼎比赛。参赛队员就是大将任鄙、孟贲和他自己。

不过他想探探二将的口风,于是就问任鄙、孟贲两人:"你们两人合力,能不能把这个鼎举起来呀?"任鄙知道武王好显摆自己力大,便假装认怂:老大,我只能举百钧之物。这鼎重千钧,我实在举不起来呢。秦武王知道任鄙这家伙是在故意推让,有点不高兴。心想,还没开赛,有资格参加比赛的一名运动员就自动放弃了比赛资格。这比赛怎么能热闹起来!

孟贲知道主子正在兴头上,如果自己再推让,不参与一下,给秦武王一点陪衬,恐怕武王会发飙,后果会很严重,自己的日子肯定不好过。

于是，孟贲知趣地说，我可以试试，但如果举不起来，请老大也不要怪我。说完，孟贲貌似使出浑身力气举鼎，结果也能只将鼎举起来离地面一点点便撑不住了，只得让鼎重重地落在地上。放下巨鼎，孟贲晕乎乎地无法站稳，幸好被左右拉住，才没倒在地上。当然，这极有可能是孟贲故意做出来的假动作，以便为武王的英明神武作铺垫。

秦武王对孟贲的表现很满意，心里想，这个孟贲还算懂事。但嘴上却说："你能把鼎举离地面，哥难道还不如你？"

这时，不太知趣的任鄙又说话了："大王万乘之躯，不要轻易试力"。

秦武王很生气，大骂任鄙一通。大意是，你自己举不起来还不让别人举！

秦武王的随员中负责宣传的人，都已草拟好了宣传稿件，准备回国之后将秦武王成功举鼎的事情广而告之，并将秦武王重视体育运动的有关重要讲话印发到各级衙门机构。但是当时没有照相机，无法将武王举鼎的壮观场面呈现在国人面前，不过，没关系，秦国负责宣传的官员找了个会速写素描的人，准备将秦武王举鼎的那一刻画下来。回国后让全国人民看到他们的领袖是如何英明神武。

秦武王骂完任鄙，又发表了重要讲话之后，就卸下锦袍玉带，束紧腰带，大踏步上前，伸手抓住鼎耳，心想："孟贲只能举起地面，我举起后应移动几步，才能显出高低"。于是，深呼吸以后，使出全身力气举鼎。鼎被举起半尺，武王接着移动左脚，不料右脚独力难支，身子一歪，鼎落地面，正砸到右脚上，武王惨叫一声，倒在地上。众人慌忙上前，把鼎搬开，但武王筋脉尽断，而且右脚足骨被压碎，鲜血流了一滩。可惜当时没有120，王室御医许久才赶来，且救护器具不齐全，施救难度很大。此时，武王已昏迷不省人事，仍然自言自语："心愿已了，虽死无恨。"不久，秦武王因抢救无效死亡。

就这样，这场本来是小规模的比赛，却变成举世震惊，前无古人后无来者的举重比赛。

原本团结友好的比赛,变成了一场失败的比赛,哭笑不得的比赛。

比赛过后,秦国追究责任,将孟贲五马分尸,诛灭其族;奖励任鄙劝谏之功,升为汉中太守;其他怂恿武王举鼎并为之喝彩的也一律问罪。

周天子听到秦武王的死讯,自然高兴得手舞足蹈,但是面子上还得过得去,于是亲往哭吊。

秦武王英年早逝(死时23岁)的惨剧给了后人一个启示:最能举的得到的不一定是举重冠军称号,还有可能砸到自己的脚。

秦武王死后,秦国立正在燕国为人质的异母弟公子稷为王,是为秦昭襄王,也就是秦始皇的曾祖父。如果不是这场比赛,秦武王就不会突然死亡,如果等到他自然死亡,那么就轮不到秦始皇的曾祖父嬴稷做秦王,嬴政也就不会成为秦王,更不会成为皇帝。所以说,这场举世震惊的举重比赛是嬴政能当上皇帝的必要不充分条件。

2 骑黑马的落魄王孙

安国君中男名子楚,子楚母曰夏姬,毋爱。子楚为秦质子于赵。秦数攻赵,赵不甚礼子楚。

——《史记·吕不韦列传》

贫贱王孙百事衰。手中没钱,没办法打点周围的人,也没法给身边的人小费,因此连下人们有时候都不把他当干部。最郁闷的是,正值青春年少的他,有时候想在赵国的"天上人间"找个小姐消遣一下心中的寂寞空虚都没有钱。王孙做到这个份上,也实在是无聊之极了。

——《轻松读秦史》

既然在秦国姥姥不疼舅舅不爱,没有关系也没有后台,呆在这里只能给广大的亲友们添堵,甚至还有生命危险,那么,出国锻炼一下也不失为一种好办法。即使是倒霉透顶,碰上两国交战敌方撕票杀了自己,也还可以落得个国家英雄的虚名,混个烈士当当。总比不明不白的死在争宠的暗枪冷箭中强。

——《轻松读秦史》

教科书告诉我们,历史是偶然性与必然性的结合。必然性就是人类社会发展的规律。读过点书的人都知道,这个必然性没什么好讲的。历史之所以动人,往往是因为它其中的那些偶然性因素,有了那些偶然性的故事,历史才变得既波澜壮阔,又委婉动人。

所以很抱歉，我们的嬴政同志到现在还不能出场，因为我们要讲讲他在历史舞台上出场的偶然性，这就要从他的爷爷的爹也就是他的曾祖父秦昭襄王嬴稷讲起。

应该说，嬴稷同志是个有理想有文化的好青年，但身为燕国人质，嬴稷同志本来没有什么太多的奢求，他只希望秦国不要隔三差五的找燕国的麻烦，自己的日子能好过点。

可是历史的偶然性给了他惊喜。他的哥哥秦武王在一场比赛中意外身亡。本来，这件事跟他也没有太大关系。秦武王虽没有子嗣，但兄弟却有一大把，嬴稷这个同父异母的兄弟按说是肯定没希望的。

但一个叫魏冉的人给了他希望。

魏冉，战国时代秦国名臣，在秦惠文王、秦武王时代，都是手握大权的人物，在当时的秦国有相当高的威望。而这样一个举重轻重的人物，又恰恰是嬴稷的生母芈八子（后来的宣太后）同父异母的长兄。

于是，在实力派大臣魏冉的极力支持下，19岁的嬴稷被拥立为秦王。身为质子的嬴稷能够强势回归并被拥立为王，这件事告诉我们：无论何时，"朝中有人好办事"绝对是真理。

前面说过，嬴稷同志是个有理想有文化的好青年，他上台后，果然没有让大家失望，成为一代名主。

哥哥秦武王的悲剧也给了嬴稷同志一个启示：身体是革命的本钱。于是，他在政治上大展宏图的同时，也格外注意保重身体，一口气活了74岁，在位共56年。在秦历代君王中在位时间是最长的，在最后六七位秦君王中，他统治的时间超过了前任的孝公、惠文王、武王的总和，也超过了后面的孝文王、庄襄王和始皇帝的总和，是真正的前无古人后无来者。

嬴稷同志在位初期，其母宣太后当权，贵族外戚骄横，大权旁落。到自己59岁时，嬴稷终于发飙，毅然采取措施驱逐专权的贵族外戚，废黜太后，剥夺魏冉等人的大权，重整纲纪。任用范雎为相，白起为将，采取远交近攻的谋略,干了很多大事:比如坑杀赵军四十万的长平之战;灭掉具有象征意义的"西周公国",给其他各国极大的军事和心理威慑。

总之,嬴稷同志在位期间,秦国奉行了正确的外交政策,并造就了一支能征善战的强大军队,取得了一系列重大战役的胜利,为秦统一战争的胜利奠定了坚实的基础。

因此,嬴稷在位后期,秦对六国的斗争实质上已取得决定性胜利。他统治秦国的时代也被认为是和秦孝公时代、秦王政时代(称帝前的时期)并驾齐驱的重要时代。

嬴稷在位期间,干了很多大事,同时也干了在当时看来是一件很小,但对后来秦国影响深远的事:送自己的孙子异人到赵国当质子。

质子,即派往敌方或他国去的人质。战国时代,互派质子是一种历史潮流。质子多为王子或世子等出身贵族的人。嬴稷同志、异人同志、燕太子丹这些历史文化名人都有当质子的经历。

嬴稷有不少子孙,为何派异人去赵国当质子呢?这里面的因素复杂,我们只能作些合理的猜想。

身为王子王孙的人被送去当质子,无非有这么几个原因:一是你在本国太重要了,对执政者的权力造成一定程度的威胁,执政者看你不顺眼,那么送你去火坑自然是最好的选择(嬴稷属此类);二是敌国或他国认为你是个人才,将来会对自己的国家造成威胁,点名要求你去做人质,防止你掌权(燕太子丹属此类);三是执政者太看重你了,有意派你去做人质,磨砺你,锻炼你;四是你在本国位卑权小,执政者觉得你无足轻重,可有可无,放在本国无用,死马当活马医,送去忽悠一把敌国还是可以的;五是你运气不好,抽签抽中你了,或者是执政者毫无理由,一拍大腿说就是你了。

当时派质子还有一个潜规则:强国可以派不重要的王子王孙去敌国当质子,可弱国就必须派自己重要的王子王孙去强国做质子(燕太子丹当属此类)。

根据异人当时在秦国的地位,我们大致可以推断,前三种原因对于异人来说都不大可能,那么最大的可能就是后两种,一是异人地位卑微,无足轻重,送去敌国也无所谓;另一种是异人的运气不好,嬴稷随便一说,就点中了他。异人,异人,一听这名就不是一般人,就不是王族的同类人,不派你派谁,你不下地狱谁下地狱?

　　但是拨开历史的层层迷雾,异人被送去赵国当质子的真正原因还可能是:异人毛遂自荐去赵国当质子。

　　是的,你没有看错,是异人主动提出了去当质子的请求。

　　当质子可不是闹着玩的,怎么说也是当时危险系数最高的职业。因两国交恶撕票处死质子的事件在当时并不鲜见。那么,异人为什么还要主动请缨,把自己送上险途?答案只有一个:呆在秦国比去当质子更危险。

　　只要分析一下异人的处境就觉得一切顺理成章。

　　异人的父亲安国君膝下有二十多个儿子。异人既不是长子,也不是最小的,处于尴尬的中间位置。异人的生母夏姬很不得宠,一年都见不上安国君一面。而异人本身也没有什么出色的表现(或许是怕被暗算搞低调),也不为安国君所喜爱。异人不但是庶出的孙子,而且还是不受器重的儿子,在他祖父秦昭襄王、他父亲安国君心中,他这个人几乎是可有可无的。

　　我们现在看过宫廷剧的人都知道,王子王孙们争权夺利争风吃醋是再平常不过的事儿,稍有不慎,搞不好小命就丢了。异人同志虽然没有看过宫廷剧,但是他毕竟读书,前朝旧事还是知道些。因此,他深知作为一个没有后台的王孙的凶险。虽然他自己平日里做事谨小慎微,低调低调再低调,但也保不齐被人利用暗算,卷入其他兄弟的争斗中,尽管自己什么都没干,但说不定哪天死翘翘了都还不知道是怎么回事。最郁闷的是,就连每月该发给他的俸禄和吃穿用度的零花钱,秦王室办公厅也经常拖欠,搞得他这个王孙手头紧巴巴的,根本没钱结交朋友和泡妞。

既然在秦国姥姥不疼舅舅不爱,没有关系也没有后台,呆在这里只能给广大的亲友们添堵,甚至还有生命危险,那么,出国锻炼一下也不失为一种好办法。即使是倒霉透顶,碰上两国交战敌方撕票杀了自己,也还可以落得个国家英雄的虚名,混个烈士当当,总比不明不白的死在争宠的暗枪冷箭中强。

异人作出那样的决定,或许还有一层考虑:获得祖父秦昭襄王嬴稷乃至整个秦王室的好感。所谓英雄惜英雄,惺惺惜惺惺。人们对于跟自己经历相似的人,很自然的就会有一种认同感。嬴稷同志年轻时曾被派往燕国做人质,自己如果也来一段这样的经历,说不定就能获得祖父的好感,至少,也能赚取点同情分,关键时刻或许能为自己说句话。另外,异人主动提出去做人质,给秦王室省去了不少事,毕竟,被冷落的王子王孙并不止异人一个,如果没有人主动报名,决策者还得费尽心思去想安排谁去做人质合适,毕竟面子上还要显得公平一些才好。此时,异人主动请缨,让决策者顿时解脱了,也省去了王子王孙们抽签和石头剪子布的麻烦。这样,就消弭了兄弟们对他的敌意。

从以上因素分析,异人主动提出去赵国做人质,的确是置之死地而后生的聪明之举。从后来异人的表现,我们完全有理由相信,以异人的禀赋智商,是能够作出这样明智的决定的。

不管是哪种原因,总之王孙异人被送去赵国"深造"了。

异人出国的那天,兄弟们都来相送。这是异人有生以来得到的最高礼遇。由于他位卑言轻,平日里,兄弟们都把他空气,没几个人正眼看过他。这下,他走了,自己轻松,兄弟们也轻松。不管怎么说,又少了一个潜在的对手。大家都这么想。然而,就连异人自己也料想不到,他后来竟然成为兄弟们竞争王位的最强对手。

在去赵国的车上,异人思绪万千,忍不住展望未来。他多么希望看到自己的光明前景,可是,展望来展望去,他的未来除了灰暗还是灰暗。

异人到了赵国之后,秦国仍然时不时的来点磨擦,搞搞军事冲突,甚至直接攻打赵国。一般情况下,送去质子之后又去攻打对方,对方是可能杀掉质子的。对秦国来说,送去质子又攻打赵国,意味着牺牲异人。但是,秦强赵弱,赵虽然被攻,却不敢轻易杀掉质子。

不过,赵国虽然不杀异人,但是偶尔饿他几顿,羞辱他几下还是可以的。因此,异人虽然贵为王孙,在赵国却得不到相应的礼遇,常常被赵国负责外事招待的人讥讽挖苦,百般刁难。

政治上得不到礼遇,经济上也很窘迫。秦国拨给他的经费本来就不足,中间人还层层盘剥克扣,到他手里的就更少。堂堂王孙的经费,谁敢克扣?但的确有人敢。因为他是落魄王孙。

贫贱王孙百事衰。手中没钱,没办法打点周围的人,也没法给身边的人小费,因此连下人有时候都不把他当干部。最郁闷的是,正值青春年少的他,有时候想在赵国的"天上人间"找个小姐消遣一下心中的寂寞空虚都没有钱。王孙做到这个份上,也实在是无聊之极了。

骑白马的不一定是王子王孙,反过来,王子王孙也不一定骑白马,也有可能骑黑马或者毛驴。在赵国街头,人们经常看到,一位叫异人的王孙骑着一匹又黑又瘦的马,脸上写满了忧郁。我本王孙,奈何落得这般田地?

直到此时,质子异人的前途还是一片渺茫。

如果有人问,作为质子,经历了这么多,你有何感想?异人很可能会说,我的感想就是:理想很骨干,现实很操蛋。

3 天下首富的烦恼

吕不韦者,阳翟大贾人也。往来贩贱卖贵,家累千金。

——《史记·吕不韦列传》

富翁做到富可敌国,还有什么意思? 在吕不韦的人生规划里,做富翁远不是他的终极目标。因为他明白,在那样一个战乱纷飞风云变幻的年代里,金钱虽然能带来很多享受,但是却不能带来长时间的安全感和成就感。即使金钱再多,也不可能是天下最富有的人。只有站在权力顶峰的那个人,才是天下财富的真正主宰者。

——《轻松读秦史》

如果在投胎前可以选择自己的家庭背景,吕不韦的第一志愿绝对是帝王将相家。但是帝王将相毕竟没有那么多,吕不韦的第一志愿显然没有被录取。现实是,他出生在了一个商人家庭里。虽然"家庭成分"不好,吕不韦同志并没有放弃自己的理想。

——《轻松读秦史》

就在穷困落魄的异人在慨叹自己的不幸人生时,天下首富吕不韦同志也在为自己的前途烦扰着。

富翁做到富可敌国,还有什么意思? 在吕不韦的人生规划里,做富翁远不是他的终极目标。因为他明白,在那样一个战乱纷飞风云变幻的年代里,金钱虽然能带来很多享受,但是却不能带来长时间的安全感和成就感。即使金钱再多，也不可能是天下最富有的人。在这样的乱世，只有站在权力顶峰的那个人，才是天下财富的真正主宰者。

商贩，即使生意做得再大，终究也还是一个商贩。在这个轻商贱商的时代，商贩做到极致，也还是商贩，并不能留下一世英名。

相对于金钱来说，权力的力量就大得多。权力是最好的外衣，能让一个相貌平平者光芒四射，魅力逼人。权力比金钱更有吸引力——钱是他自己赚的，权是天下百姓给的；富翁只能指使一部分人，天下之主则可号令天下。在他看来，男人有权力才有魅力。即便你很有财，也很有才，但如果没有权力，便如未经打磨的玉，总欠缺一份光芒。

对于权力的迷恋，使得吕不韦同志的理想不可能是做个超级商贩，他佩服的是管仲那样的经天济世之才，他想做的买卖，是政治买卖。

如果在投胎前可以自由选择自己的家庭背景，吕不韦的第一志愿绝对是帝王将相家。但是帝王将相毕竟没有那么多，吕不韦的第一志愿显然没有被录取。现实是，他出生在了一个商人家庭里。虽然"家庭成分"不好，吕不韦同志并没有放弃自己的理想。他自小以历代前贤为榜样，发奋为自己的理想努力，读遍天下好书，锻炼身体，把自己搞得才华横溢健康阳光的样子，就像今天许多年轻人想的那样，吕不韦一度认为如果自己得不到重用，那么就是整个社会的损失和悲哀。

然而，社会的损失和悲哀实在是太多了，直到成年，吕不韦也没有获得一个登上政治舞台的机会。倒是父亲很欣赏他的才能，想早点拉他下水，希望他加入贩贱卖贵的商贩队伍里。

但吕不韦不为所动，他要坚持等待一位像鲍叔牙的人，把自己推荐给当政者，发挥自己的经天济世之才。他等啊等，等啊等，等到花儿都谢了又开了，开了又谢了，还是没有像鲍叔牙这样的人出现。而父亲天复一天年复一年的在他耳边聒噪，大意是经济基础决定上层建筑，你可以先赚点钱，到时候花钱买个官当当不也挺好的么之类的话。

如果不是他亲爹，吕不韦恨不得说一句：燕雀安知鸿鹄之志。我的远大理想可不是做一个小公务员,也不是做一个企业的总经理,而是要做一个国家的总理(丞相)。但因为眼前实在没有被重用的迹象,加之受不了老爹的聒噪,失望透顶的吕不韦终于决定下海了。

事到如今,让我下海也可以,但必须按我的方式操作。让我做,我就得干票大的。

经过几天深入思考,吕不韦有了思路:做国际商贩,搞国际贸易。这个思路得到了董事长吕不韦他爹老吕的认可。老吕意识到儿子的确是块干大事的料,于是全权放权给小吕,自己退居二线当顾问。

得到老爹的授权,吕不韦放手大干。他上任以后做的第一件事便是派出十几波人去各国做市场调研。主要调查在各国哪些东西精贵,哪些东西低贱。

不久,各路调研人马回到卫国,向吕总报告调研情况。吕不韦当机立断,开展国际贸易,贩贱卖贵。比如,在盐最便宜的国家大量购进盐,卖给盐最紧缺最贵的国家,赚取巨大的国际差价。

吕不韦火了。就靠着赚取这国际差价,吕不韦和他的吕氏集团身价数年之间几乎以等比数列的速度增长,吕氏集团也跻身于天下十强企业之中,并在各国都设立了分部。

但卫国毕竟太小,已经容不下他这样的商业大鳄。吕不韦决定搬迁总部。但选择总部地址是件破费思量的事。最终,吕不韦看上了国际大都市赵国都城邯郸。

虽然论国力尤其是军事力量,秦国已明显强于其他国家。但在商业发达程度上,还是远远逊色于赵国。在当时,邯郸的区位优势非常明显。正如《史记》所言:"然邯郸亦漳、河之间一都会也。北通燕、涿,南有郑、卫。"像这样一个四通八达的地方,在当时的确是一个独一无二的国际大都市。而大都市的重要特征就是商业繁荣。在这样一个地方,先后出现了猗顿、郭纵等商业巨子,又造就了个乱世奇商吕不韦,看来也是顺理成章的事。

虽然吕氏集团实力已经很强大,但刚搬到富商云集的邯郸,吕氏集团的名气与它的实力还远远不能匹配。聪明的吕不韦策划了一次广告活动,让吕氏集团名声大振,如日中天。说实话,单凭这次活动,吕不韦同志就足以担当广告宣传策划行业的开山祖师,被现今广告策划行业的白领们顶礼膜拜。

传说中,周天子有一镇国之宝——"皓镧"夜明珠。周天子将这颗夜明珠赏赐给当时一位名叫皓镧的公主,并以她的名字命名。足见皓镧公主颇受天子宠爱。为了避免和北方的狄族政权发生战争,周天子决定忍痛将皓镧公主嫁给北方狄族的首领,以示友好。但皓镧公主其实早已和周朝的一个将军私定了终身,当她得知周天子要把她嫁到北方偏远之地,自己将终身面对一个自己不喜欢的人时,就干脆和这个将军连夜逃出了王宫,还把这个皓镧明珠带走了。周天子知道以后,恼羞成怒,立即派兵追赶。皓镧公主和将军最后逃到了一座深山丛林之中,追兵搜寻了许久也没找到他们。周天子便命人火烧丛林,逼两人出来投降。但大火连续烧了几天几夜,最终也没有见皓镧公主和那个将军出来,大家都认为公主和将军都在大火中灰飞烟灭。然而几年以后,有人在丛林中偶然看到了一个美貌女子的身影,手里拿着一颗夜明珠,于是民间就流传说公主尚在人间,周天子派人到这个丛林中寻找,结果还是没有找到,只找到了公主的坟墓,掘开以后只发现一具男子的尸骨。在此之后,世间就有了皓镧明珠重现人间的传说。但仅仅只是传说,谁也没有亲见,皓镧明珠的下落也就成了一个迷。

吕不韦的策划或者说阴谋就从这个传说入手。他派人四处散布消息,说皓镧明珠已经重现民间,并且被一个富商买下,为了扩大生意投入,富商决定将皓镧明珠拍卖。富商本非赵国人,但听说赵国尤其是邯郸的有钱人多,便决定来到邯郸拍卖。

当邯郸城的人几乎都知道这条消息后,传说中的外国富商便拿着他的"皓镧明珠"在邯郸现身了。

尽管富商一开始便喊出了一个天价,但由于"皓镧明珠"的知名度神秘度,邯郸的大款们仍热情高涨,频频举牌。当然,吕不韦也是其中一个。

　　经过半天的激烈角逐,吕不韦最终以一个令所有邯郸富豪脸红心跳的、高不可攀的价码买下了"皓镧明珠"。此后,那个神奇的外国富商声称要用拍卖所得款项回国投资、振兴祖国的经济,消失在赵国人的视野中。

　　当晚,这位"外国富商"悄悄来到吕不韦的府邸,将拍卖所得款如数交给了吕总。当然,吕总给了他一笔不小的"小费",让他能走多远走多远。而那颗"皓镧明珠",也只是吕不韦平时收藏的一颗普通的夜明珠而已。只不过是经过了聘来客串的"外国商人"的手,一切都变得神奇起来。

　　通过一场"空对空"的拍卖,邯郸名流和权贵不仅见识了吕氏集团的雄厚实力,也见识了吕总运筹帷幄不同凡响的气度。

　　从此,吕氏集团不仅有了硬实力,也有了软实力——"吕氏品牌"的形象从此以后深入人心。如果那时有股市,那么吕氏集团绝对雄起!趁着这样的好时机,吕不韦加大投资力度,扩大企业规模,迅速抢占市场,短短几年间,一跃为天下最强企业。

　　吕氏集团就这样走到了财富顶峰,吕不韦就这样成为天下首富。商场上,他再无对手。生意做到这个份上,还有什么劲?

　　那时候富翁的生活可没有当今富翁这样多姿多彩。没有大规模的慈善活动,顶多不过是在街上碰到几个乞丐,让下人打发他们点吃的。他们也不可能到非洲去救济饥荒儿童。当时战乱四起,又没有旅游业的概念,周游列国寄情山水的事自然也不靠谱。也没有电影业,要不然投资几个大片也是不错的。最可恼的是,娱乐的概念也没有,就更没有娱乐圈,也没有狗仔队。哪像现在,一个富翁和一个明星调调情,谈谈爱,就可以闹得满城风雨,天下皆知。在吕不韦时代,就算富翁找一百个小妾,找一百个名妓,估计也没有人搭理你,因为这实在是太正常了。所以说,当时的富翁生活还是比较单调的。

日子单调了自然就容易烦扰,吕不韦就在单调的富翁生活中烦扰起来。在这个过程中,年少时的理想抱负又渐渐清晰起来。

男人烦恼时怎么办?当然是去找女人。但作为天下首富,吕不韦要找的当然不会是一般的女人。他找的是邯郸第一舞妓、绝代佳人"赵姬"。

4 史上最强的跨国官商合作

子楚乃顿首曰："必如君策，请得分秦国与君共之。"
——《史记·吕不韦列传》

吕不韦没有食言。在经济上，吕氏集团成为异人政治活动唯一的赞助商；在策略上，吕不韦是异人的总顾问和总参谋长。多年来，吕不韦在从商时，以金钱为后盾与各国政界要保持密切联系，对政界的操作规则熟稔于心。现在，他的金钱和经验终于都将派上用场。
——《轻松读秦史》

王孙异人和商界大腕吕不韦都在烦恼中等待命运的转机。

不同的是，异人的等待是消极的无望的，而吕不韦却四处活动，伺机而动。

他用自己的金钱作后盾，混迹于邯郸城的上流社会中，派人四处收集信息（尤其是政界的信息），试图在海量的信息中发现一条能帮助他达成理想的捷径。

这一天，一位下人无意中说起秦国质子异人在邯郸的悲催生活时，吕不韦眼前一亮，冥冥之中觉得自己的光荣之路就要开始了。但他此时还没想明白，这个异国的落魄王孙究竟能给他带来什么。

臆想无法激发他的灵感，他决定去见见这位落魄的王孙。

在手下的指引下，吕不韦在邯郸的街边见到了骑着黑马的异人。异人英俊的脸上有着与他年龄不相符的老成与憔悴。吕不韦在街角悄悄地打量着他,并从他忧郁的眼神中看到了自己的希望。

"此奇货可居。"吕不韦禁不住暗自赞叹道。

回到家中,一场比拍卖皓镧明珠更大的策划已然在吕不韦心中尘埃落定。但是为求保险,他还是决定征求一下他爹的意见。身为吕氏集团的顾问,老头子还是有几把刷子的。

吕不韦一问他家老爷子:耕田的利润有多少? 老爷子说,十倍。

吕不韦二问:贩卖珠宝的利润有多少? 老爷子说,百倍。

吕不韦三问:立主定国的利润有多少? 老爷子说,无数倍。

这三个问题已经充分暴露了吕不韦的野心。老爷子当然明白,与经商和耕田相比,从政获利当然更大,但风险和难度也更大。老爷子知道儿子的理想既不是种田也不是经商,他要做的是立主定国的大事。从他问的几个问题中,老爷子就知道儿子的主意已定,之所以问他,只不过是出于对他的尊重,所以,他的答案其实并不重要。

吕不韦见老爷子没有提出反对意见,心里更踏实了。一切改变就此开始。

异人接到富商吕不韦要前来拜访的帖子时,一开始并不想搭理这个超级商贩。自己虽然穷困潦倒,但好歹是一国王孙,让一个商贩来拜访,传出去似乎很没面子。不过他这个王孙混到如今的地步,面子早就没有多大了,反正也是闲来无事,不如就见见他吧,看他有什么说头。

得到许可后,吕不韦立刻去拜见异人。宾主二人客套一番后进入正题。吕不韦劈头第一句话就说:"我能够光大你的门庭。"

异人听后十分恼怒,自己虽然落魄,但怎么也是一国王孙,岂是你一个商贩所能光大的? 看来这家伙有几个钱便不知自己姓什么了,得教训教训他。于是便毫不客气地对吕不韦说,"你还是先光大你自己的门庭吧"!

吕不韦听出了异人的火气,仍不紧不慢地说:"你不知道,我的门庭要等待你的门庭光大了才会光大呀。"

吕不韦和异人的会面从某种意义上也是一场谈判。吕不韦不愧是商场老手，牢牢地把握住了谈判节奏，故意设下包袱，简单的两句话，就把自己的生死和王家的命运联系在了一起，让对手在不知不觉中上自己的道。

此时，异人不得不对吕不韦刮目相看了。如果说吕不韦的第一句话让他感觉到他的狂妄，那么第二句话就让他感觉到了他的深不可测，非比寻常。他迫切想知道吕不韦的下文，于是放下王孙的架子，拉吕不韦坐在一起深谈。

吕不韦等的就是这一刻。

接下来，吕不韦精辟地分析了秦国的国情和异人面临的形势：秦昭襄王已经年迈了，异人的父亲安国君作为太子，很快就会即位。异人有二十多个兄弟，他既不是长子，又长期在外做质子，如果秦昭襄王去世，安国君继位为秦王，异人肯定比不过天天在安国君面前晃悠的那些兄弟，因此也就不可能得到太子之位。

听到这里，异人并没有失望，因为他知道吕不韦已成足在胸，肯定有办法。于是便问："情况确实如你所说，那么我该怎么办呢？"

吕不韦接着分析，我私下听说安国君非常宠爱华阳夫人，华阳夫人没有儿子，有能力选立太子的只有华阳夫人一人。搞定华阳夫人，就基本搞定了太子之位。

接下来，吕不韦讲了他的公关计划。"你很贫窘，又客居在此，也拿不出什么来献给亲长，结交宾客。我吕不韦虽然不富有，但愿意拿出千金来为你西去秦国游说，侍奉安国君和华阳夫人，让他们立你为太子。"

吕不韦的一席话让原本心灰意冷的异人热血沸腾。上天把吕不韦这样出色的营销策划人送到他身边，等于给了他第二次生命——政治生命。激动之余，他上前叩头拜谢吕不韦："如果我能如愿以偿，到时候和您分享秦国。"

至此，吕不韦和异人正式达成合作协议，史上最强的跨国官商合作正式开始。

吕不韦没有食言。在经济上,吕氏集团成为异人政治活动唯一的赞助商;在策略上,吕不韦是异人的总顾问和总参谋长。多年来,吕不韦在从商时,用金钱为后盾与各国政界要人保持密切关系,对政界的操作规则熟稔于心。现在,他的金钱和经验终于都将派上用场。

吕不韦拿出五百金送给异人,作为异人日常生活和结交宾客之用。凭借这五百金,异人的生活水平大幅提高。最让他解气的一个细节是,他在风月场泡妞时再也不需要打白条,再也不用忍受那些老妈子的白眼。总而言之,有了这五百金,异人至少在经济上已经过上了王孙应有的生活。更为重要的是,异人有了经济基础,说话底气十足,高调对自己进行自我包装,高调与赵国政要和各国质子交往,并广纳门客,培植自己的亲信,使自己的贤名传回秦国,形成了他在赵国及秦国都举足轻重的形象,提升了自己的"软实力"。

光有经济上的待遇是不够的。吕不韦还要帮助异人在政治上享受王孙的待遇。

吕不韦经过长期的研究,明确了一件事:异人能否被确立为王位的继承人,华阳夫人的作用最为关键。但如何能让远在秦国的华阳夫人替异人说话呢?吕不韦自有办法。

吕不韦带着巨款和一批奇珍异宝来到秦国为异人的政治事业游说。华阳夫人在秦国的地位十分尊贵,吕不韦一个异国商人想贸然去拜访肯定要吃闭门羹。他决定从外围突破。

他首先买通华阳夫人弟弟家和姐姐家的管家,得到与此二人见面的机会,进而游说姐弟俩。

华阳夫人的弟弟阳泉君因为有姐姐作后台,过得十分滋润。但吕不韦抓住了阳泉君的软肋。他对阳泉君说道,"因为你姐姐备受安国君宠爱,所以你也跟着享福,既富且贵,家中珠宝,厩中骏马,房中美女多得数不胜数,现在连安国君的财富都不如你。但是,秦王年迈,一旦有不测,安国君即位后,你那无子的姐姐年老色衰,一旦失宠,城门失火殃及池鱼,到那时,你的处境会怎样呢?"阳泉君一听,吓出一身冷汗,忙向吕不韦问计。

吕不韦以大好人的姿态给阳泉君开了一个妙方:王孙异人本是一贤才,却被弃在赵国做人质。如果华阳夫人此时拉他一把,立他为嫡嗣,"异人无国而有国,夫人无子而有子",岂不是各取所需,双方共赢?经吕不韦这样一说,阳泉君顿时开窍,决定去游说姐姐,帮助异人成为嫡嗣。

仅仅一道砝码还不够,吕不韦决定为异人上双保险。他用同样的手段摆平了华阳夫人的姐姐。他对华阳夫人的姐姐说:"以美色赢得宠爱的人,年老色衰之后往往就会被冷落,如果现在不趁自己宠爱未消之时推出一个属于自己的嫡嗣,等到色衰被冷落之时,想立一个忠于自己的嫡嗣就不可能了。异人在兄弟中排行居中,没有可能立为嫡嗣,他的母亲又得不到安国君的宠爱;如果此时夫人能够拉他一把,立他为嫡嗣,他一定会感激涕零,夫人也有了自己的嫡嗣。安国君百年之后,夫人有自己的养子为王,所以终生不会失势。这就是人们所谓的'说一句话而可得万世之利'啊!"

因为对王室权势更迭规律的精准把握和对形势的准确分析,吕不韦的游说取得了良好的效果。当然,除了这套说辞之外,吕不韦还为华阳夫人的姐姐和弟弟送上了厚礼。既能得到好处费又对自己的前途有益,姐弟俩没有不为异人说情的道理。

于是乎,姐妹二人先后来找华阳夫人共叙亲情,顺便将吕不韦的话传递到华阳夫人的耳朵里。由于姐姐和弟弟轮流吹风,加上吕不韦说的确实有道理,华阳夫人不知不觉中动心了。

面临的形势华阳夫人已经明白了。此时万事俱备,只差最后一阵风:异人的态度。旁人在那里说三道四猛侃一通,异人自己的态度到底是怎样的呢?

在姐妹二人的引荐之下，吕不韦终于和华阳夫人见了面。在把自己带来的奇珍异宝全部奉上之后，吕不韦便以一个亲历者和见证者的身份谈及异人的聪明贤能，说他在诸侯宾客中拥有十分良好的形象，在海外有很强的号召力，极好地维护了秦国的形象。

但他的贤能与华阳夫人有什么关系呢？吕不韦转述了异人的一句话，使两人搭上了关系。他忽悠华阳夫人说，因为我和异人是好友，异人常常对我说他的心里话。他说，"我把夫人看成天一般，日夜哭泣思念父亲和夫人。"

这个谎言显然有些夸张，华阳夫人此时还不是异人的"母亲"，之前也和这个小辈不熟，异人竟然想念她想得痛苦流涕。华阳夫人并非不知这些说法不靠谱，但是她现在需要的只是异人的一个态度：是否敬重并倚重她。换句话说就是是否把她放在眼里，是否知道她在这场王位继承人争夺战中的影响和能力。很显然，吕不韦向她传递的信号是：异人是个明白人，很想依靠她。有了这个态度，就够了。

为了自己和姐姐弟弟荣华富贵的稳固，同时看在那批奇珍异宝的份上，华阳夫人决定向太子安国君吹吹枕边风。他选准一个时机，不慌不忙却又很郑重地对安国君说："听说异人在赵国貌似非常贤能哦，和他打过交道的人都交口称誉。"两人正在甜蜜之时，华阳夫人突然甩出这样一句没头没脑的话，安国君真是哭笑不得。正当他惊诧于华阳夫人的话题转换能力之时，华阳夫人使出了女人的杀手锏——哭。这哭也很讲究，先是慢慢流泪，再缓缓出声，最后放声大哭。这一放，安国君可就招架不住了。忙问："夫人，这是怎么啦？"华阳夫人看火候正好，便边哭边说："我很幸运，得到了太子您的宠幸，但我也非常不幸地始终未能生育。我希望立异人为嫡嗣，让我晚年有个依靠。"

这些话哭着说出来貌似很有道理，很温婉动听。但是如果用嬉笑怒骂的语言说出来则是别有一番风味：老娘伺候了你这么久，没有留下一子一女，等你驾鹤西去，老娘一个人靠谁去啊？

幸亏安国君没有听出这另一番风味（或许太宠她听出来了没有计较），面对华阳夫人的眼泪，安国君答应了她的请求，并与她"拉钩上吊一百年不许变"——刻玉符约定立异人为嫡嗣。此后，安国君和华阳夫人为异人送去了丰厚的财物，并聘请吕不韦当他的老师，异人的名声在诸侯中越来越大。

　　为巩固自己的低位，取悦华阳夫人，异人在第一次回国拜见华阳夫人时，耍了一个小聪明：身着楚服前去拜见。因为华阳夫人是楚人，喜欢楚服，所以这一招深得华阳夫人的欢心。她心里想着，"这娃戏演得真好，孺子可教呀"，于是当即为异人改名为"子楚"。

　　至此，吕不韦和子楚的合作目标初步实现。

5 嬴政的身世之迷

吕不韦怒，念业已破家为子楚，欲以钓奇，乃遂献其姬。
——《史记·吕不韦列传》

子楚和赵姬牵手成功。此时的吕不韦心情很复杂，一方面为失去心爱的女人黯然神伤，但同时又为自己的计谋得逞偷着乐。但他此时还不明白，在给子楚下套的同时，同样给自己下了套——他将被这个巨大的权力陷阱套牢。至此，一个舞女套牢两个流氓，一个是以夺人所爱为乐的子楚，一个是为达目的不惜手段的政治流氓。而这个在历史上没有留下真实姓名的舞女，将会权倾朝野，引发一次次权力争夺风暴。
——《轻松读秦史》

话说吕不韦在遇见子楚之前因为自己的政治理想无法实现而郁郁寡欢，在风月场寻欢时结识了舞姿独步天下的美女赵姬，并纳为自己的小妾。

在古代，有权有势的男人们最享受的一项活动便是：吃着"火锅"喝着小酒听着小曲，还有美女在一旁歌舞助兴。

子楚便是在吕不韦家中和他从事这项活动时见到了赵姬。邯郸第一舞女果然名不虚传，一曲未完，子楚便被赵姬那美妙的容貌和曼妙的身姿所吸引，怦然心动。

一个谁都没想到的场面发生了。

子楚起身给吕不韦敬酒，一语惊人：哥们，你家收藏的美女果然是

"骨灰级"的，能否好事做到底，把赵姬送给我呢？

俗话说，"朋友妻，不可欺"。但子楚奉行的原则是"朋友妾，可以借"（借了还不还）。吕不韦不知道，在长期的毫无面子的质子生涯中，子楚已练就了一项必杀绝技——厚脸皮。

通过前段时间的观察，吕不韦已知道子楚是好色之徒，但他万万没想到这哥们会这么直接。即使心里想，怎么着也该拐几道弯，婉转表达一下。没想到子楚毫不脸红地直接跟他要人，完全是一副理所当然的样子。

吕不韦让赵姬出来以歌舞助兴，有三种可能：一是出于礼貌，叫上家中的几个美女来歌舞助酒兴，以示和子楚私交甚好。但以吕不韦的财富和身份，他家应该是美女如云，妻妾成群。随便找几个阿花阿兰的小妾或侍女即可，为何非要宠妾亲自上阵呢？因此这种可能性不大。二是出于男人爱炫的特点，特意叫赵姬出来向子楚炫耀一番。但从吕不韦的气度和智慧来看，这种可能性也不大。三是此事纯属巧合，乃是吕不韦的无心之举。这种可能性更不大。四是吕不韦故意设下美人计，引色狼子楚就范，以此套牢事关自己政治前途的这颗大树。以吕不韦的志向和办事风格，这种可能性最大。

如果说这是吕不韦设下的套，那么他显然得逞了。只不过子楚上套的速度太快了点，让他有些措手不及。子楚的话已至此，是个男人就该生气，吕不韦当然也很生气，但生气的同时也暗自高兴，子楚原来这么容易被美色吸引，看来并不难操控。再加上之前已经为子楚破费了大量家产，如果此时拒绝他将会前功尽弃。

想到这些，吕不韦假装纠结了一把，便答应了子楚的请求。

得益于吕不韦的拱手相让，子楚和赵姬牵手成功。此时的吕不韦心情很复杂，一方面为失去心爱的女人黯然神伤，但同时又为自己的计谋得逞偷着乐。但他此时还不明白，在给子楚下套的同时，同样给自己下了套——他将被这个巨大的权力陷阱套牢。

至此，一个舞女套牢了两个流氓，一个是以夺人所爱为乐的子楚，一个是为达目的不惜手段的政治流氓。而这个在历史上没有留下真实姓名的舞女,将会权倾朝野,引发一次次权力争夺风暴。

不但如此,这个女人也给世上留下了千古之谜——秦始皇的亲爹究竟是谁?

历史本是件很严肃的事儿,但以严谨著称的太史公司马迁他老人家在写《史记》时给后人开了个一个不小的玩笑——关于秦始皇的身世,司马迁在《史记》中竟然有两个不同版本的说法。在《史记·秦始皇本纪》中,司马迁简洁明了地将秦始皇的身世交代得清清楚楚,明言他是子楚和赵姬所生的儿子,并没有对他的出生置疑。而在《史记·吕不韦列传》中,司马迁又说秦始皇的母亲赵姬本是吕不韦的情人,她与吕不韦同居有身孕以后,才由吕不韦送与子楚,成为子楚的夫人。赵姬隐匿身孕嫁给子楚以后,"至大期时"生下的儿子嬴政,实际上是吕不韦的儿子。

同一《史记》的不同篇目中,对于秦始皇嬴政的身世问题是截然不同的记事,为后世布下了一个始皇身世的迷魂阵。作为东方史学之父,纪传体史学的开创人,我们的太史公真的这么不靠谱么?当然不是。那么,之所以会同时记下这两种互相矛盾的版本,唯一的解释就是——和我们今天的迷惑一样,司马迁在大量地阅览和考察各种不同来源的史料后,也发现关于秦始皇的身世当时有两种不同版本的记述和传说。因此,着手编撰《史记》时,他面临了一个史学家常常遇到的难以处理的棘手问题:对于同一事情,不同的史料有不同的记载,应当如何取舍?

司马迁自然有他的标准和方法。如果什么野史传说都采纳进去,这史书就无法写了。所以凡是他认为不可信的史料,他都在判定后作了删除。对于可信程度不高,但又有保存价值的史料,他在史记中以异闻和异说的形式作了保存。而对于最可信的史料,多用于本纪和表的撰述,信用度较低的史料,则保留于列传当中,有时甚至将相互矛盾的史料并列一处,留下让后人思考和回味。

另外,从一些确定的事实中做些推理也能得出始皇嬴政是子楚的骨肉而非吕不韦的私生子。从后来的事实我们可以清楚地看到,从嬴政的出生开始,一直到嬴政继承王位为止,子楚从来没有对嬴政是自己的儿子有过任何怀疑,反倒是在历经了长期的生离死别,另外娶妻生子以后,对赵姬和嬴政厚爱有加,始终一贯地承认他们是自己的正妻和长子。在复杂的王室和政府内部,也都不见对秦始皇嬴政的身世有任何质疑的动静,听不到任何流言蜚语。时至此时为止,秦国的国事,秦王的家事,一切井井有条,顺理成章。也就是说,直到嬴政即位成为第34代秦王为止,谁是秦始皇的父亲的问题,在历史上根本就不存在。

从吕不韦的角度看,他之所以投资子楚,其奇货可居之处正是在于子楚的王室血脉。子楚的王室血统问题,是整个事件的关键。在吕不韦看来,子楚的投资价值,全在于他的王室血脉。吕不韦在历史上可以算得上是智商和情商都极高的人,他将自己的所有财产和整个人生都投资到子楚的政治前途上。他的所作所为,宛若孤注一掷的豪赌,全部赌注都压在子楚所独有的秦王王室的血统之上。血统,秦王的血统,正是决定吕不韦行动的根本利害所在。如果嬴政不是王室血统,将来被人揭穿,那么,最倒霉的就是极有政治抱负的吕不韦,他不但仕途会受到影响,而且小命不保。因此,吕不韦不可能拿自己的前途和命运开玩笑。如果当时谁说秦始皇嬴政是吕不韦的私生子,那绝对是高级黑。

那么,坊间为何有秦始皇是吕不韦的私生子这一说呢?从心理学角度看,这很可能是被秦国所灭的六国后人的"意淫"之说。如果秦始皇真是吕不韦的私生子,那么,吕不韦就是六国人的英雄,他将自己的儿子推上秦国的王位,就等于是六国间接灭了秦国,而不是秦国灭了六国。比较起来,六国后人从心理上自然愿意接受是六国灭了秦国。

以后的事态发展,一步步都在吕不韦的预计和操控当中。吕不韦以质子子楚使者的身分,携珠宝重金来到咸阳,首先买通说动华阳夫人的兄弟姐妹,通过他们的协作疏通,游说华阳夫人成功认领子楚为自己的养子,再枕边吹风,使安国君正式立子楚为王太子继承人。

6 嬴政的悲催童年和少年

十九年，王翦、羌瘣尽定取赵地东阳，得赵王。引兵欲攻燕，屯中山。秦王之邯郸，诸尝与王生赵时母家有仇怨，皆阬之。

——《史记·秦始皇本纪》

世上只有妈妈好，妈妈出轨受不了。既恋母又恨母，这样复杂的情结终生伴随着嬴政，致使他产生了一种格外重视女人贞洁的"洁癖"，很难再真正用心宠爱一个女人。直到当了皇帝，史书中也鲜有嬴政对某个妃嫔宠爱的记载，恐怕也与这童年的经历有很大关系。

——《轻松读秦史》

在即王位后的第19年，秦始皇嬴政亲自策划亲眼目睹了一场他蓄谋已久期待已久的屠杀。当时正值秦国的统一战争最关键的时刻，秦始皇却于百忙之中，来到已经亡国的赵国，亲临现场监督他的第一次"阬人"活动——凡是在他的童年时代，与他们母子有仇怨的"邻居"们，全被活埋。

到底是什么样的仇怨，让嬴政同学置国家统一大业于不顾，千里迢迢亲临故乡做一个"刑场监斩官"？身为天下之主，他只要一声令下，要杀谁岂不是轻而易举，又何须自己到场？

这一切只因为一个人。因为一个人，他恨一座城。因为一个人，他恨这城中的所有人。

公元前259年,即长平之战的第二年,秦始皇出生在了赵国的首都邯郸。不过当时他还不叫嬴政,因生于赵,取名赵政。此时,秦军坑杀四十万赵军的恐怖阴影依然笼罩着赵国。赵国人对于秦国人既害怕又仇恨。在这种情势下,身为质子的嬴政他爹在赵国的日子十分难混。要不是当地豪强吕不韦罩着,嬴政一家估计早被赵国人剁成了肉泥。

在嬴政两岁时,秦国再一次撕毁之前与赵国达成的协议,兵临邯郸城下。赵国上下恼羞成怒,纷纷呼吁杀掉秦国的人质异人。民意大于天,这一次,吕不韦这个豪强也保不住异人了。明保不行,吕不韦便暗度陈仓。吕不韦经营情报的意识很强,平日里在赵国官僚中买通了不少眼线,为他提供情报,关键时候终于起了作用。当赵国高层刚刚做出杀掉异人的决定不久,神通广大的吕不韦就得到了消息。他用六百金买通了守城的官吏,和子楚装扮成商人主仆出了城门,逃到了秦军的营地。由于时间紧急,子楚没来得及带上老婆孩子。赵国听说异人跑了,便准备杀掉他的妻儿。赵姬母子藏匿娘家,躲避官兵的捕杀。由于赵家在邯郸属豪门之列,在官场中也有些势力,经上下周旋,赵姬母子最终幸免于难。

这一次,邯郸被秦兵围城三年,直到信陵君窃符救赵。

三年围城,童年的秦始皇和他母亲度过了怎样的日子?虽然暂时逃过了赵国官方的追杀,但民间的愤怒却无法抑制。按今天的说法,身为敌国眷属的赵氏母子,无疑就是"赵奸"。在这种态势下,身处被人仇视的异国他乡,嬴政童鞋的童年自然过得相当悲催。长大做皇帝后,秦始皇的长相被别有用心的人描述得极其阴险——"为人蜂准、长目、挚鸟膺、豺声、少恩而虎狼心"。联想到秦始皇的童年生活,这种长相可能跟他少年时期在赵国颠沛流离、营养不良有关。

长平之战让赵国人对秦人的恨刻骨铭心。毫无疑问,赵国人会将对秦国人的恨传给自己的子子孙孙。这样一来,没有父爱的嬴政童鞋,也没有玩伴——谁会愿意同敌国的小盆友玩呢?

自记事起,嬴政童鞋便谨遵母亲教诲,绝不轻易出门,堪称邯郸城里第一小宅男。因为出门便有可能被赵国小盆友群起攻之,轻则鼻青脸肿,重则满地找牙。

没有父爱、没有玩伴、受人歧视、不敢出门、没少挨揍——这就是嬴政童鞋悲催的童年。不过,相比这生活中的悲催,更深层次的悲催在于深藏于他心中抹之不去的阴影。这一切,跟他的母亲有关,跟他生活的城市有关。

邯郸,无论离商朝的早期都城邢,还是最后定都的殷,都相距不远,可谓是畿辅重地。此时的邯郸,形成了以冶铁和铸币两大经济支柱,代表了当时最先进的生产力方式,同时也形成了流通性的经济形态,具有典型的城市经济性质。吕不韦之所以把吕氏集团搬到邯郸,也是看重了邯郸的区位优势和发展特点。

经济基础决定上层建筑。商贸发达之地,往往娱乐业也比较兴旺。这就是邯郸城的另一个特点——声色娱乐、活色生香。而秦始皇的母亲赵姬,便是这座城市的时尚女郎、交际花。

综合赵姬在嫁给子楚之前的职业和她之后成为皇太后的那些风流韵事来看,赵姬绝不是贤良淑德的良家妇女款型。那么,当老公和自己的老情人(吕不韦)长年不在身边时,风华正茂的年轻少妇赵姬是否耐得住寂寞?身处敌国的孤儿寡母,为寻求庇护,赵姬会不会委身于某个权势男人?而一旦出现生活作风的问题,身处风口浪尖声名在外的赵姬,其事迹很可能会广泛传播,成为街头巷尾人们的谈资。开始记事的嬴政童鞋必然也有所感悟。而那些对他充满敌意的赵国小盆友,估计也会抓住机会诋毁其母,伤他自尊。

从中国人传统的心理来讲,每个人都希望自己的母亲美丽漂亮,没有人希望自己的母亲风流放荡。

当有一天,懂事后的嬴政童鞋发现自己原来崇拜的母亲,聪明漂亮能干的母亲,生活作风不检点时,该是多么的失望。但矛盾的是,即使他心里已经不喜欢这个风流的母亲，但也不得不高度依赖她。因为这是他唯一的依靠。

世上只有妈妈好，妈妈出轨受不了。既恋母又恨母，这样复杂的情结终生伴随着嬴政，致使他产生了一种格外重视女人贞洁的"洁癖"，很难再真正用心宠爱一个女人。直到当了皇帝，史书中也鲜有嬴政对某个妃嫔宠爱的记载，这恐怕也与童年的经历有很大关系。

当嬴政回到秦国的时候，带回去的，还有他对于赵国的憎恨。即使他后来称皇称帝，返回邯郸杀死他恨的所有仇人，也杀不掉心理上的仇恨，因为这恨，源于他的母亲。

回到秦国后，年幼的嬴政见到了过去从未谋面的亲人。然而，爷爷安国君（秦孝文王），刚见面没多久就死了。奶奶华阳太后，也不是亲的；至于亲奶奶夏太后，因为父亲异人为了当太子认了华阳太后当亲妈，夏太后也滑稽地成了后奶奶。而且这些人，对嬴政毫无养育之恩，也就缺少感情基础。

而嬴政的父亲，此时的身份已经是庄襄王了。对于这个老爸，嬴政从小就只有模模糊糊的印象，在艰难困苦时并没有得到过一丝一毫的父爱。现在父子虽然团聚，但作为一国之君的庄襄王日理万机，还要适时地寻欢作乐，并没有太多的时间关注嬴政的成长。而嬴政的弟弟，也就是异人的小儿子成蟜从小就生活在异人的身边，在情感上比嬴政能得到更多的父爱。

与此同时，宫廷上下尊卑有序的复杂繁琐的各种礼仪制度，在客观上也阻碍了亲情和友情的延展。换上帝王之家的华丽装束，嬴政游走于高大巍峨的宫殿之中，虽前呼后拥，但又有几个知心的人？举目望去，除了身边唯唯诺诺的宦官宫女，便是彬彬有礼却又无情的长辈亲属等。无人可以与其玩耍嬉戏，无人可以倾诉交心。

因而，无论是在备受欺凌的邯郸，还是回到秦国陌生的宫廷之中，在嬴政的眼里，真正的亲人只有一位，那就是一直陪在自己身边，让自己又爱又恨的母亲。

　　或许，他以为在邯郸的母亲，是为形势所迫才不得已和那些达官贵人逢场作戏，求得母子的生存。但没多久，自己的父王异人去世了。"始皇帝益壮，太后淫不止。"贵为太后的赵姬不但没有收敛以前那些放浪作风，还变本加厉地在宫中乱搞男女关系，让贵为一国之主的秦王嬴政颜面扫地。她先是和吕不韦私通，在吕不韦不能满足她的欲望之时，还和底层的"屌丝"大阴人嫪毐鬼混，并生下两个私生子，这简直是对他的奇耻大辱！更要命的是，自己的弟弟成蟜和嫪毐先后造反，威胁自己的王权和生命。这些背叛，让他觉得世界的无情。在这个无情的世界，他必须更加无情，才能取得最后的胜利，独揽大权。这也就是他后来为什么成为别人眼中"少恩而有虎狼之心"的人。

　　既然感受不到恩，又如何能有感恩的心！嬴政虽然父母双全，但却几乎是地地道道的单亲养育；虽然也有个弟弟，但比独生子还孤独；虽是高贵至尊的秦王太子，但在得到这个名号之前连个普通孩子的快乐和权益都享受不到，成为秦王之后也是完完全全的孤家寡人，所有这些因素加在一起，造就了他独特的性格。

　　这就是秦始皇嬴政的童年和少年。三岁定八十，童年的遭遇对一个人的性格形成至关重要。这样的童年给嬴政带来两个影响，在练就了他隐忍坚毅的性格的同时，也让他变得敏感多疑、残酷无情。

7 吕不韦的志气与霸气

吕不韦乃使其客人人著所闻,集论以为八览、六论、十二纪,二十余万言。以为备天地万物古今之事,号曰"吕氏春秋"。

——《史记·吕不韦列传》

从商够霸气,从政够霸气,"治学"更霸气。要论吕不韦的志气和霸气,古往今来的商人型官员、官员型商人、学者型官员、官员型学者,恐怕都得向吕不韦大师致敬。

——《轻松读秦史》

备受欺侮、生活在水深火热中的嬴政童鞋迫切地希望早日离开邯郸。在他8岁那年,也就是公元前251年,他的曾祖父秦昭王驾崩,太子安国君继位为王,华阳夫人为王后,子楚被立为太子。子凭父贵,见子楚作了秦国太子,赵国也知趣地护送其夫人和儿子回到秦国。自此,嬴政终于脱离苦海,离开他的出生地、受难地和梦魇之地——邯郸。

安国君继承王位时已是53岁。当太子当到53岁,安国君在中国历史上可谓前无古人后无来者。继位后,他按规矩先服丧一年,第二年行改元继位之礼正式即位,改年为孝文王元年。不知是由于熬白了头才等到继位这一天兴奋所致,还是由于长期享受安乐,一旦临朝就被冗杂的政务所击倒,孝文王登基才3天就猝死。在位3天就猝死,安国君又一次创造了历史,不过比起在位仅20分钟的法国波旁王朝的国王路易十九，他也算幸运的了。不管怎么说，安国君用生命再一次证明了一个古往今来颠扑不破的真理——身体是革命的本钱。

有一种传说是，安国君是在喝了太子子楚所进美酒后才猝死的。而其幕后推手正是吕不韦，目的是为了让子楚早日登位，以便自己早日掌握大权。爱看宫廷剧的童鞋们是不是深以为然，觉得这样的传说很符合宫廷剧的逻辑呢？

但是仔细分析当时的形势后，会发现这种可能性并不大。安国君登位后，虽然立子楚为太子，但是并没有给吕不韦显赫的官职，《史记》里也没有记载秦孝文王时期吕不韦的官职，估计有官职也是很低的，至少无法影响秦国政局。在这种情况下，吕不韦既无权势，家财也在游说安国君夫妇立子楚为储，以及后来帮助子楚逃离赵国的时候用的差不多了，而他本人又不是秦人，在秦国举目无亲，势力当然不会强到哪里去，想要谋杀秦王，这个难度系数实在太大。那么，会不会是他撺掇异人毒死安国君的呢？此时，子楚已明确为太子，其父已50多岁，考虑到古人的寿命和安国君的身体状况，子楚继承王位估计不会等太久。这个时候，他实在是没有必要冒着巨大风险杀父弑君。

排除以上可能后，从安国君自身角度来分析其早逝的原因显然更靠谱。在《史记·吕不韦列传》中，吕不韦提到过，子楚共有二十多个兄弟。这还只是安国君的儿子数量，他的女儿没有统计在内。试想，有这么一大堆儿女，恐怕妻妾也不会少到哪里去。要应付这么一大堆妻妾，非得有强壮的身体才行。当时的秦国，在商鞅变法之后，十分注重耕战之功，贵族子弟只要身体过得去，都会参加战斗，获取军功，安国君如果能作战，估计也会上前线去，这绝对可以大大增加他在秦昭襄王心中的地位。然而安国君从小生活在深宫之中，史书上也没记载他参加过什么战役或者军事行动，很可能是属于上不得马、拿不起剑的类型，至少身体不会比一般人强壮多少。没有强壮的身体，却还要和一堆妻妾作乐，身体难免每况愈下。到了他上台的时候，身体估计早被掏空了。

因此,安国君的早逝,最有可能的原因是酒色过度。

第二个原因是长期的精神压抑。秦昭襄王即位后,首先立老大为太子,而安国君是老二,原本和王位无缘。后来他的大哥先死了,自己才捡了个便宜被立为太子。前面我们已经提到过,秦昭襄王格外注重保重身体,一口气活了74岁,在位共56年,政治上大展宏图,十分强势。在强势君王的时代,太子十分难当。如果太子长期没什么表现,国君就会认为太子没本事,恐怕没法接班,太子随时有被废掉的危险;如果太子表现太抢眼,国君又会怀疑是在威胁自己的地位,想要提前接班,太子仍然随时有被废掉的危险。历史上这样的事屡见不鲜,很多太子到最后都当不下去,能撑到最后接班的,实在是不容易。特别是秦昭襄王晚年猜疑心特别重,连大将白起都被赐死,所以安国君这个太子估计活得提心吊胆,情绪压抑,能撑到秦昭襄王死亡,顺利接班,算是运气。但等到他即位时,已是强弩之末,异常脆弱。

第三个原因是,在长达数十年里,安国君生活在秦昭襄王强大的阴影里,只能用酒色排解自己的郁闷。而秦昭襄王死后,安国君要给先王服丧一年。在这一年里,他不能喝酒、不能接近妇人,对于长期生活腐化的人来说,这简直就是在苦熬。好不容易一年过去了,终于解脱了,那一定是拼命放纵了。长期受压抑的他一下子完全放松,从低谷走到高潮,high到顶点之后必然是重跌而下。所以他正式即位三天后就猝死了。

不管怎么样,纵观中国古代帝王,秦始皇嬴政的爷爷安国君也算是创造了历史,集三"最"于一身,最高龄的太子,最听老婆话(立子楚为太子一事便可看出),在位最短的国王。

死者谢幕,生者登台。安国君去世后,子楚顺理成章继承王位,史称秦庄襄王。子楚即位后立即做了两件事笼络安抚人心。一是回报华阳夫人当年的"投资",尊奉她为华阳太后。当然,自己的亲妈也不能慢待,尊奉为夏太后。二是回报吕不韦当年的"投资",任命吕不韦为丞相,封为文信侯,并把洛阳十万户作为他的食邑。

至此,天下首富吕不韦投资立主定国的利润开始显现,他终于实现了自己的愿望,登上了梦寐以求的政治舞台。

子楚他爹即位后三天死去,子楚比他爹强一点,即位后三年去世,时年三十五岁。35岁,本该是精力充沛、当一把手的黄金年龄,然而子楚就这样英年早逝了,抛下了他为之奋斗了多年的王位。和他爹一样,用自己的生命再次证实了一个质朴的真理:身体是革命的本钱。

子楚去世后,太子嬴政被立为王,尊吕不韦为相国,号称"仲父"。由于秦王嬴政年幼,吕不韦实际上掌控了秦国的大权,在执政过程中,充分贯彻了自己的政治理念,秦国自此进入吕不韦时代。事实上,由于子楚对吕不韦的依赖,吕不韦担任丞相后就有相当大的执政权。他担任丞相后做了三件事。

第一件事是大赦天下。秦以严刑峻法闻名,老百姓动辄犯法,吕不韦推动颁布这样的政策,就是要招揽民心,缓和社会矛盾。

第二件事是灭东周。小小的东周是周王室的残余势力。吕不韦抓住机会,发兵打东周,没怎么费力气,就把东周灭掉了。

第三件事是设计除掉信陵君,扫除秦国东进的障碍。秦国不断向东用兵,引起各国的恐慌,魏国也感到危险,于是魏王赶忙派人去请信陵君魏无忌。魏无忌是著名的战国四公子之一,四公子还有齐国孟尝君田文、赵国平原君赵胜、楚国春申君黄歇。在这四个人中,信陵君口碑最好。他重感情,讲义气,乐于助人,礼贤下士,号称食客三千。信陵君领命后,决定实行联合抗秦的策略,他派出使者向各国求援,说服各国君主联合抗秦。由于信陵君在各国威信很高,大家都愿意参加联军。结果秦军被联军打得大败,秦军退回函谷关。想要打败联军,破除东方抗秦力量,必须除掉信陵君。经过精心谋划,他想出了一个计谋。这个计谋就是阴谋家屡试不爽的一招:挑拨君主和贤臣的关系。

提起信陵君,人们说所熟知的故事就是"窃符救赵"。公元前253

年,秦国发兵围困邯郸。赵国向魏国求救。魏王惧怕秦国势大兵强,不敢出兵。只派大将晋鄙屯兵邺郡观其动静。信陵君面对邻国危机,意欲救援,但苦无兵权。他采纳食客之计,托魏王爱姬盗得调遣军队的虎符到邺郡指令晋鄙出兵抗秦。晋鄙不信,要请示魏王;被信陵君门下食客朱亥用铜锤击杀,夺得了兵权,信陵君统率十万大军击败秦军,使赵国转危为安。赵国国王为报答信陵君救赵之恩,将邢台的柏乡县封为信陵君的封地,史称"汤沐邑"。信陵君惧怕魏王嫉恨窃符救赵之怨,就在柏乡住了下来。这一住就住了十年。此间,秦国势力更加强大,开始扩大地盘。秦王知道信陵君久居赵国,即兴兵伐魏,围困魏国首都大梁(今河南开封)。信陵君应魏王之召,以社稷为重,统兵抗秦,一举打败秦军。魏王与其尽释前怨,复其兵权。自此,信陵君威震天下。

就在此时,吕不韦实施了他的离间计。他派间谍到魏国挑拨离间,对魏王说,魏公子在国外流亡十年,现在掌握兵权,位高权重,他想夺取你的王位,诸侯会帮助他夺取天下的。魏王中计,夺了信陵君的兵权。自此,信陵君称病不朝,抑郁而死。

人笑君王看不穿,只因君王太爱权。阴谋家的这种阴谋在历史上之所以屡屡得逞,既不是因为阴谋家的阴谋有多高明,也不是因为君王太傻,看不穿其中的门道,主要是因为君王们太在乎手中的权力,一旦有被人夺权的潜在威胁,不管是真是假,安全起见,先除之而后快。

信陵君死后,联军遂告瓦解。秦国扫除了东进的一大障碍,从此势如破竹,加快了统一天下的步伐。

在这里有必要说说吕不韦的战争观。一部战国史,从始至终战争不绝,一场大战伤亡的人数往往在数十万以上。公元前260年,秦赵长平之战,赵国战俘竟有40万人被坑杀!此战是古往今来最惨烈的战争之一。当时吕不韦正在邯郸,亲历了战争给赵国造成的创伤。他在秦国执政后反对在战争中大规模屠杀,在对外战争中讲究计谋,避免硬仗、恶战,提出了兴"义兵"的思想,所谓义兵,就是"兵入于敌之境,则民知所庇矣,黔首知不死矣。至于都国之郊,不虑五谷,不掘坟墓,不伐树木,不烧积聚,不焚室屋,不取六畜,得民虏而归之"。

在今天看来,吕不韦的战争观是进步的,在当时来说更是难得。虽然他设计将联军首领信陵君和魏王的关系搞坏有点阴损,但客观上避免了更大规模的战争,从而也避免了更大的人员伤亡,用自己的小损招带来了"大义"的结果。

干了这几件大事,吕不韦也算上是在政治上、军事上都有一番作为了。但是霸气的他并不满足于此。纵观吕不韦的一生,可看出其人生轨迹:商而优则仕,仕而优则学。

在政治上、军事上有所作为之后,善于跨界跨圈的吕不韦决定要做一个文化人。他把目光盯向了思想界和学术界。当时,魏国有信陵君,楚国有春申君,赵国有平原君,齐国有孟尝君,他们都礼贤下士,结交宾客,并在这方面要争个高低上下。吕不韦认为秦国如此强大,如果不在文化圈占据绝对优势,实在是说不过去。因此,他花大力气招来了文人学士,给他们优厚的待遇,门下食客多达三千人。

诸侯割据之时,往往思想活跃,学术派别繁多。当时,各诸侯国有许多思想家著书立说,流行天下。吕不韦认为在思想界秦国也必须占据领先地位。于是他自己挂名当起了学术带头人,带领一帮人搞起了当时秦国也是天下最大的学术课题项目——编纂《吕氏春秋》。他让手下的食客各自将所见所闻记下,综合在一起成为八览、六论、十二纪,共二十多万言,称其为《吕氏春秋》,号称包括了天地万物古往今来的事理。他还将《吕氏春秋》刊布在咸阳的城门,上面悬挂着一千金的赏金,遍请诸侯各国的游士宾客,若有人能增删一字,就给予一千金的奖励。这样土豪高调的做法,可谓前无古人后无来者。和吕不韦相比,今天的学霸们弱爆了。

当然,作为吕不韦亲自挂牌督办并兼任名誉主编的学术成果,一般人是不敢说三道西的,挑错的千金赏钱固然重要,但小命更重要,谁敢冒着生命危险挑错,去驳天下第一权势人物的面子呢?

从商够霸气,从政够霸气,"治学"更霸气。要论吕不韦的志气和霸气,古往今来的商人型官员、官员型商人、学者型官员、官员型学者,恐怕都得向吕不韦大师致敬。

8 太后情缘

始皇帝益壮，太后淫不止。

吕不韦恐觉祸及己，乃私求大阴人嫪毐以为舍人，时纵倡乐，使毐以其阴关桐轮而行，令太后闻之，以啗太后。太后闻，果欲私得之。

　　——《史记·吕不韦列传》

这样被如今情色电影所借鉴的夸张而又具体的情节，竟然出现在被称为"史家之绝唱"的《史记》中，实在是有些不可思议，我们也不得不佩服太史公他老人家的大尺度。流氓不可怕，就怕流氓胆子大。但树大招风，有时候，对别人构成威胁其实就是对自己构成威胁。当嫪毐的势力与狂傲足以威胁到秦王嬴政的权力时，也就面临着被铲除的危险了。

　　——《轻松读秦史》

作为曾经的土豪商人、如今权倾朝野的丞相，吕不韦的身边从不缺少女人。当然，以他的身份和地位，有个三妻四妾在当时也是十分正常的事，算不上生活作风有问题。但有一个女人，令他又爱又惧，欲罢不能，最终成为他的"问题"。这个女人，就是秦王的母亲赵太后。

本来，当年他把赵姬送给了子楚，子楚称王，赵姬为王后，身为丞相的吕不韦就应彻底了结与赵姬的情缘，各得其所，相安无事。哪知他对赵姬还一往情深，赵姬对他亦恋恋不舍。子楚死后，赵姬守寡，两人更如干柴遇烈火，一点就着，缠缠绵绵到天明。"始皇帝益壮，太后淫不止。"太史公这个牛人用一句话将太后的淫欲表现得淋漓尽致。这让日渐懂事的嬴政怎么看？这让朝廷官员、民间百姓怎么看？长此以往，必然会引火烧身。

精明的吕不韦当然也能看到这一点。如果继续和太后缠绵下去，"恐觉祸及己"，日渐长大的秦王肯定会找他发飙。但他也深知，如果只顾自己甩手走人，位高权重的赵太后也必然会找他发飙。如何做到两不得罪，成功抽身，潇洒走一回呢？唯一的办法似乎就是找一个人顶替自己为太后服务。

于是，吕不韦在网络门客的时候，就特意寻找一位强壮到足以能够为欲望极强的太后提供特殊服务的人。一个叫嫪毐的人进入了吕不韦的视线。他到底有什么长处能够入吕不韦的法眼呢?《史记》里的记载很夸张：嫪毐的阴茎特别大，在一次吕不韦组织的内部歌舞晚会上，吕不韦命嫪毐用他的阴茎穿在桐木车轮上，使之转动而行。

吕不韦在内部歌舞晚会上导演的这出戏，其实是给太后看的。果然，太后听说这样令人亢奋的情节后，就想暗中占有嫪毐这个奇人。

这样被如今情色电影所借鉴的夸张而又具体的情节，竟然出现在被称为"史家之绝唱"的《史记》中，实在是有些不可思议，我们也不得不佩服太史公老人家的大尺度。但另一种可能是，嫪毐事件本是子虚乌有的事，是后来深恶秦朝的人戴着有色眼镜杜撰而出，好好地恶心一把秦国。太史公先生无法证明其真，亦无法证明其假，采取了存疑记录的法则写进了《史记》。

成功挑起赵太后的兴趣之后，吕不韦趁热打铁向太后进献嫪毐。但如何才能名正言顺的让嫪毐在太后跟前服务呢？经验丰富的吕不韦自有对策。他安排了一个人指控嫪毐犯了足以被施以宫刑的罪，被施宫刑之后，嫪毐就能顺理成章地长期呆在太后的内宫。然而被施以宫刑的嫪毐又如何为太后提供给特殊服务呢？这早就在吕不韦考虑的计划之中。他安排了对嫪毐的指控和处罚，并让赵姬贿赂施宫刑的人，当嫪毐行刑的时间来临之际,施刑者仅仅做了个样子,一点也没有伤及嫪毐。与此同时,施刑者拔掉嫪毐的胡子和眉毛,因为体毛掉落是一个宦官最重要的外貌特征。

表面上看,吕不韦的计划十分成功。新"宦官"嫪毐不负吕不韦的嘱托与期望,为赵太后提供了到位的服务,很快获得了太后的宠信。生理甚至情感上都得到满足的赵太后逐渐将吕不韦忘了,吕不韦全身而退置身事外的目的似乎达到了。

令吕不韦意想不到的是嫪毐的野心。他满以为赵太后与嫪毐不过是服务与被服务的简单关系,但两人很快就超越了这种简单的关系——嫪毐竟然让太后怀孕了!堂堂帝国太后,竟然怀上了一个"宦官"的种!这样的事情传出去,大秦帝国的脸面何在!

但生米已煮成熟饭,种子已经生根发芽,当时又没有现在这么发达的"人流"手术技术,太后和嫪毐决定生下孩子。当然,要在嬴政的眼皮底下给他生个弟弟妹妹出来也不太现实。为了避人耳目,赵太后假称算卦不吉,需要换一个环境来避避邪,就从咸阳搬到秦国的旧都雍地的宫殿中居住。在这里,嫪毐和太后更加肆无忌惮的进行"请勿打扰"的活动,先后生下两子,在宫中秘密抚养。与此同时,得益于太后的宠信,嫪毐势力日益强大,拥有宾客千余人,家僮数千人,朝中官员争相交接,不少重要官员都成了他的党羽。不久,在赵太后的支持下,宦官不能封侯的惯例被打破,嫪毐被封为长信侯。至此,嫪毐成为仅次于吕不韦的又一股政治势力。

流氓不可怕,就怕流氓胆子大。嫪毐从一个市井流氓之徒一跃而成为秦国政坛上炙手可热的实力派选手,野心不断膨胀,甚至开始觊觎王位。他与太后商议,待秦王嬴政死后,就扶植他们自己其中的一位私生子继承王位。在一次酒局上,嫪毐与人发生争吵,竟然口出狂言:"我乃秦王假父,怎敢与我斗口乎?"

树大招风。有时候,对别人构成威胁其实就是对自己构成威胁。

当嫪毐的势力与狂傲足以威胁到秦王嬴政的权力时,嫪毐也就面临着被铲除的威胁了。这一天没有等太久。

秦王政九年(公元前238年),已经成年的秦王嬴政准备前往雍地举行表示已经成年的加冠礼。恰好在此时,有人告发嫪毐并不是宦官,常常和太后淫乱私通,并生下两个儿子隐藏起来抚养,还和太后谋议说"若是秦王死去,就立这儿子继位"。

得到这个消息,嬴政的怒火可想而知。若只是和太后淫乱私通,碍于亲身母亲的脸面,本着家丑不可外扬的原则,嬴政或许还可以忍忍,装作不知道,大事化小小事化了。但是嫪毐偏偏去触碰君王的底线——挑战王位。其实,以嫪毐的高调口得瑟,他和太后私通之事嬴政应该早就知道,之所以隐忍不发,一是因为严肃处理此事势必让天下人都知道秦王朝的家丑,严重影响自己的形象;二是因为不到万不得已他还不想把与母亲的关系彻底搞僵。还是那个道理,人笑君王看不穿,只因君王太爱权。现在,嫪毐与母亲竟然动起了王位的心思,这就超越了他忍耐的底线,他必须亮剑了。

长年的宫廷生活让嬴政变得成熟而又坚定。得到举报后,嬴政表面上不动声色,为即将进行的加冠之礼准备,暗地里却安排人彻查嫪毐的阴谋,并调兵遣将准备将嫪毐一伙一网打尽。当然,以嫪毐的势力,秦王身边也有他的耳目。当有人到秦王那告发他时,他也很快得到了消息。现在已经没有退路了,他索性一不做二不休,拼死一搏。这一年四月的一天,嬴政按照预定的计划到雍地的蕲年宫举行冠礼。嫪毐趁机盗用秦王的大印和太后的印玺,发动京城部队和侍卫、官骑、戎狄族首领、家臣,攻打蕲年宫,企图杀死嬴政。但嬴政早有准备,派人按原定方案指挥军队镇压叛军。与嬴政的正规军相比,嫪毐这临时拼凑起来的乌合之众自然不是对手,很快溃败,数百人被嬴政的军队杀死,其余人跟着嫪毐战败逃走。

嬴政下令通令全国:如谁活捉到嫪毐,赐给赏钱一百万;杀掉他,赐给赏钱五十万。这年九月,嫪毐等人全部被抓获。跟随他的卫尉竭、内史肆、佐戈竭、中大夫令齐等二十人都被判处枭刑,即斩下头颅悬挂在木竿上。而嫪毐本人,则被处以五马分尸的车裂之刑以示众,并被灭了三族。至于他的家臣,罪轻的处以鬼薪之刑,即服为宗庙打柴三年的劳役。受牵连的四千余家被剥夺了官爵,流放到蜀郡。嬴政还下令杀死了嫪毐与赵太后所生的两个私生子,同时把赵太后隔离于雍城的宫中监禁起来。他还下令,如果有人为太后之事来劝谏的,立即乱刀砍死示众。但此命令下达之后,仍然不断有不怕死的大臣冒死进谏,先后有27人被杀,尸体被陈列在宫门外示众。嬴政认为再也不会有人来劝谏了。

但他没想到的是,不怕死的二杆子人还真多。在秦王嬴政决意统一山东六国时,竟然有一位齐地人茅焦前来劝谏。嬴政见到有人来送死,冷笑着说,哥们,没看到宫门外的二十七具尸体吗?茅焦说,我听说天上有二十八星宿,现在您已经杀了二十七个,我是来凑够那二十八个的。秦王也算见过世面,但真心上门送死的他见得也真不多。不过,他的直觉告诉他,这个茅焦和之前那些个只知道冒死直谏的二愣子们有些不同。看这家伙气定神闲成竹在胸的言行举止,像是有备而来,背后一定有什么高论。于是他故作愤怒,大声喝道,你公然违背我的命令,不是作死的节奏么?这样一激,茅焦果然就迅速抛出他的高论:"我听说长寿的人不忌讳死亡,享国之人不忌讳亡国,忌讳死亡的人活不久,忌讳亡国的人不能保全。现在大王已经犯下生死存亡的大错。"

这样一说,嬴政果然来了兴致,对茅焦说,那你倒是给我说道说道,我到底犯了什么错。

茅焦果然上道,开始他的高谈阔论:"大王车裂假父(指嫪毐),有嫉妒之心;摔死两弟,有不慈之名;迁母于雍城宫,有不孝之行;杀戮谏士,有桀纣之举。天下人听说这些事情,秦国就会失去人心,没有人再倾向秦国了。我怕如此下去不得民心,秦国就会有亡国的危险。我是替大王担心。希望大王早日醒悟。我说完了,大王请用刑吧!"

还是那句话，人笑君王看不穿，只因君王太爱权。听完茅焦这些颇有道理的话，嬴政果然不再生气，还转怒为喜，赦茅焦无罪，并封他为上卿，不时向他请教。这就是嬴政，他有时候残暴、冷酷，但也有近人情听人话礼贤下士的一面，只要你确实有本事，意见切中时弊，击中要害，对秦国有利，对他的统治有利，他都能虚心接受。

其实，脾气火爆的嬴政之所以能听得进去茅焦的意见，除了茅焦的意见本身具有建设性以外，也跟提意见的时机有关。此前，嬴政因太后之事已杀了27人，火已经消了一大半。这时候向他进谏，比事件刚开始时进谏风险小得多。试想，母后淫乱，与流氓生子，还要试图夺取王位，刚刚面对这样的事情时，嬴政肯定气得吐血。这时候向他进谏，不管你说什么，可能他都听不进去。当然，也有可能之前那27人进谏时也没说出个什么道道来，只知道喊着嚷着，不可以监禁太后，不可以监禁太后，还是不可以监禁太后！秦王当然会说，我是王，有什么不可以！

可见，在古代官场上混，所谓的"冒死直谏"其实是一项技术含量非常高的活儿，并非逞匹夫之勇。谏得好，君王会认为你有胆有识，可堪大用，你可能就此一谏走红，官运亨通，飞黄腾达。谏得不好，君王会认为你胡说八道，轻则被贬为庶民永不叙用，重则小命呜呼。要想谏得好，一是要肚子里有货，对自己所谏之事有真知灼见，搞清楚君王关心的核心利益是什么，知其然还要知其所以然。二是要研究君王的心理，找准合适的时机，采用适当的方式进谏。很显然，茅焦的直谏做到了这两点。

随后，秦王嬴政听从茅焦的意见，亲自率众将赵太后从雍城接到了咸阳。这一举动在朝内起到了稳定人心、安定政局的作用，尤其是那些原本为太后办事害怕秦王秋后算账的人，这时候也松一口气，继续安心为王朝做事了。

赵太后虽然重新获得了人身自由和应有的尊荣，但经历此变，她的政治权力就此终结，生活作风方面也不可能像之前那样随心所欲了。

随后的十年中,直到去世,她才用自己凋落的生命换来太史公的一句轻描淡写:始皇十九年,太后薨,谥为帝太后,与庄襄王会葬茝阳。这个曾经芳华绝代曾经风流浪荡,曾经权倾朝野的女人自嫪毐事变之后就此终老宫中,湮没在历史的风尘中。

9 吕不韦的最后时光

> 吕不韦自度稍侵,恐诛,乃饮酖而死。
> ——《史记·吕不韦列传》

> 和当今的许多贪腐官员一样,吕不韦落马的直接原因与他的"生活作风"有关系。其实"生活作风问题"在当时本来不是问题,但是吕不韦的"生活作风"与太后有关,这就不是一般的问题了。将赵姬献给嬴政他爹时,这是立功。当赵姬成为太后时,与她旧情复燃,给嬴政他爹戴绿帽子,这是在玩火。为了自己摆脱,竟然引狼入朝,让嫪毐继续给先王戴绿帽子,这是自取灭亡。吕不韦的一生,可谓成也赵姬,败也赵姬。
> ——《轻松读秦史》

嫪毐和太后东窗事发之后,除了嫪毐和太后本人倒霉之外,最大的输家就是吕不韦。

如果说嫪毐是一个祸乱宫闱的色狼和一个狂妄无知的野心家,那么,吕不韦就是引狼入室的元凶。嫪毐是在吕不韦的密谋之下进入宫中的,他的权势的不断膨胀,从某种程度上说,也是吕不韦纵容和庇护的结果。当秦王得知事情的全部真相之后,原来令人尊敬的"仲父"形象顷刻崩塌。作为嫪毐和太后的"红娘",吕不韦理所当然地成为被追责的对象。

按照秦王的火爆脾气,恨不得立即处死吕不韦。太史公的说法是,秦王想杀掉相国吕不韦,但因其侍奉先王功劳极大,又有许多宾客辩士为他求情说好话，秦王不忍心将他绳之以法。

客观上说，没有吕不韦的财力支持和智力支持，嬴政的老爹不可能当上秦王，嬴政也就当不了秦王。嬴政老爹去世之后，吕不韦在教育培养嬴政、主持秦国政务、推进秦国统一天下的进程等各方面，功劳和贡献都是大大的。从这个角度讲，秦王嬴政不忍心将其绳之以法也不是没有可能。

但更大的可能是，秦王不能将其绳之以法，至少不能马上将其绳之以法。一方面，吕不韦劳苦功高，在秦国经营多年，被他提拔的官员一大把，追随者众多，如果马上将其处死，确有卸磨杀驴之嫌，不得人心不说，还有可能引起政局动荡。另一方面，秦王嬴政刚刚亲政，立足未稳就遇到嫪毐反叛，消灭嫪毐这股势力已让他精力疲惫，亟待修复元气固本强基，显然还没做好消灭另外一股强大政治势力的准备。

其实，撇开嫪毐事件不谈，嬴政和吕不韦迟早也会分道扬镳。从根本上说，是因为二人的政治主张不一样，想走的道路也不一样。从吕不韦主持编撰的《吕氏春秋》一书可以看出，吕不韦主张"有道之主，因而无为"，其思想路线以黄老学说为主，并兼儒墨法家思想。而始皇帝则更倾向于罢黜百家，独崇法家。理论指导实践。两人的指导思想不同，治国理政的道路自然就不同。吕不韦编撰《吕氏春秋》，除了想以总编的名义名留青史以外，更重要的是，他想把这本书编成秦王治国理政的教科书。这样，即便嬴政亲政以后，秦国也能按照自己设计的方向和道路发展，自己就可以继续控制秦国大权。而个性很强很有主意的嬴政是不可能让别人牵着鼻子走的，二人的矛盾会逐渐加剧。从感情上讲，昔日的"仲父"竟然是自己生母的情夫，贵为一国之君的嬴政也是无法接受的。

由此可知，嬴政和吕不韦的矛盾是必然要爆发的，两人早早晚晚都得干一仗。

而嫪毐事件，只不过是两人由来已久的矛盾白热化而已。两人的斗争,实际已不是为了宫中那点情色事件的斗争,而是王权和相权的斗争。

嫪毐事件之后,众臣越是替吕不韦求情,吕不韦就越危险。这让嬴政感到吕不韦的群众根基深厚,随时会对自己的统治构成威胁,因此更加坚定撤掉吕不韦的决心。但此时,干掉吕不韦的各种条件都不成熟,如果操之过急反而容易生变。怎么办呢?少年老成的嬴政采取了温水煮青蛙的方式。

在嫪毐事件之后的第二年,嬴政才下令免去吕不韦的相国职务。随后又把他赶出都城咸阳,打发他到河南的封地居住。

如果这时候吕不韦低调一点,乖乖地做个宅男,不外出搞活动,不接受宾客使者拜见,也许秦王嬴政觉得他老了不中用了还会放他一马,让他在自己的封地颐养天年。

可一生都在财富之巅和权力之巅,追随者众多的吕不韦无法过那种云淡风轻的简单日子。因此,即使被削职赶出咸阳,吕不韦也并没有停止自己的社交活动,依然是一个大政治家、文史哲学泰斗的范儿。直到被削职一年后,他依然保持着这种“范儿”。各路宾客使者络绎不绝,前来问候吕不韦。一向高调做人、高调做事的吕不韦也不客气,来者不拒。尤其不能让嬴政容忍的是,这些吕不韦的各路朋友们还在朝廷替吕不韦说情,企图让他回到咸阳重新执掌政务。

这一切,秦王嬴政都看在眼里记在心里。直到吕不韦被削职后的第三年,嬴政再也无法忍受吕不韦的高调,下决心干掉这个心腹之患。但他不想背上个诛杀功臣的骂名,于是玩了一招阴的:先写信恐吓吕不韦,看他如何反应再作打算。

嬴政在给吕不韦的信中说:“你对秦国有何功劳?却封土洛阳,食邑十万?你与秦王有何血亲?却号称仲父,妄自尊大。快带家属滚到蜀地去居住!”这封信其实也是对为吕不韦说情的宾客们的公开答复。在嬴政看来,宾客们的说情无疑是对自己的公开挑衅,用这样措辞严厉的信既能试探吕不韦的反应,同时也是给吕不韦宾客们的一个警示。

吕不韦接到这封信后,思索了很久。想到自己先是被削职,后是被赶出咸阳到自己的封地居住,现在全家人又要被赶去偏远的蜀地居住,秦王嬴政这样步步紧逼,就是不让自己有活路。自己功高盖世荣耀一生,到老了反而被嘴上无毛的嬴政玩弄于鼓掌之间,实在有损一代枭雄的尊严。与其被别人折腾死,不如自己把自己折腾死,于是喝下毒酒自杀身亡。

吕不韦死后,被其宾客偷偷安葬在洛阳北邙山。嬴政似乎还不解恨,对于吕不韦的家臣参加哭吊的,赶出国境;俸禄在六百石以上的官剥夺其爵位,迁到房陵;俸禄在五百石以下而未参与哭吊的,也迁到房陵,但不剥夺爵位。

一生善于玩弄权谋的乱世枭雄吕不韦竟然就这样被一封恐吓信吓得自绝于天下,实在令人意外。然而,这对于嬴政来说,却是一个惊喜。他一个死字都没说,却让自己的心腹之患死得不明不白,这无疑是最佳效果。

和当今的许多贪腐官员一样,吕不韦落马的直接原因与他的"生活作风"有关系。其实"生活作风问题"在当时本来不是问题,但是吕不韦的"生活作风"与太后有关,这就不是一般的问题了。将赵姬献给嬴政他爹时,这是立功。当赵姬成为太后时,与她旧情复燃,给嬴政他爹戴绿帽子,这是在玩火。为了自己摆脱,竟然引狼入朝,让嫪毐继续给先王戴绿帽子,这是自取灭亡。纵观吕不韦的一生,做得最成功的是商人,他做的每笔"生意"回报都很高;其次是政治家,他没有在治国的大政方针上出现失误,是从政的高手,但晚年也犯了不少错误;最不称职的是"学者",只挂名不搞研究;最失败的是情人,在情感的小圈子里丧失理性,迷失方向,导致身败名裂。他的一生,因情人赵姬而辉煌荣耀,也因情人赵姬而朝不保夕,最终命丧黄泉,可谓成也赵姬,败也赵姬。

当然,生活作风问题只是表象,最主要的还是吕不韦对权力的执着痴迷,不甘大权旁落,对一把手嬴政的统治构成了威胁。如果嬴政亲政之后,他能急流勇退,主动放弃权力回家养老,或许还有一线生机。总之,还是那句话,别笑古人看不穿,只是他们太爱权。由此看见,权力这个东西高深莫测,玩得好辉煌腾达,稍有不慎就可能跌至万丈深渊。

除掉了吕不韦以后,嬴政摆脱了一切羁绊,摒弃了吕不韦的政治路线,完全按照自己的意志,在法家的理论指导下缔造出了一个空前强大统一的中央集权制帝国。

10 谍影重重的大秦帝国

> 而韩闻秦之好兴事，欲罢之，毋令东伐，乃使水工郑国间说秦，令凿泾水自中山西邸瓠口为渠，北山东注洛三百馀里，欲以溉田。中作而觉，秦欲杀郑国。郑国曰："始臣为间，然渠成亦秦之利也。"秦以为然，卒使就渠。
>
> ——《史记·河渠书》

> 一部大秦帝国的统一史，也是一部间谍风云史，如充分挖掘，绝对可以拍好几部《谍影重重》或者《潜伏》。
>
> ——《轻松读秦史》

在摆平嫪毐和吕不韦之后，嬴政便开始着手推进统一天下的宏图伟业。推进统一大业最需要什么？人才。秦国本是个西方小国，正是靠广纳别国贤才，才逐渐强大起来。秦王嬴政深知这一点，因此想方设法搜罗人才。但就在他亲政的第一年，也就是罢黜吕不韦的秦王政十年，发生了一起"间谍门"事件，这起事件差点引发了秦国的人才地震。

战国末年，秦国挥师东进统一天下的趋势已经十分明了。韩国位于秦国东出函谷关之后的交通要道，成为秦东扩的重要障碍，处于随时被攻击的状态。为避免灭亡的命运，韩国想出了一条疲秦之计。韩王派出本国杰出的水利工程师郑国去说服秦国兴修水利。在韩国看来，这是危难之际疲乏秦国，救亡图存的好办法。当时，各国几乎没有常备军队，全民皆兵，而修郑国渠这样的大型灌溉工程，秦国要动用大量青壮年劳力，耗费大量财力和精力，这必然要影响到秦国统一战争的进程。韩国想借此求得暂时的安宁。

春秋战国时期是一个思想和科技非常开明的时期,才俊们到异国献计得到重用的游士制度非常流行。各国将水利作为强国之本的思想已经产生,对秦国来说,兴修水利更是固本培元、兼并六国的战略部署。当时秦国的关中平原还没有大型水利工程,因此韩国认为这一计策最有可能被接受。

肩负拯救韩国命运的郑国,在咸阳宫见到了秦国的主政者吕不韦,提出了修渠建议。当时秦王嬴政年纪尚小,国家大政实际由相国吕不韦主持。商人出身、并非秦人的吕不韦一直希望做几件大事来显示治国才能,巩固自己的政治地位。韩国的建议与吕不韦急于建功立业的想法不谋而合,吕不韦当年就组织力量开始修渠,并任命郑国为这项大工程的总负责人。

当然,秦国之所以在战事不断的关键时刻修建这一工程,与关中的特殊地位分不开的。关中不仅具有发展农业生产的优越条件,还是一个四面有天险扼守的安全之地。黄河从这里折向东去,同东边的诸侯国相隔开来。它的南、北和西面又有秦岭、岐山、陇山形成的天然屏障,易守难攻,自古就有"四塞以为国"之说。

此前,秦军占据四川盆地,有了除关中外的第二块富庶之地。都江堰使成都平原变成天府之国,让秦国看到水利对于国家强盛的巨大作用。当时秦军主战场在北方,成都平原的粮食很难运到,因此提高关中粮食产量,就近为北方主战场提供粮食极为重要。

远古时候,泾河与渭河经常泛滥,给关中带来大量肥沃的淤泥。但由于关中平原干旱时有发生,上好的土地得不到充分开发。而郑国提出的引泾河水浇灌关中的建议,正是秦国向往已久的事情。

郑国设计的引泾水灌溉工程充分利用了关中平原西北高、东南低的地形特点,使渠水由高向低实现自流灌溉。为保证灌溉用水源,郑国渠采用独特的"横绝"技术,通过拦堵沿途的清峪河、蚀峪河等河,让河水流入郑国渠。

郑国渠巧妙连通泾河、洛水,取之于水,用之于地,又归之于水。在今天看来,这样的设计也可谓巧夺天工。

公元前237年,郑国渠就要完工了,这时意外出现了,秦国识破修渠原来是拖垮秦国的一个阴谋,郑国面临着生命危险。

面对秦国的审讯,郑国自知无法蒙混过关,索性实话实说:不错,哥们我的确是为韩国做间谍而来,但渠成以后客观上却对秦国有利。我也许能为韩国延续几年的命,但却为秦国建立万代的功业。秦王权衡利弊,最后得出结论:修建水利工程对于开发关中农业的意义,远远大于对国力造成的消耗。于是,秦王继续让郑国修建此渠。

公元前236年,郑国渠用了十年时间,终于修建成功,关中平原成为天下粮仓。据史学家估计,郑国渠灌溉的115万亩良田,足以供应秦国60万大军的军粮。郑国渠不但未能起到"疲秦"的初衷,反而极大增强了秦国的国力。这让本来强大的秦国如虎添翼,更加速了它消灭六国梦想的实现。郑国渠建成后没几年,秦国灭掉韩国。

从短期看,秦国修建郑国渠牵扯了较多人力财力,东进消灭六国的步伐确实可能放缓,但从长期看,郑国渠的修建,让关中成为秦国的军粮基地,修建郑国渠的疲秦之计最终变成强秦之策,算得上史上最失败的间谍计划。作为间谍,郑国或许不成功,但作为水利工程师,他是杰出而成功的。

用今天的话说,郑国的故事告诉我们,成功的水利工程师不一定是好间谍。

事实上,郑国的间谍门事件只是春秋战国时期谍影重重的一个缩影而已。成书于春秋末年的兵学圣典《孙子兵法》就专门讲到间谍问题:

故明君贤将,所以动而胜人,成功出于众者,先知也。先知者,不可取于鬼神,不可象于事,不可验于度,必取于人,知敌情者也。故三军之亲,莫亲于间,赏莫厚于间,事莫密于间,非圣智不能用间,非仁不能使间,非微妙不能得间之宝。密哉!密哉!无所不用间也。

但凡研究春秋战国史的人，几乎都注意到间谍问题。当时，战争频繁，各国互派间谍，各种间谍活动十分活跃。

按照所担负的任务，间谍大致可以分为三个级别。

第一级别是信息间谍。信息情报对于战争的重要性不言而喻。敌国的军事信息、外交信息、农业信息、人才信息，君王和大臣的性格信息等，都是间谍需要收集的对象。比如，在高度依赖粮食收成的古代，某国的丰收和欠收往往决定别国对它是守还是攻。而掌握敌国君王和重臣的性格喜好等，就可以据此作出克敌制胜的计策。担任这类间谍的人员组成相当复杂，有商人、游侠、士子、门客、外交官等。

第二级别是战术间谍。这类间谍大多经受过专业训练，一般是有针对性的派往敌国重点地区从事间谍活动，如传递情报、暗杀、下毒、纵火、散步流言、毁坏舟桥等。如秦国就曾派出大量刺客，对东方六国中不肯接受收买的重要官员实施暗杀。

第三级别是战略间谍。这类间谍长得不一定帅，杀人本领也不强，但他们拥有广博的学识，超强的智谋，大多是闻名遐迩的名人。这类级别的间谍除了收集信息情报以外，更重要的是迷惑和游说敌国君主和实权派人物，使他们在国家经济军事大政方针上犯错，作出有利于本国的重大决策。张仪便是此类间谍的代表，他同时配带秦魏两国的相印，将魏国的情报源源不断送往秦国，并将楚怀王玩弄于股掌，以商於之地为饵，轻易破坏了齐楚联盟，最后干脆将怀王诱骗到秦国。间谍"间"到这份上，简直是空前绝后闻所未闻。

所以，两千多年前的秦国能够一统天下，除了军事经济等方面的巨大优势，情报机构的杰出贡献也同样不能忽视。这种隐蔽战线上的博弈看似悄无声息，但其所产生的巨大威力常常胜过千军万马，有时候甚至能决定战役的胜败。

总之，一部大秦帝国的统一史，也是一部间谍风云史，如充分挖掘，绝对可以拍好几部《谍影重重》或者《潜伏》。

11 人才济济和阴谋遍地的大秦帝国

大索,逐客,李斯上书说,乃止逐客令。李斯因说秦王,请先取韩以恐他国,于是使斯下韩。

——《史记·秦始皇本纪》

为了适应统一的需要,秦国网络的人才可以说包罗了各种奇葩,既有雄才大略的"阳谋家",也有阴险狡诈的阴谋家。秦国的智库,是阳谋与阴谋的集大成者。因此,人才济济的大秦帝国同时也是阴谋遍地的大秦帝国。

——《轻松读秦史》

搞清楚当时间谍活动的整体行情后,我们再回头来看郑国间谍门事件给秦国带来的人才危机。

发现郑国的间谍行为后,鉴于其修建的水利工程客观上有利于秦国强大,秦国最终没有处理郑国。但这并不代表着秦国不重视"锄奸扫雷",任由各国间谍在秦国干不利于秦国的事。善于利用间谍的秦国,深知敌国间谍的危害。因此,在郑国"间谍门"事件之后,秦王嬴政本人及秦国宗室大臣们都认为有必要对潜伏在秦国的间谍进行一次清理。那么,谁的间谍嫌疑大?当然是那些底细不清的外来者。为了清理得更彻底,这些大臣们建议,干脆把在秦国做官的外国人全部赶走一了百了。秦王嬴政颇以为然,于是下达逐客令,大肆搜捕驱逐外国人。

客卿出身的李斯也在被驱逐之列。在行将离开秦国之前,李斯实在是不甘心，抱着一线希望，写下了文采斐然、声情并茂的《谏逐客书》，请人转呈秦王。李斯在《谏逐客书》中总结了秦国历代贤君不分国籍招纳贤才使秦国逐步强大的历史，回顾了百里奚、商鞅、张仪等外籍贤才对秦国的巨大贡献。说历史的目的在于引出现实。李斯认为，如果此时驱逐这些外籍人才，让他们去为其他国家建功立业，好比借兵器给敌寇，送粮食给强盗，最终损失的是秦国自己。秦王看了李斯的上书后，大为所动，深以为然，立即派人飞马追回了李斯，恢复他的职位。李斯这篇为了保住自己地位的谏书不仅打动了秦王，后来还成了中国历史上千古流芳的散文代表作。鲁迅先生评价说"秦之文章，李斯一人而已"。

《谏逐客书》大意是这么说的：

听说官员们议论要驱逐客卿，我私下认为这是错误的。从前秦穆公招揽贤才，从西戎找到由余，从东边楚国的苑地得到了百里奚，从宋国迎来了蹇叔，从晋国招来了丕豹、公孙友。这五个人都不生在秦国，而秦穆公重用他们，吞并了二十多个国家，也就得以在西戎称霸。秦孝公采用商鞅的新法，移风易俗，人民因此殷实兴盛，国家因此富足强大，百姓们愿意为国家效力，其他国家也诚心归顺，击败了楚国、魏国的军队，攻取了千里土地，至今政治安定，国家强盛。秦惠王用张仪的计策，攻取了三川地区，向西又吞并了巴、蜀，向北占领了上郡，向南攻占了汉中，囊括九夷，控制鄢、郢，在东面占据了险要的成皋，割取了肥沃的土地，并进一步瓦解了六国的合纵联盟，使他们面向西方，奉事秦国，功业一直延续到今天。秦昭王得范雎，废黜穰侯，驱逐华阳君，使公室强大，杜绝了私门权贵的势力，像蚕吃桑叶一般，逐渐吞并诸侯的土地，终于使秦国奠定了统一天下大业的基础。这四位君主，都是依靠了别国客卿的力量。由此看来，客卿有哪一点对不起秦国呢？假使这四位君主拒绝客卿而不接受他们，疏远士人而不重用，这就使秦国既无富足之实,又无强大之名。

　　现在皇上您罗织昆山的美玉,得到随侯之珠、和氏之璧,挂着明月珠,佩着太阿剑,驾着纤离马,竖着翠凤旗,摆着灵鼍鼓。以上这些宝物,并没有一样是秦国出产的,但陛下您非常喜爱它们,这是为什么呢?若是一定要秦国所产然后才使用的话,那么夜光之璧就不能用来装饰朝廷,犀角象牙制品就不能为您所赏玩,郑国、卫国的美女也不能列于您的后宫之中,良马也不能填满您的马棚。江南的金锡也不该用,西蜀的丹青也不应用来当颜料。您用来装饰后宫、充当姬妾、赏心乐意、怡目悦耳的,一定要出自秦国然后才用的话,那么,用宛地珍珠装饰的簪子,玑珠镶嵌的耳坠,东阿白绢缝制的衣服、刺绣华美的装饰品,就不能进献在您的面前,那时髦而又高雅,漂亮而又文静的赵国女子不能侍立在您的身边。而那些敲打瓦坛瓦罐、弹着秦筝、拍着大腿,呜呜叫喊以满足欣赏要求的,这才是正宗的秦国音乐。像《郑》、《卫》、《桑间》、《昭》、《虞》、《武》、《象》这些乐曲,则是其他国家的音乐。现在您抛弃敲打瓦坛瓦罐这一套秦国音乐而听《郑》、《卫》之声,不去听弹筝而欣赏《昭》、《虞》之曲,这是什么原因呢?说穿了,只不过是图眼前快乐,以满足耳目观赏需求而已。而现在您用人却不是这样,不问此人能用不能用,也不问是非曲直,只要不是秦国人一律辞退,只要是客卿一律驱逐。这样看来,陛下所看重的是美女、音乐、珍珠、宝玉,所轻视的是人才了。这并不是统一天下、制服诸侯的方法。

　　我听说过土地广阔所产粮食就丰富,国家广大人口就众多,军队强盛士兵就勇敢。所以泰山不排斥泥土,才能堆积得那样高大;河海不挑剔细小的溪流,才能变得如此深广;而成就王业的人不抛弃广大民众,才能显出他的盛德。所以地无论东南西北,民众不分这国那国,一年四季五谷丰登,鬼神赐予福泽,这就是五帝三王无敌于天下的原因所在。而现在陛下您抛弃了百姓来帮助敌国,排斥宾客而使他们为其他诸侯国建立功业,使天下有才之士后退而不敢西行,停住脚步而不敢进入秦国,这正是人们所说的"借武器给敌人,送粮食给盗贼"啊!

非秦国出产的物品,值得珍视的很多;非秦国出生的士人,愿意效忠的也不少。现在您驱逐客卿来资助敌国,损害百姓以帮助仇人,在内部削弱自己而在外面又和诸侯结下怨恨,这样下去,要使国家没有危险,是不可能的。

被李斯的文章说服后,秦王废除了逐客令,恢复了李斯的官职,采用了他的计谋,他的官位也升到廷尉之职。二十多年后,秦国终于统一了天下,尊称国王为"皇帝"。皇帝又任命李斯为丞相,并拆平了各国郡县的城墙,销毁了各地的武器,表示不再使用。使秦国没有一寸分封的土地,也不立皇帝的儿子、兄弟为王,更不把功臣封为诸侯,以便使国家从此之后再也没有战争的祸患。

其实,秦王能迅速被李斯说服,除了李斯的文章确实写得漂亮外,还与李斯之前打下的基础有关。李斯曾经是楚国的一个小小公务员,虽然不是大富大贵之人,但好歹也有个铁饭碗端着,吃喝不愁,与普通老百姓相比,还是幸福的。他原以为就这样一辈子在基层当个小干部安安稳稳地过一辈子就行了,但没想到一个偶然的小事触动了他敏感的小心灵,并从此改变了他的人生轨迹。一次,他看到办公处附近厕所里的老鼠在吃脏东西,每逢有人或狗走来时,就受惊逃跑。后来李斯又走进粮仓,看到粮仓中的老鼠,吃的是屯积的粟米,住在大屋子之下,更不用担心人或狗惊扰。于是李斯就慨然叹息道:"一个人有出息还是没出息,就如同老鼠一样,是由自己所处的环境决定的。"

从老鼠的身上得到启发后,李斯毅然决定放弃现在的铁饭碗学习深造,师从当时的学霸荀子,而研究方向也很高大上——帝王治理天下的学问。我们后面还会提到和他一起跟随荀子研习这门课的一个厉害角色——韩非。

李斯学成毕业之时,六国国势都已衰弱。作为典型的实用主义者,他很快看清当时的形势,觉得唯有去秦国才能让他那套治理天下的理论学以致用。应该说,李斯在老师面前还算是比较耿直和直率的。在去秦国之前,李斯对荀子说了一番话,大意是,现在各国都在争取人才,但秦国的实力最强,志气也最大,号称要统一天下,这正是我们这些平民出身的学者和谋士施展抱负的好时机。真正有才能的人遇到机会就应该积极把握,那些长期处于卑贱的地位和贫困的环境之中,不知道用实际行动去改变,成天只会非难社会、假装厌恶功名利禄,标谤自己与世无争的知识分子,其实心里也很想捞取功名,只是因为害怕失败害怕面对现实才假装清高,是极其虚伪和无聊的。

李斯到秦国之后,正赶上秦庄襄王子楚去世,李斯适时投到相国吕不韦的门下。吕不韦很赏识他,任命他为郎官。李斯有了游说秦王的机会,就对秦王抛出了他那套"实用机会主义"的理论。他充分把握住当下局势,狠狠地给秦王赢政上了一课。"平庸的人往往失去时机,而成大功业的人就在于他能利用机会并能下狠心。"从前秦穆公虽称霸天下,但最终没有东进吞并山东六国,这是因为诸侯还多,周朝的德望也没有衰落,因此五霸交替兴起,相继推尊周朝。但现如今,局势已经发生巨大变化,诸侯唯秦国马首是瞻。以秦国的强大,大王的贤明,扫平诸侯,成就帝业,一统天下就象扫除灶上的灰尘一样简单。如果现在懒怠而不抓紧推进统一大业,等到诸侯再强盛联合起来,就难以吞并它们了。

李斯这堂分析透彻的时政课发挥出了应有的效应,秦王被说动,任命李斯为长史,为秦国的统一大业建言献策。李斯向秦王献的第一条计策就是:派出能说会道的间谍,重金收买各国的名流权臣,不肯接受收买的,就派间谍前去暗杀。与此同时,挑拨各国君臣之间的关系,从内部瓦解各国的防卫力量之后,再派精兵良将前去攻打。

李斯的计策很是奏效,秦王赢政对他自然高看一眼。因此,当接到李斯的《谏逐客书》时,嬴政颇有耐心地看完,并最终被他说服,废除逐客令。换做是别人的谏书,嬴政或许根本不会看。不管怎样,李斯挽救了秦国的整个外籍专家群体。

不仅如此,一些外国名流听说秦王废除了逐客令也来到秦国寻求发展。尉缭就是其中一个。他来到秦国向秦王献计。当然,献计之前一般都要先给领导上一堂形势课,好让领导觉得只有你的计谋才能扭转不利局面,提高采用率。尉缭当然也不例外。他对秦王说,秦国现在貌似很强大,但若山东各国联合起来抗击秦国,结局十分难料。给秦王上完课,尉缭适时抛出了他的计策:用重金买通各国权臣,离间六国之间的关系,拆散他们的联盟。秦王果断采用了尉缭的计策:能用钱解决的事儿,对于秦国来说,那都不是事儿。用了尉缭的计策后,效果也是出奇的好。

收买、离间、拆散,看看这些关键词,是不是觉得很眼熟?没错。李斯的计策里也有这几招。用今天的眼光来看,这么简单的下三滥的阴谋却让东方六国的君臣们屡屡中招,是不是很奇怪?其实,原因并不复杂,还是那句话:别笑他人看不穿,只是他们太爱权(当然也包括钱)。所谓大难临头各自飞,在生死存亡的危急时刻,君王们更加害怕丢失自己的权力,大臣们更加贪图享乐,他们看不到希望和明天,爽一天算一天,趁机捞一把再说。

为了适应统一的需要,秦国网络的人才可以说包罗了各种奇葩,既有雄才大略的"阳谋家",也有阴险狡诈的阴谋家。秦国的智库,是阳谋与阴谋的集大成者。因此,人才济济的大秦帝国同时也是阴谋遍地的大秦帝国。

秦国之所以能招揽这么多的人才,与秦国的强大相关,也与秦王嬴政的重视有关。一个比较夸张但却真实的历史细节是,尉缭献计之后,秦王听从了他的计谋,会见他时与他平起平坐以礼相待,甚至衣服饮食也与尉缭一样。

有时候,领导突然对你太好,是一件让人警惕的事。你可能会想,领导这么干是有什么企图,是不是要派你去完成不可能完成的任务,或是干趟有去无回的差事。很不幸,两千多年前的尉缭大约也是这么想的。他私下里念叨,秦王这个人,高鼻梁,大眼睛,老鹰的胸脯,豺狼的声音,缺乏仁德,而有虎狼之心,穷困的时候容易对人谦下,得志的时候也会轻易地吃人。我是个平民,然而他见到我总是那样谦下。如果秦王夺取天下的心愿得以实现,天下的人就都成为奴隶了。我不能跟他长久交往。想来想去,还是跑路比较安全。秦王发觉后,坚决劝止,让他当秦国的最高军事长官,始终采用他的计谋。尉缭自己叨叨的这些话,既然都能流传下来被写入《史记》中,想必秦王当时也是都知道的,但他没有半点怪罪,还给他加官进爵,让他安心在秦国工作。

从这个细节看以看出,秦王在知人善任、用人御人方面不仅独具慧眼,而且宽容大度。这也是他能够凝聚各方力量各种人才一统天下的重要因素。

12 赵国牛人李牧的崛起

李牧者,赵之北边良将也。

——《史记·廉颇蔺相如列传》

眼看这么下去是作死的节奏,赵王只好再请李牧出任原职。李牧趁机得瑟一把,闭门不出,推说自己有病,想让赵王长点记性。赵王一再恳请他复出,李牧矜持够了之后才说,让我去守边疆也可以,但至于怎么守那是我的事,任何人不能干涉。赵王虽然很没面子,但为了自己权力江山的稳定,不得不答应他的要求。

——《轻松读秦史》

在各项准备工作就绪后,秦王嬴政开始了消灭六国一统天下的步伐。在总体战略上,他听从李斯的建议,制定了"远交近攻"的战略方针,对山东六国各个击破。具体办法是,先拉拢收买与秦国相距较远的楚、燕、齐三国,从而避免两线作战,使与秦国相邻的韩赵魏三国腹背受敌,处于孤立无援之地。在攻占韩赵魏三国之后,随着战线的东移,再一一吞并楚、燕、齐国。在临近的韩赵魏三国中,赵国兵力最强,干掉赵国之后,韩魏两国手到擒来。秦王嬴政决定首先攻打赵国。

在攻打赵国之前,秦国始终没忘记自己打仗以外的强项——挑拨离间,用计挑起了燕赵两国矛盾,当两国交战正酣时,以救燕为名,派大将王翦等人兵分两路进攻赵国,当赵军从燕回师救援时,漳水流域和河间地区已经完全失守,赵国损失巨大。

两年后,秦国派出将领桓齮攻打赵国平阳邑,杀了赵将扈辄,斩首十万人。次年,秦王又派桓齮进攻赵国。这次,桓齮选择了一条对赵国构成很大危险的路线:他率军东出上党,越太行山自北路深入赵国后方,攻占了赤丽、宜安,进攻赵的后方,直向邯郸进军,与已占领漳河流域的秦军配合,对赵国形成了钳形大包围的形势,赵国岌岌可危。情急之下,赵王调回由李牧率领的防守匈奴的北部边防军抵挡秦军的进攻。这样的紧张时刻,一旦选错将领,必将带来灭顶之灾。一般来说,只要不是君王犯糊涂的错误决定,能够受命于这样危难之际的将领,大多是有几把刷子的。而这个李牧,不只是有几把刷子,而是有很多把刷子。在中国古代史上,匈奴骑兵以勇猛而著称,而能够令匈奴人畏惧的汉人将领少之又少,我们比较熟悉的是汉朝的李广、卫青、霍去病等。但事实上,在他们之前,有一个前辈更令匈奴人害怕,因为他创造了中国战争史中以步兵大兵团全歼骑兵大兵团的典型战例,而被歼灭的正是匈奴骑兵团。

　　这个前辈就是李牧。他与白起、王翦、廉颇并称“战国四大名将”。而在《史记》中,其他三位名将多多少少大大小小在战场上都有失败或受挫的记录,而唯独李牧没有。

　　在被调回“国内”对秦作战之前,李牧长期驻守在赵国的北部边境,防御匈奴的入侵。对于边关的守备军来说,防守外敌入侵自然是重要职责,但治理好边关,维护边关的和谐稳定同样很重要。这两者看似没有直接关联,但其实是相互影响、相互促进的。李牧的高明,除了打仗御敌的高明,也有治理边关的高明。

　　他秉承“将在外君命有所不受”的原则,经常根据实际需要设置边疆官吏,把防地内城市的租税收入作为军费开支,完善军队的后期补给,让军队正常运营,把边疆和部队治理得井井有条。

　　在练兵打仗方面,李牧有一字秘诀——等。以时间赢得自强,以时间赢得战机。稳定了边疆的秩序,李牧放手养兵练兵。每天宰杀几头

66

牛犒赏士兵,给予战士优厚待遇,将战马养得膘肥体壮。他教士兵练习射箭骑马,安排士兵看守烽火台,不时派出侦察小分队侦察敌情。他严明军纪,规定一旦发现匈奴兵来袭击,要立刻退回营区自保,贸然出击者斩首。

赵军边疆稳定,物资丰富,士兵不愁吃不愁穿,等得起。而匈奴军队多是骑兵,加之其游牧特点,最擅长的是袭扰作战,最不擅长的就是"等",他们的军粮物资储存时间短,实在是等不起。因此,他们急切想和赵军决战,以消灭赵军的有生力量,扫除南下侵略的障碍。

一个愿意等,一个不愿意等,有趣的情节就这样出现了。匈奴军队有时候好不容易发现赵军的踪影,于是发起进攻。但每次刚刚发起冲击,烽火台就及时传来警报,赵军就立即收拢人马退入营垒坚守不出,由于赵军工事坚固,不善于打攻坚战的匈奴军队就只能望洋兴叹。他们每次攻击都无功而返,就好比重拳打在了海绵上,恼火不已却又无可奈何。就这样过了几年,赵军人马物资都没有什么损失,擅长"洗劫"的匈奴人一点油水都没捞到。从战略效果来讲,赵军其实已是不胜而胜,匈奴人已是不败而败。

于是,匈奴军队就举旗大骂李牧胆小怕事是缩头乌龟,赵军中有部分四肢发达头脑简单的官兵也认为自己的主将胆小怯战,私下里议论纷纷。消息传回到赵王耳朵里,赵王责怪李牧,但李牧坚持念"等"字诀,拒不出战。赵王一怒之下,召他回朝,另派他人接替他防守边疆。

此后一年多,匈奴每次来犯,新来的二货将军就指挥赵军交战。但是每次都没取胜,损失伤亡却不少,边疆稳定的秩序也被打乱,不能按时种植和畜牧。眼看这么下去是作死的节奏,赵王只好再请李牧出任原职。李牧趁机嘚瑟一把,闭门不出,推说自己有病,想让赵王长点记性。赵王一再恳请他复出,李牧矜持够了之后说,让我去守边疆也可以,但至于怎么守那是我的事,任何人不能干涉。赵王虽然很没面子,但为了自己权力江山的稳定,不得不答应他的要求。

李牧重新执掌兵权,再次回到边疆,策略法令一如从前,匈奴数年依旧一无所获,更加坚信李牧是胆小怯战之徒,防备逐渐松懈。而赵军官兵无战事还享受犒赏,觉得有点对不起国家和人民,都希望拼死一战报效国家。李牧看时机已等到,决心顺势出击。他精心选择了一千三百辆兵车,战马一万三千匹,敢于冲锋陷阵的敢死之士五万人,善射的士兵十万人,全部组织起来加紧训练。等训练得差不多了,李牧便放出了诱饵——放出大批的牛马牲畜,放牧的人满山遍野。善于打劫的匈奴人等到花儿也谢了,终于等到了这个打劫的机会,岂肯轻易放过?于是派出小股人马袭击赵国军队和牧民。李牧假装失败,故意放水,把几千人让匈奴活捉去。匈奴单于听到这个消息,异常兴奋,率领大批人马入侵。

　　匈奴军队以骑兵为主,经过赵王灵武胡服骑射的改革后,赵军的骑兵力量得以壮大,但还不能完全和匈奴骑兵抗衡,主力仍是步兵。两军对垒冲击,在人数相当的情况下,步兵肯定干不过骑兵。因此,以步兵为主的赵军要打败以骑兵为主的匈奴军队,光用蛮劲是不行的,得用点巧劲。所谓兵不厌诈,李牧的方法并不复杂,但争强好胜的匈奴军队还是上当了。李牧命正面进攻的部队边打边退,将匈奴军队引入赵军布下的口袋中,两翼埋伏的赵军忽然对匈奴军队发起进攻。十万善射的赵军一阵狂射之后,匈奴军队倒下一大批,还没有来得及喘口气,赵军的五万善于冲锋的敢死队又从两翼猛攻上来,之前假装败走的赵军正面进攻部队也不再演戏,转过身来奋力砍杀匈奴兵。

　　三面受敌的匈奴军队被这突如其来的变化整懵了。十万匈奴军队被歼灭,其余部分投降,只有单于带着少量残兵败将逃回大漠。这一仗,成为中国古代史上以步兵大兵团全歼骑兵大兵团的典型战例,赵军消灭了匈奴的有生力量,此后十多年,匈奴不敢接近赵国边境城镇。

　　好吧,前面说这么多,其实中心意思就一个——李牧很牛,非常牛。现在,就看看牛人是怎样受命于败军之际、奉命于危难之间而力挽狂澜的。

当李牧奉召从边疆回到邯郸城后,考虑到赵王的不靠谱,李牧在上任之前依旧要和赵王约法三章,以防赵王中途打乱他的作战计划。

按照惯例,赵王在李牧出征之前召见他,做做思想动员。闲扯一番空话后,赵王问李牧,你打算以何种方法御敌。李牧借坡下驴,向赵王提出条件:秦军连胜多次,士气正旺,如果马上与其正面交锋,很难胜利。只有大王允许我随机应变,不受约束,我才敢领命抗敌。

赵王别无他法,只能答应李牧的要求。

李牧率边防军主力与邯郸派出的赵军会合后,在宜安附近与秦军对峙。这次,他采取的战略仍是一字诀——等。他下令构筑坚固工事,全军皆在高壁深垒之中坚守不出。同时,他还用了老一套的方法来治军,没什么大事动不动就赏赐战士,还在军中举行射箭比赛以供无仗可打的官兵娱乐消遣。官兵受赏多了,有点不好意思,纷纷要求出城抗敌,但李牧仍坚持不准出击。他在等待一个真正值得出击的机会。这个机会很快就来了。

秦军面对工事坚固闭门不出的赵军只能干瞪眼。秦军将领桓齮决定先扫清外围障碍,再攻李牧。于是他亲自率领一部分秦军进攻肥下,以此诱使赵军前去救援,等赵军脱离营垒后,将其歼灭于运动之中。这点花花肠子自然瞒不过李牧。

部将建议李牧派兵救援,李牧却不以为然。部将不解,李牧给他上了一课:如果秦军攻击什么地方,我们就去救援什么地方,这不是被敌人牵着鼻子走吗?打仗打的就是主动,受制于敌人必然招致失败。现在秦军分兵进攻肥下,其大本营兵力空虚,如果我们此时攻其不备,一定能够获胜。

事实果然不出李牧所料,秦军分兵攻击肥下后,营中留守兵力薄弱,又由于多日来赵军采取守势,拒不出战,秦军习以为常,疏于戒备。李牧乘机率军一举攻占秦军大营,俘获全部留守秦军及辎重。

占领秦军大营后,李牧料定争强好胜的桓齮必将回救夺回大营,便部署一部分兵力由正面阻击秦军,而将主力配置于两翼。当正面赵军与撤回秦军接触时,立即指挥两翼赵军实施钳攻,激战过后,秦军被打败,主将桓齮逃走。

坚守不出——等待机会——诱敌出击——两翼埋伏,看看这一仗,李牧采用的战略和打匈奴时如出一辙,依然完胜,可见兵不厌诈的确是真理。此战之后,李牧因功被封为武安君。

第二年,秦军再次大规模攻赵。赵国仍以李牧为主帅迎敌。他趁秦国主力爬行于山间狭长地段时,利用地形优势,对秦军猛攻,很快击溃秦军。

几次受挫于赵军之后,秦国大概也觉得赵国尚有力量与之抗衡,暂时停止了伐赵。李牧的接连胜利,为赵国赢来了喘息之机,但战争也消耗了赵国不少有生力量,军力已大不如从前。赵国在战场的胜利其实只是短暂的胜利,并没有改变秦赵两国的力量对比,因而这种胜利最多只能算是赵国将领李牧的胜利,并不能算作是一个国家的胜利。从总体态势来看,对秦国来说,进攻受挫只是延缓了统一的进程,并没有改变统一的趋势。赵国是虽胜犹败,秦国是虽败犹胜。

这一下,赵王明智了一回,他觉得如果不合纵起来对付秦国,还是免不了被秦国各个击破的命运。于是,在赵军胜利的推动下,出现了楚、齐、燕、赵四国合纵的局面。

若是单挑,任何一国都不是秦国的对手,但如果其他国家抱团对付秦国,那就有了变数。秦国向来最怕的也是这一点。因此,当四国合纵的消息传到秦国后,秦王嬴政急了。他立即召开紧急会议,商讨对策。好在秦国从来不缺拆台的"阴谋家",一个叫姚贾的说他可以破除四国的联盟。秦王嬴政高兴坏了,赐给他金银珠宝,配给他豪华马车和君王穿的衣服、戴的冠冕和佩剑,总之,是给足了他面子和票子。

有钱能使鬼推磨。其实,姚贾也没什么高招,用的是秦国阴谋家的老一套：用金钱开路，贿赂各国贪财的权臣重臣，让他们左右国家的大政方针，劝说君主不要参与联盟。而四国总有些不争气的家伙，置国家安危于不顾，大发国难财，为私利破坏联盟，还说服君主与秦国建立良好外交关系。

13 屈韩灭赵，打响统一第一枪

韩非使秦，秦用李斯谋，留非，非死云阳。韩王请为臣。

十九年，王翦、羌瘣尽定取赵地东阳，得赵王。

——《史记·秦始皇本纪》

所谓弱国无外交，其实弱国也无间谍。郑国间谍门事件到韩非子间谍门事件相隔仅几年，韩国两次派出间谍，无论是利用水利工程"疲敌"，还是利用外交官劝谏，最终目的都是为了阻止或延缓秦国对韩国的进攻，但其结局有惊人的一致：不但没有让敌国弱小，反而助推敌国强大，可谓"乌龙间谍"。不思自身长远发展强大之计，而寄希望于通过麻痹敌人让自己苟延馋喘，这样的间谍活动从方向上就已大错特错，即便是在短期有其效果，但从长远看，其失败是必然的。韩国间谍活动的失败教训就在于：如果不能让敌国弱小，就应该让自己强大。

——《轻松读秦史》

联盟不复存在之后，秦国得以全力以赴实施各个击破战术。在山东六国中，韩国是生存在赵国与秦国夹缝中的一个小国，常常遭遇到秦国巨大的军事压力而不得不扮演秦国的附庸。但是，一旦形势稍有松动，韩国又想挣扎一下，企图摆脱秦国的控制，加入到反秦的联盟中来。秦赵两国交战后，在秦国占据优势时，韩王安就屈服于秦国的压力，向其交出部分土地，献上玉玺，请求作为秦国的附庸。然而当李牧打败秦国的进攻后，韩国又凑热闹参与了四国合纵的队伍中。这可惹恼了秦王，在嬴政看来，眼下正好趁四国合纵散伙时彻底消灭韩国，以震慑其他国家，防止他们朝三暮四。

说到灭韩，不得不提及一个有超高学术思想水平的间谍——韩非子。

无论是从出身看，还是从学术成就来看，韩非子都可以称得上高端大气上档次。从出身看，他是韩王室宗族，韩王歇的儿子。从学术上看，他是李斯的师兄、荀子的高徒。虽然是荀子的弟子，但韩非子的思想主张却与荀子大大相反，他没有承袭荀子的儒家思想，却爱好"刑名法术"之学，成为法家之集大成者。他主张将人的自利本性作为社会秩序建立的前提，强调君主统制权视为一切事物的决策核心，君权是神圣不可侵犯，君主应当运用苛刑峻法重赏来御臣治民，以建立一个君主集权的封建国家。韩非子的时代，韩国已渐渐衰弱下去，韩非子屡次上书规劝韩王进行改革，希望改变当时治国不务法制和用人方面养非所用、用非所养的情况，但韩王没有采纳他的意见。怀才不遇的韩非子只能著书立说来抒发愤懑之情。他考察了古往今来王朝的兴衰起伏和得失，写出了《孤愤》、《五蠹》、《说难》等十余万字的著作。

韩非子的著作传到秦国以后，秦王嬴政对其才华大为赞赏。秦王对手下人感叹道："哎，如果我要见到这个人并且能和他交往，就是死也不算遗憾了。"于是李斯介绍说，这是他师兄韩非子的书。《史记》记载，听闻韩非子是韩国人，嬴政便决定攻打韩国，想得到这个人才。为了一个人才而攻打一个国家，这样的说法或许有些夸张而可信度低，因为攻打韩国其实是秦国的既定战略，与韩非子没有必然联系。但既然攻打韩国，顺便掳走韩非子这个人才还是极有可能的。

世事难料。秦国没打几下，韩国便表示服气，甘愿做秦国的附庸，并派遣韩非子出使秦国。韩王的如意算盘是这样的：秦王不是喜欢韩非子吗，何不顺水推舟让韩非子出使秦国，秦王必定会让韩非子留在身边,这样一来,韩非子就可以游说秦王,劝他不要攻打韩国(至少暂时不要),让韩国享受片刻安宁。也就是说,韩非子表面上是外交官的身份,实际上是游说秦王的高级间谍。

应该说,韩王的算盘还是打对了一半。韩非子出使秦国后,秦王果然把韩非子留在了咸阳。但是韩王没想到的是,嬴政虽然爱惜人才,但还不会因此而改变自己的战略。考虑到韩非子的身份特殊,极有可能是韩国派来的说客,秦王对他的态度是留而不用,对其提出的建议谋略也多是姑且听之疑而不用。

在韩国不受待见,在秦国也不受重用,这让才华横溢而且溢得满地都是的韩非子情何以堪? 当赵国等四国合纵的局面破裂之时,秦国加紧准备攻打韩国。作为韩国的使者和间谍,韩非子不得不做点什么了。他觉得即使不能改变秦王兼并韩国的决策,也要想办法拖延秦国进攻韩国的时间。而他能做什么呢? 除了上书还是上书。这一次,韩非子上书时分析了韩国与秦国的关系。他说,韩国多年来一直都是秦国的小跟班,当其他国家进攻秦国的时候,韩国是一道屏障。而当秦国对其他国家作战时,韩国又是秦国的先锋队。这些年来,韩国因为追随秦国而结怨于其他五国,你这个秦国老大哥不应当攻打我,应该在我韩国这个小兄弟有难时拉兄弟一把才对。况且,韩国年年向秦国纳贡,实际上已经和秦国的郡县没有什么区别,对秦国根本构不成威胁。秦国现在要担心的是赵国,赵国军事力量强大,一直在图谋联系其他国家的军事力量共同抗秦,可谓秦国的真正大患。现在秦国不去攻打赵国而去攻打韩国,就等于是置外患于不顾而先除内臣,实在不是明智之举。

分析了秦国的形势后,韩非子又分析了韩国的形势。他装得自信满满,自欺欺人地对秦王说,韩国国内上上下下都有强烈的忧患意识,为了生存而加强备战、坚固城池。秦国贸然进攻韩国,未必就能迅速灭亡韩国。如果不能速胜,仅仅夺取几座城池就退兵,必然让其他国家所耻笑,并增加他们合纵抗秦的信心。而且秦国攻打韩国会让赵国有喘息之机,给赵国足够的时间来恢复战斗力并联络其他国家共同抗秦。到了那个时候,秦国恐怕进不能攻赵,退不能灭韩,处于进退两难的尴尬境地。

韩非子把这次上书当成一个重要的著作来对待,可谓费尽心思,但是效果却不怎么样。嬴政看了上书之后仍然不为所动,一意攻韩。韩非子说的也并非完全没有道理,但鉴于和赵国的战争一直僵持不下,眼下不如捡个软的柿子捏,综合考量,还是攻韩比较合算。韩非子上书后,不仅其建议没有得到采纳,还为自己惹来了杀身之祸。他在多次上书中指责攻韩派权臣,当然会引来这些人的反击。

李斯、姚贾等人就向秦提议道,韩非子毕竟是韩国王室,现在秦国要攻打韩国,韩非子肯定还是要帮助韩国而不帮助秦国,这是人之常情。他在秦国呆的时间长了,对秦国十分熟悉,如果到时候不小心溜回韩国,将对秦国大大不利。倒不如现在就给他加个罪名,依法处死他,斩除祸根。秦王虽然很爱才,但韩非子身在秦国心在韩,既然不能为他所用,那就不要留给别人。于是下令司法官为韩非子定罪。为免夜长梦多,在案件还未审结时,李斯就趁机派人给自己的师兄送去了毒药,让韩非子自杀。韩非子想要面见秦王晓之以理动之以情,可惜被人拦住,不能见到秦王。等到后来秦王后悔,派人去赦免他时,韩非子已经死了。

伟大的思想家、哲学家韩非子就这样殒命异国他乡。作为思想家和哲学家,韩非子无疑是成功的,因为他的思想和著作不仅在当时流行甚广,而且流传后世,影响深远。但作为间谍,他却是失败的,他多次努力仍未能阻止哪怕是延缓秦国攻打韩国的战略实施。而其法家思想反被秦国利用,使得秦国进一步强大起来。不过,这种失败并不是他个人能力不足造成的。所谓弱国无外交,其实弱国也无间谍。郑国间谍门事件到韩非子间谍门事件相隔仅几年,韩国两次派出间谍,无论是利用水利工程"疲敌",还是利用外交官劝谏,最终目的都是为了阻止或延缓秦国对韩国的进攻,但其结局有惊人的一致——不但没有让敌国弱小,反而助推敌国强大,可谓"乌龙间谍"。不思自身长远发展强大之计,而寄希望于通过麻痹敌人让自己苟延馋喘,这样的间谍活动从方向上就已大错特错,即便是在短期有其效果,但从长远看,其失败是必然的。韩国间谍活动的失败教训在于:如果不能让敌国弱小,就应该让自己强大。

韩非子死后不久,秦国就加大力度攻击韩国。秦王政十六年,秦国故意挑衅,强行索要韩国地盘。韩国被迫献出南阳,秦王任命内史腾为南阳守,以南阳为基地,做全面进攻韩国的准备。第二年,内史腾率秦军全面进攻韩国,很快攻克韩都,俘获韩王安,并最终占领韩国全境,灭亡韩国,在韩地设置颍川郡。

正当秦军灭韩时,赵国遭遇到严重旱灾,国内缺粮,人心浮动。秦王政十八年,赢政命王翦和杨端和为将,分两路再次攻赵。赵国派李牧和司马尚为将,李牧帅主力对抗王翦大军,司马尚则对付杨端和。李牧此次仍采用"等"诀,凭借坚固工事坚守不出,避免与秦军决战。秦国两路大军屡攻不胜,进展缓慢,形成相持局面。

看秦国逐鹿群雄问鼎天下的历史,就不难发现一个"潜规则":每当战事僵持不下时,秦国就会使出其战场以外的杀手锏——反间计。这次又是如此。王翦利用赵王庸碌无知,其宠臣郭开贪财和嫉妒贤能的特点,使用反间计。一方面暂时停止进攻,派使者到李牧军中讲和,李牧不知是计,还以为讲和能缓解军事方面的压力,于是也派人与秦军使者联络。与此同时,王翦奏请总部派来间谍,携带重金潜入赵国,贿赂郭开,并散布流言,声称李牧私自与秦军讲和,相约在破城之日与秦国分地。流言很快传到赵王耳中,郭开趁机添油加醋,建议削去李牧的军权,另派将领接替李牧和司马尚。赵王虽然庸碌,但对于李牧的军事才能还是很了解的。但他最终还是同意了郭开的建议,命令赵葱和颜聚代替李牧和司马尚统领军队。这是因为古代君王大多都有一个"攘夷必先安内"的思维定式:宁愿被外敌打败,也不愿让手下造反的人得逞。大概他们以为,败在外敌手里,或许还能做个傀儡,尚有一线生机。而内部造反派的威胁则是直接取而代之,毫无生机,基本是必死无疑。因此,大多数君王对外敌尚能忍忍,但对"内患"却是第一时间剿除才安心。

接到被削夺军权的命令后,李牧考虑到如此重要关头临阵换将后果难以想象,于是拒不受命,结果被赵王处死。

一代名将李牧没有战死沙场,却死于敌人的反间计,可悲可叹可怜。纵观秦国统一战争史,许多杰出的将领败没有败在战场上,却败在了秦国屡试不爽的反间计上。秦国善用反间计,这些将领不是不知道,但为何用在自己身上时,仍是一无所察呢?用现在的话说就是缺了一根筋,一根"阴谋筋"。因为自己不善用阴谋,也就不擅长防于阴谋,这就是他们的可悲可怜"可恨"之处。以李牧为例,当王翦使者来与其讲和时,就应该警惕这是秦国惯用的反间计,断然拒绝,不给"私自与秦军讲和相约分赵地"的流言以口实。不过,这对于一身擅长阳谋的李牧有些过于苛刻了。

李牧爱护部属治军有方,且连战连胜,在赵军中威望极高。他被杀后,赵军人心涣散,多以无心再战。

第二年,王翦对赵军发起总攻,击败赵军,攻破邯郸,俘获赵王,设赵地为邯郸郡。

赵王被俘后,赵公子嘉带领宗族数百人逃亡代地,自立为王。代地赵军与燕军联合驻扎在易水,企图阻止秦军继续北进。

14 一场注定失败却要名垂千古的刺杀(上)

田光曰:"吾闻之,长者为行,不使人疑之。今太子告光曰:'所言者,国之大事也,愿先生勿泄',是太子疑光也。夫为行而使人疑之,非节侠也。"欲自杀以激荆卿,曰:"愿足下急过太子,言光已死,明不言也。"因遂自刭而死。

——《史记·刺客列传》

所谓"士为知己者死"。但太子丹并非田光的知己,否则也不会刻意提醒他不要泄密。即便是这样,为了让荆轲铁了心帮助太子完成心愿,田光毅然为不是知己的人而死,这一切,只是为了好友的嘱托,为了一个"义"字。要说伟大,田光这幕后英雄远比名垂千古的荆轲伟大。要论侠义,田光的侠义可谓前无古人后无来者。

——《轻松读秦史》

话说秦军在追逐赵国公子嘉时,到达燕国的西南边境,兵临易水,震动燕国。形势所迫,一场名垂史册的刺杀行动提前上演了。

这场暗杀行动的总策划就是燕太子丹。燕太子丹是个命苦的太子。年幼时,就被派到赵国作人质,此时秦王嬴政和他的爹一家人也在赵国做人质。做人质的日子当然不好过,少年嬴政和燕太子丹算是难兄难弟,有点惺惺相惜的意思,关系相当不错。俗话说,背靠大树好乘凉。太子丹背后是弱小的燕国,而嬴政背后是强大的秦国,这就注定了他们将来截然不同的命运。

不久，嬴政回到秦国被立为秦王，可谓翻身农奴把歌唱。而太子丹就没这好命，他是刚出狼窝又入虎穴，被派到秦国作人质。本来以为凭着和嬴政当年共患难的交情，嬴政怎么也会罩着他点，自己的日子不至于太难过。或许是太子丹的期望太高，或许是嬴政当了秦王后"变了心"，总之，燕太子丹认为嬴政对待自己不够友好，逃回了燕国。

你既不仁，休怪兄弟我不义。太子丹回国后，散家财，聚宾客，成天想的就是怎么对付秦王嬴政，报仇雪恨。可惜燕国弱小，硬拼肯定不是秦国的对手。当时秦国天天出兵，把齐国，楚国和三晋打了个遍，已经威胁到了燕国。太子丹向自己的老师鞠武请教应对之策。每当这时候，被请教的人大多数都要先给来者上一堂时事政治课，先忽悠一把天下大势如何如何，再抛出自己的应对之策。鞠武也不例外，一见面就向太子丹分析天下大势："秦国的土地遍天下，威胁到韩国、魏国、赵国。它北面有甘泉、谷口坚固险要的地势，南面有泾河、渭水流域肥沃的土地，据有富饶的巴郡、汉中地区，右边有陇、蜀崇山峻岭为屏障，左边有肴山、函谷关做要塞，人口众多而士兵训练有素，武器装备绰绰有余。有意图向外扩张，那么长城以南，易水以北就没有安稳的地方了。"鞠武说的这些，只要是个明白人都知道。他想说的重点其实是后面一句："既然秦国已如此厉害，您却因为在秦国当人质时受了屈辱就要去触怒秦王，实在是大大的不对！"

在鞠武看来，太子丹主要是为了私仇才想要对付秦王，这其实也有失偏颇。谁都知道，秦国攻打燕国是迟早的事，倾巢之下岂有完卵，一旦秦国打过来，他这个燕国太子能好过吗？所以，作为燕国太子，他于公于私都要为燕国的将来未雨绸缪。眼下虽然还没有到火烧眉毛的程度，但也已经是危机四伏。太子丹没有心情和他的老师争辩自己是出于公心还是私心，他现在想要的是对策。于是，他直奔主题的问鞠武，既然形势已经如此，那么我们该怎么办呢？

鞠武的回答十分幽默，他缓慢而深沉地吐出了四个字："让我想想"。身为太子的谋士和老师,面对问计,作出这样的奇葩回答可谓是前无古人后无来者。

听到这样的回答,太子丹实在既无语又绝望,心里气不打一处来:不知道你就早说啊,看您老人家讲天下大势那滔滔不绝的样子,还以为胸有成竹呢!

但好歹是自己的老师,太子丹也不好当面发火,只好再作打算。

不久,秦国将领樊於期得罪了秦王,逃到了燕国,太子丹接纳了他,好吃好喝招待着。既然是秦王的敌人,那就是我的朋友。燕太子的丹这种思维也很正常。这时,鞠武出来劝阻太子丹,希望他不要收留樊於期。他采用的还是那一套秦国威胁论:秦国很牛叉,秦国很凶残,你没有必要为了一个樊於期而得罪秦王,引火烧身。到那时,就算你身边有管仲那样的高人出谋划策估计也救不了你了。

这次,鞠武分析形势之后倒是出了招。第一,将樊於期送到匈奴去,秦王要发飙就让他找匈奴人发飙,以消除秦国攻打燕国的借口。第二,联合周边力量孤立秦国。西约三晋,南连齐楚,北合匈奴,共同对付秦国。这种计策咋一听挺唬人的,好像挺在理。事实上却是"花瓶计策"中听不中用,可行性不大。就拿第一条来说,将樊於期送到匈奴以消除秦国攻打燕国的借口。以当时秦国的实力来看,攻打任何国家都都已不需要借口,而从秦国统一天下的决心来看,攻打燕国也是必然的事。鞠武的"借口论"搞笑之处就在于他的前提:只要我不去惹秦国,秦国就不会来打我。显然,这只是一厢情愿自欺欺人的想法。而第二条就更不靠谱了,原来六国都还没遭受重大损失时联合抗秦都没整成,现在不少诸侯国都被秦国收拾得苟延残喘自顾不暇,哪有精力来和你商量联合抗秦的事,就算能联合,力量也很弱小,无法与强秦抗衡。

太子丹听到这样老掉牙的"计策"就上火,可是嘴上还是委婉地对老师说,您的计策非常好,就是需要的时间太长了,哥这辈子估计是用不上了。您就没有现实点的招?鞠武想了想,依然深沉地说,这个真没有。

太子丹心里气得嗷嗷叫，心想，有你这样的人做我老师，我真是倒八辈子血霉了。但鞠武身为太子太傅也并不是一点优点也没有。他的最大优点就是，慧眼识才，说白了就是自己搞不定的事他会推荐别人去搞。至于别人能不能搞定他就不管了。一般情况是，别人搞不定就再去找别人，直到找到一个能搞定的别人，或者直到找到一个彻底把事情搞砸的别人。很不幸，太子丹后来找到的"别人"，就是彻底把事情搞砸的人。

鞠武根据太子丹对秦王个人的憎恨程度，猜测到太子丹是想刺杀秦王。于是向他推荐了在燕国知名度很高，学识渊博、智勇双全的勇士田光。通过鞠武牵线搭桥，太子丹见到了田光。

太子丹和田光会面的场景颇有些夸张。他单独一人会见田光，田光到来时，他上前迎接，倒退着走为田光引路，跪下来拂拭座位给田光让坐。两人坐定后，太子丹又特意离开自己的座位向田光请教天下大势及应对之策。田光是个聪明人，明白太子丹找他的目的就是对秦国实施"斩首战略"。田光还是个坦率的人，他直截了当地告诉太子丹，这活儿他干不了。为了说明他真的干不了，他打了个形象的比方：千里马壮年时日行千里，但等他衰老的时候，就是劣等马也能跑到它的前面。你听说过的我的那些光辉事迹都是我年轻时干的，却不知道我已年老体衰，再去干那种打打杀杀的体力活已力不从心了。田光说这话的意思是，哥年轻时确实很牛叉，你要是早二十年来找我干这事肯定没问题，但哥现在确实不牛叉了，不能帮你。承认自己年轻时牛叉，也承认现在很不牛叉，不谦虚，不骄傲，自己做不到的事绝不胡乱应承，这坦率爽快劲儿的确不失豪侠风范。

豪侠的另一个特点就是够义气。田光虽然自己搞不定这事，但也推荐了一个很有希望搞定这事的"别人"，这个人大家都知道，他就是荆轲。

名言千古的荆轲终于要出场了。在他出场之前，我们先来看看他的简历：

荆轲，战国时期卫国人，自由职业者，爱读书、击剑、旅游。

在卫国时凭借着剑术想游说卫王，卫王看他有些不靠谱，没敢任用他。此后，他考虑到仅凭剑术去忽悠当权者谋求官职是不靠谱的事，于是断然了却为官之心，周游各国。

在周游过程中，荆轲有两次不爽的交友经历。第一次是在途经榆次时，他前去拜会当地剑坛名流盖聂。两人谈剑术时意见分歧，盖聂发飙怒目而视，荆轲愤然离开。荆轲走后，盖聂对人吹牛说，荆轲是因为怕他才走的。本来剑术交流就跟学术交流一样，有不同意见也很正常，可盖聂却因此发飙，实在是没有剑客的气量。更令人瞧不起的是，荆轲本是不屑与之为伍，盖聂还自欺欺人地宣称荆轲是因为怕他才走的，由此可见盖聂的虚伪。盖聂先生在精神胜利法上的实践比阿Q先生早了很多年，听说荆轲离开，得意洋洋说：我拿眼瞪他，他害怕了，不跑路还能咋地？第二次是在邯郸，荆轲与当地名流鲁句践玩一种带有赌博性质的游戏，大概相当于今天的猜拳。游戏过程中发生争执，鲁句践发怒呵斥他，荆轲却默无声息地走了，两人不再见面。

游历到燕国后，荆轲和一个以屠狗为业的人和擅长击筑的民间音乐家高渐离交上了朋友。三人常常在一起喝酒，酒后畅谈人生，喝得似醉非醉以后，高渐离击筑，荆轲和着街拍唱歌，手舞足蹈，时而大笑，时而哭泣，旁若无人。

无需太多语言，志同道合就结为好友，道不同就不相为谋。人品对路，卑微如屠狗者也可以成为挚友，人品不对，纵有再多虚名他也不屑与之为伍。喜欢就是喜欢，瞧不上就是瞧不上。这就是荆轲的交友观，干脆利落，绝不拖泥带水。

从荆轲的这些经历和细节可以看出，荆轲虽是性情中人，容易感动却不冲动，办事沉着冷静。或许正是看到了荆轲的这些优点，田光知道他不是平庸的人，一直待他为上宾。

现在,田光向太子丹推荐了荆轲。听田光介绍了荆轲其人其事,太子丹又看到了希望。他迫切地请求田光将荆轲引荐给自己。田光爽快答应。

　　田光起身告辞时,太子丹送到门口,提醒田光说,我们今天所谈论的是国家的大事,希望先生不要泄密。田光嘴上说这是当然,心里却有些失望。自己好歹也是道上的"大腕儿",这点觉悟还用得着你来提醒么?

　　虽然对太子的小肚鸡肠有点失望,但人家毕竟是一国太子,能够受到太子的如此礼遇,作为"士"而言,为之付出是值得的。出于"士"的义气,田光如约去邀请荆轲。

　　见了荆轲,田光开门见山地把太子所托之事告诉了荆轲,希望荆轲前去宫中与太子共商抗秦大计。荆轲爽快地答应了。

　　交代完正事,田光和荆轲聊起了太子丹嘱咐他不要泄密的细节。他感慨地说,对于一把年纪的人来说,应该行事稳重,不能让别人怀疑他。但现在太子居然煞有介事地提醒我不要泄密,这说明太子怀疑我,这是对我的品行和节操的巨大羞辱。没想到我一世英名,临了临了,晚节不保啊。希望您立即去见太子,就说田光已死,绝不泄密,让他放手干他想干的事。说完,就真的刎颈自杀。为了消除一个人的怀疑,竟然用生命作为代价。这就是古代真正的"士"——他们可以用生命来捍卫名节。

　　当然,如果以为田光自杀仅仅是捍卫自己的名节,那就太小看他的胸襟了。

　　从更深层次考虑,他的自杀是为了激励荆轲义无返顾地帮助太子完成"斩首战略",增加刺秦的成功率。

　　所谓"士为知己者死"。但太子丹严格来说并非田光的知己,否则也不会刻意提醒他不要泄密。即便是这样,为了让荆轲铁了心帮助太子完成心愿,田光毅然为不是知己的人而死,这一切,只是为了好友的嘱托,为了一个"义"字。要说伟大,田光这幕后英雄远比名垂千古的荆轲伟大。要论侠义,田光的侠义可谓前无古人后无来者。

15 一场注定失败却要名垂千古的刺杀(下)

太子及宾客知其事者,皆白衣冠以送之。至易水之上,既祖,取道,高渐离击筑,荆轲和而歌,为变徵之声,士皆垂泪涕泣。又前而为歌曰:"风萧萧兮易水寒,壮士一去兮不复还!"复为羽声慷慨,士皆瞋目,发尽上指冠。于是荆轲就车而去,终已不顾。

——《史记·刺客列传》

综合各种因素分析,荆轲的剑术或许不是一流,但其胆识和谋略却是一流的。一壶酒,一把剑,一腔热血,一身胆识,一逢知遇便将身轻付。在一场注定要失败的刺杀中去验证自己的宿命,用生命之弦所弹奏出的慷慨悲歌,终成空谷绝响。他未能改变一个濒死王国的命运,但这丝毫不影响他成为名垂千古的英雄。他没有改变历史,但历史却记住了他。

——《轻松读秦史》

荆轲最终被田光的侠义所感动,决定兑现自己的承诺帮助太子完成"斩首战略"。他带着田光的死讯去面见太子,并转告了田光的遗言。太子拜了两拜跪下去,痛哭流涕地解释说:"我告诫田先生不要对外泄露消息,只是善意提醒他一下,使我们的大计能够悄悄进行,增加成功的可能性。没想到田先生如此刚烈,竟然用死来表明他不会说出去,这的确不是我的初衷啊!"虽然太子丹的"表白"有点马后炮,也许还带点表演性质。但这样说多少能让荆轲觉得太子丹是讲义气重视人才能干大事的人。

对田光先生表示了惋惜之后，太子丹又对荆轲说了一堆客气话，比如田先生不嫌弃我不上进，向我推荐了您，这是上天哀怜燕国，不抛弃我。接着他也给荆轲上了一堂时事政治课，大意是秦国的野心和欲望是无穷的、燕国现在是极其危险的、正面对抗秦国是不可能的等等。看火候差不多了，太子丹才说出自己的"擒首"战略（后改为斩首战略）：我希望能得到天下的勇士，用重利诱惑秦王，使勇士能够接近他，进而将其挟持，逼迫他全部归还侵占各国的土地。如果劫持不行，杀死他，引起秦国内乱也是不错的。只是这样的重任我不知道可以让谁来担当，荆轲先生能否考虑一下？

按照当时的"行规"，面对这样的重任，再牛叉的勇士也得谦虚客气一下才行。大概是表示没有轻视这项任务，面对这样的重任，如果轻易就应允，反倒显得自己不靠谱。荆轲当然不想让别人觉得自己不靠谱，所以他也得按照行规行事。他思索了一阵儿后谦虚地说："这是国家大事，我的才能不够，恐怕不能胜任。"

太子为表诚心，上前向荆轲跪地叩头，请求荆轲担此大任。荆轲不再推托，应承下来。太子当即尊奉荆卿为上卿，为其安排豪华的住所，为其供应上等的食品和用品，时不时地献上奇珍异物，车马美女任荆轲随心挑选，直到其满意为止。

事实上，和大多数"士"一样，荆轲需要的绝不是这些浮华的物质和条件，他要的仅仅是信任和尊重，要的是对自己才能的认可，一句话，"哥要的只是这种感觉"。

说得通俗一些，古代的"士"大多都是有些清高自负的，把面子看得很重要，只要给足了他们面子，上刀山下火海他们全无怨言。在不理解的人看来，这就是"死要面子活受罪"。

自古以来，暗杀必备几个要件：杀手，诱饵，武器。现在，杀手有了，诱饵和武器都还没有。荆轲在等待诱饵和武器的出现。

过了很长一段时间，见荆轲那里还没有动静，太子丹有些坐不住了。此时，秦军已经攻下赵国，俘虏了赵王，把赵国的领土全部纳入秦国的版图。大军挺进，直抵燕国南部边界。太子丹非常紧张，前去和荆轲交涉，于请求中带点威胁，大意是，我现在好吃好喝地供着你，但形势紧张，一旦秦国军队渡过易水，我没有好日子过，也就不可能再这样供着你了。

响鼓不用重锤。荆轲知趣地表示，就是太子不说，我也要请求行动了。但现在还缺乏能够赢得秦王信任的诱饵，无法接近秦王。秦王现在十分憎恨叛逃的樊将军，悬赏黄金千斤、封邑万户来换他的脑袋。如果能得到樊将军的脑袋和燕国督亢地区的地图，献给秦王，秦王必定会地高兴接见我，这样我才有机会下手。

对于来避难的於期，太子仍然是从前的态度：樊将军到了穷途末路才来投奔我，我不能不厚道。哥们，你还是想想别的办法吧。

但除此之外，荆轲也实在是没有别的高招。他明白，不管太子对樊於期是真心假意，他肯定都不想做"恶人"，这个得罪人的事，只能由自己来干。

于是荆轲私下去会见樊於期。他明白，要让樊於期心甘情愿献出自己的生命，有一个最冠冕堂皇的理由，那就是复仇。把握了这一个关键点，荆轲三言两语便说得樊於期痛苦流涕，甘愿赴死。荆轲采取的是挑拨激将法。他问樊於期，秦王对你那么残酷，杀你父母灭你家族，现在又要悬赏你的脑袋，你对此有何打算呢？

荆轲一开口便击中樊於期最敏感最伤痛的神经，樊於期仰望苍天叹息流泪，只恨自己报仇无门。荆轲说，现在有一个办法既可以解除燕国的祸患，也可以为你报仇，就看你愿不愿意了。樊於期兴致勃勃地问，有什么办法呢？荆轲就把自己的设想和盘托出。樊於期听后，也觉得没有更好的办法，于是拔剑自刎。

话说战场上一将功成万骨枯，暗杀场上，往往是在还不知道能否功成时就必须有人要做出牺牲。现在,暗杀还没有开始,田光和樊於期便丢了性命。

太子听到樊於期自杀的消息后,驾车前来探望,趴在尸体上痛哭一场。但既然已经没法挽回,就把樊於期的首级装到匣子里密封起来。

此时,暗杀的另一个要件也已准备好了。太子派人寻找天下最锋利的匕首,找到了匕首中的知名品牌——赵国徐夫人的匕首,并在匕首上淬上毒水,只要划破人的皮肤,就能当场令其毙命。

一切看似就绪,太子吩咐人为荆轲一行准备行装,打算送暗杀组出发。当时,燕国有位猛人叫秦舞阳,十三岁就杀人,一般人都不敢正面看他。太子丹让他做荆轲的助手,但这不是荆轲想要的助手。《史记》中清楚地写着,此时的荆轲在等待一个人与他同行,并为这个人准备了行装,但这个人可能离得太远,迟迟没有赶到。就因为等这个人,荆轲迟迟没有出发。时间一天天过去。多疑的太子终于等不住了,怀疑荆轲反悔,就催请荆轲,大意是,秦军都快要冲过来了,我们的时间不多了,如果你还不动身,那我就只好派秦武阳先去了。

前面我们已经说过,"士"最看重的就是信任和尊重,也就是面子。太子丹这样说,对荆轲来说无疑是一种侮辱。荆轲也顾不了他是太子,当场就发飙,太子哥,你这么说是几个意思?这样仓促而去不顾结果,去得再早有什么用呢?我之所以没有动身,是因为在等待一个朋友同去。既然太子认为我拖延了时间,那我现在就走。

发飙归发飙,但荆轲并没有撂挑子。为了挚友田光的嘱托,为了自己"士"的名节,他都不能撂挑子。至于他等待的那位朋友,大概就是他理想的助手。《史记·刺客列传》曾轻描淡写的提到过,荆轲来到燕国后和一个屠狗的人以及高渐离成为好友。荆轲这人挑朋友的眼光一向很挑剔,能成为他的朋友,这位屠狗者绝不是等闲之辈。因此,荆轲在这里要等的,或许就是这个屠狗者。但太子的催促让他无法再继续等待。

由荆轲带领的暗杀团就此仓促出发了。这场结局难料的暗杀因为理想助手的缺位更加增添了一点悲剧的预兆。如果这时候配音乐的话，该配张学友《吻别》中的这一句：我已经看见，一出悲剧正上演。不过这事不用我们操心，当时为他送行的朋友就有一个击筑表演艺术家——高渐离。

这恐怕是历史上有文字记载的最悲壮的一次送行。大家都是明白人，都知道这次刺杀危险系数太高，即便是刺杀成功，刺杀团全身而退的几率也非常小。因此，太子丹和他的幕僚手下们送行时都直接穿上白衣白帽。送到易水岸边时，喝酒践行后上路。这时候，高渐离开始击筑，荆轲像平时一样合着街拍而唱歌。只不过，这一次，唱的是悲壮凄婉之歌："风萧萧兮易水寒，壮士一去兮不复还。"送行的人都被感染，泪眼模糊，脚步沉重。

歌唱完毕，荆轲上车走人，始终连头也不回。轻轻地，我走了。我不挥衣袖，更不会带走云彩，因为我是荆轲，我再也不会回来。

到秦国后，并不能马上就能见到秦王，还得运作一番才能得到秦王会见的机会。荆轲一行通过重金贿赂一个叫蒙嘉的秦王宠臣，才得以见到秦王。他们请求会见的理由是：燕王自知不是秦国的对手，情愿向秦称臣纳贡，只要能奉守先王的宗庙就好。但燕王因为恐惧秦王不敢亲自前来表达心意，砍下樊於期的首级并献上燕国督亢地区的地图，派使臣送来。秦王听到这样的理由，觉得合情合理，决定举行隆重仪式，召见燕国使者，心里暗自为自己如此强大的淫威感到高兴和自豪。

刺杀过程并没有想象中激烈打斗的场面，但还是算得上跌宕起伏。

荆轲和秦舞阳一人拿着樊於期的人头，一人捧着地图，按照正副使的次序前进，刚走到殿前台阶下，秦舞阳脸色突变，害怕得发抖，秦国大臣们开始生疑，场面即将失控。

世人皆知秦武阳勇猛，但不知勇猛其实有两种，一种是血勇之徒，关键时刻见到大场面就容易掉链子，譬如秦武阳。一种是智勇，也就是内心的强大勇猛，即使再大的场面也能hold住，临危不惧方寸不乱，譬如荆轲。由此可见秦武阳的勇猛与荆轲的勇猛完全不在一个档次。

荆轲淡定地看看秦舞阳，然后向秦王解释，秦舞阳是燕国外交部刚招进来的公务员，之前是北方藩属蛮夷之地的粗人，没有见过什么大场面，一下子扎到如此威严的秦国宫殿，有点紧张也正常。荆轲深谙大国强国王公大臣们自负自大的心理，通过赞扬对方贬低自己让秦国人的自信心得到了满足，从而忽悠过关，献图仪式得以继续。

荆轲把秦舞阳手中的地图拿过来献给秦王，秦王展开地图，图穷而匕见。荆轲一手抓住秦王的衣袖，一手拿匕首猛刺。但估计秦王学习过防身术，善于躲逃。很快挣断衣袖，抽身跳开逃走。边跑边拔剑，但剑太长，慌乱中很难拔出。荆轲追赶秦王，秦王只好围着柱子打圈圈。此时，殿上的大臣们也被这突如其来的状况吓懵了，不知道怎么办。因为按照当时秦国的法律，殿上侍从大臣不允许携带任何兵器，而宫廷侍卫也只能拿着武器守卫在殿外，没有皇帝的直接命令，不准进殿。这给荆轲追击秦王制造了机会，由于荆轲紧追不舍，秦王始终没有足够的时间从容拔剑，只能赤手空拳和荆轲搏击，边打边闪躲。

出现这样慌乱的场面足以证明秦国此前从未进行过突发事件演练。这时候，秦王的侍从医官夏无且用他所捧的药袋投击荆轲，是否击中我们不得而知，但这一击至少打乱了荆轲的视线，给了秦王以喘息之机。这时候大臣们也提醒秦王，秦王趁机拔出了长剑。

形势随后发生逆转。手握长剑的秦王对荆轲一阵猛攻，砍断了荆轲的左腿。荆轲不能再追，只好孤注一掷，将匕首投向秦王，但没有命中目标。秦王接连挥剑砍向荆轲，荆轲被砍伤八处。荆轲全身血流如注，身体已开始抽搐。他自知自知大势已去，有心刺秦，无力回天。只能在嘴上英雄一把了："要不是想活捉你，迫使你订立归还诸侯们土地的契约回报太子，今天早就砍死你了。"

这时秦王示意侍卫们冲上前来乱刀砍死荆轲。刺杀就此结束了。

你肯定会有一个疑问,刺杀时,秦舞阳干什么去了?我也想知道。遗憾的是,太史公先生对于秦舞阳之后的表现和下落只字未提。如果秦舞阳在刺杀过程中有精彩表现,太史公先生肯定会不惜笔墨予以记载的。由此可以推断,秦舞阳在荆轲刺杀秦王时很可能没有去帮忙,因为他刚进殿就被秦王的阵仗吓傻了,现在接着发懵。等到他缓过神来,刺杀已经结束。而他最可能的命运就是被当场斩杀。当荆轲与秦王杀得难解难分之时,如果秦舞阳上去帮荆轲一把,结局可能会大不一样。但历史没有如果。

刺秦事件发生后,秦王大怒,从增派赵国的军队中抽出一部去攻打燕国。燕王喜、太子丹等率领着全部精锐部队向东退守辽东。此后,燕王为获得秦国的宽恕,下令杀掉太子丹,将其人头送往秦国。但秦王对燕国早已失去了耐心,仍然进军攻打燕国。此后五年,秦国灭掉了燕国,俘虏了燕王喜。

值得一提的是荆轲好友高渐离的下落。秦王嬴政统一天下后,下令全国通缉太子丹和荆轲的门客。高渐离之后隐姓埋名,在饭馆当店小二,并兼任该店乐手(相当于今天酒吧的驻唱歌手),为客人击筑。结果一击成名,被秦始皇得知。秦始皇将他召进宫后,有人认出他是荆轲的好友高渐离。但秦始皇怜惜他擅长击筑,特别赦免了他的死罪,熏瞎了他的眼睛,让他击筑。随后,高渐离得以接近秦始皇,他伺机刺杀秦始皇,完成好友荆轲的遗愿。当他自以为条件成熟时,便把有毒的铅放进筑中,再进宫击筑靠近时,举筑撞击秦始皇,可惜由于眼瞎没有击中。秦始皇不得不下令杀死高渐离,从此再不敢接近从前东方六国的人了。

有高渐离这样的朋友,死亦何憾!荆轲这个朋友真没白交。我们回头再来看看荆轲刺秦失败的原因。鲁句践听说荆轲行刺之事后颇为惋惜,他认为荆轲勇气可嘉,但剑术不行。"惜哉剑术疏,奇功遂不成!其人虽已殁,千载有余情。"数百年后,著名诗人陶潜写下的《咏荆轲》,

表达的也是这个意思。还有人认为荆轲过于自信，骨子里狂傲无比，本可以一击成功，却偏要活捉秦王以报太子。也有人认为他刺杀失败，主要是因为他等待的那个得力助手没有等到，而秦舞阳又没有履行好助手的职责。

综合各种因素分析，荆轲的剑术或许不是一流，但其胆识和谋略却是一流的。一壶酒，一把剑，一腔热血，一身胆识，一逢知遇便将身轻付。在一场注定要失败的刺杀中去验证自己的宿命，用生命之弦所弹奏出的慷慨悲歌，终成空谷绝响。他未能改变一个濒死王国的命运，但这丝毫不影响他成为名垂千古的英雄。他没能改变历史，但历史却记住了他。

16 用对人，统一就完成了一半

於是王翦将兵六十万人，始皇自送至灞上。王翦行，请美田宅园池甚众。

——《史记·白起王翦列传》

如果当时厚黑学这门学问招研究生的话，王翦绝对可以当博士生导师。自古以来，领导最忌讳的就是手下的梦想比自己还远大。王翦向领导要田地，其实就是向领导表忠心：哥是个老实人，只是想为子孙后代置办点田地家业，并没有什么远大理想。绝对不会带着你的军队"私奔"，将来打了胜仗，也还是屌丝一枚，不会做"功高盖主"的事儿。

——《轻松读秦史》

刺秦事件发生后，秦始皇虽然加大了攻击燕赵两国的力度，但并没有立即完全消灭燕赵两国——因为不值得。此时的秦王，有更重要的事去做，而燕赵两国仅存的小股抵抗力量，秦军在攻打别国时"搂草打兔子"分分钟就能顺带将其消灭。

秦王此时的目光落在了魏国。魏国地处中原核心，北面有赵国、燕国，西面有秦国，东面有齐国，南面有韩国、楚国。表面上看，魏国是秦国的邻居，是否应该属于"远交近攻"策略中的近攻对象之列。但出乎意料的是，秦国对于嘴边的这块肥肉迟迟没有下手。这也正是秦国决策层的高明之处。只要看清当时的时局和魏国的地理位置，就可知伐魏不是一个简单的事情。如果把从北蜿蜒而南的国家比喻为一条弯曲蛇，若击蛇尾，其首救，若击其首，其尾救，若击其中身，则首尾相救。魏国就是蛇的中身,如果秦军伐魏,意味着要断东方六国的脊梁骨,其余五国肯定会首尾相救中身。因此,得其魏国要塞,东方国家皆在秦军的有效攻击范围之内,如果提前伐魏,唇亡齿寒,东方国家肯定不会坐视不管。

在对魏政策略上,秦国再次运用了他们屡试不爽的离间计。这次,他们运用得更加"委婉"。在统一战争初期,秦国不仅没有对魏国动手,还对魏国关爱有加。当楚国北上伐魏的时候,秦王政抽调四郡的兵力救魏,收到了一箭双雕之效,一是瓦解了东方国家的抗秦同盟,二是使得魏国中了秦国的缓兵之计。当秦军基本消灭韩国、赵国、燕国之后,直接破坏了东方国家形成的蛇形阵地,魏国的形势急转直下,它直接暴露在秦国的眼前,它再也不是蛇的中身了,也不能一呼百应了,离灭亡也就越来越近了。

秦王见时机来临,果断下令攻击魏国。这次担任攻魏总司令的是王翦之子王贲。王贲率领锐气正盛的秦军很快包围了魏都梁城。面对强敌,魏王假动员全城军民加固大梁城墙,扩宽大梁城池,在城头上安置强弩劲弓,城防兵士日夜巡逻,严阵以待。若论军队实力和士气,秦军完全有能力强攻梁城。但王贲并没有急于攻城,在仔细研究了梁城的地形后,他有了更好的方法。他命令士兵挖沟修渠,引附近的黄河与鸿沟之水,灌淹大梁城,用水将大梁城围城一个孤岛。三个月后,大梁城墙开始坍塌。对于六国的军民来说,秦军的战斗力他们是早就明白的。在强敌的围困之下,大梁城内早已人心惶惶,坚固的城墙是他们的最后一点信心。此时,城墙坍塌,城内军民的信心也就坍塌了。

见大势已去,魏王假出城投降,魏国灭亡。秦军兵不血刃占领魏地,秦王随后设砀山郡和泗水郡管辖魏国故地。

魏国灭亡后,秦王的指挥棒指向了南方强国——楚国。楚国物产丰富、兵员众多,所辖地域辽阔,是秦国统一之路上继赵国之后的又一强敌。秦王非常重视对楚作战。早在攻打魏国之前,他就开始着手谋划灭楚。为此,他召开专门军事会议,商讨灭楚事宜。打仗最重要的是确定司令员。对这个问题,在开会之前,秦王已经有所考虑,有两位风格迥异的将领是他的重要预选对象。一位是年轻勇猛的李信,一位是老谋神算的王翦。就在前不久对燕军的追击战中,李信曾带着寥寥数千士兵把燕太子丹追击到衍水,打得燕军溃不成军。此时的李信风头正劲,壮志满怀,如果任命他为攻楚总司令,估计会收到难以预料的奇效。于是,秦王问李信,攻打楚国需要多少人马。年轻气盛的李信没有多想,便说20万足够。

秦王听到这样自信的回答颇为高兴。一旁的王翦却默不作声,秦王看出他似乎有话要说,便以同样的问题问了王翦。没想到王翦上来就给自信的秦王和李信泼了一瓢冷水,要攻下楚国,非60万人马不可。

秦王和李信的自信其实是在情理之中的。自统一战争开始以来,秦军所向披靡,越打越有信心,越打越有底气,难免会产生舍我其谁的壮志。在此背景下,王翦认为攻打楚国需要60万人马,显然不能迎合秦国上上下下的自信。

这种低调是秦王所不能容忍的。更为重要的是,秦王是个很会算账的人,他希望用最少的资源获得最大的成果,而王翦要求的投入实在是超标太多。于是,秦王当着众多大臣将领的面批评了王翦,大意是你这老头老糊涂了,昏聩无能又胆小,还不如年轻人有志气。批评完王翦,秦王又把能替他节约资源的李信狠狠地表扬了一番,并任命李信为伐楚总司令,蒙恬为副司令,带兵20万进攻楚国。

王翦的意见不被采用,还被秦王当众狠批,顿觉老脸无处安放,就推托有病要求放长假回家养老。王翦以为秦王多少会挽留几句,但秦王二话没说就批准了,让他回老家的途中又多了些失落与怅然。

秦军伐楚初期,李信和蒙恬打得还算顺利,不时有捷报传回咸阳。李信攻打平舆,蒙恬攻打寝(今河南沈丘东南),大败楚军。李信接着进攻鄢郢,也攻下来了。于是带领部队向西前进,要与蒙恬在城父会师。

此时，楚军正在跟踪追击他们，连着三天三夜不停息，结果大败李信部队，攻入两个军营，杀死七个都尉，秦军大败而逃。

李信兵败的消息传来，秦王十分恼火。但时值统一战争的关键时刻，秦王不得不压住火，陪着笑脸去见一个曾经被他数落的人——王翦。他亲自来到王翦的老家频阳，登门道歉慰问。为了大秦帝国的统一大业，秦王完全放弃了君王的架子，向他的下属道歉：老将军，我上次没有听你的，才导致今天的失败。现在，楚军向西逼近，老将军虽然有病，也不会忍心抛弃我吧？

王翦此前受了奇耻大辱，此时好不容易等到了一个发泄的机会，自然要耍一把小性子，他选择用最解恨的方式——用秦王上次批他的话来顶秦王。大意是：哎，哥已经老糊涂了，昏聩无能又胆小，希望大王另择良将。

有时候，属下也是需要领导来哄的。面对王翦反讽似的回答，秦王也只得耐住性子接招。他进一步安慰王翦，好啦，上次是我错怪老将军了，将军别再说什么啦。这句话既是安慰王翦，同样也是在给他下最后通牒，好比大人哄小孩时说，上次我打了你一巴掌是不对，现在给你一颗糖，你就别再闹了。潜台词是，你再闹，就又要挨揍了。

深谙为臣之道的王翦自然懂得这潜台词，更懂得耍小性子也要见好就收，要不然就会玩火自焚。这方面，秦国名将白起就是反面教材。当年，秦昭王因为没有听从白起的谋略而导致对赵国的战争失利，白起很有怨言。秦昭王强令白起出兵，白起称病不起，后来被秦昭王赐剑命其自刎。

现在，秦王已再三向王翦表示歉意，给足了他面子，是时候给领导面子了。此时，王翦的口气非常及时地软了下来，表示只要给足60万人马，他就愿意带队伐楚。秦王非常高兴，满口答应了王翦的要求。

王翦出征时，秦王亲自到灞上送行。王翦趁机请求秦王赐予大量良田美宅、园林池苑等。秦王十分不解，你一个堂堂的大将军，将来还会缺这些玩意儿吗？

王翦回答得特实在：我们这些武将，即使有功劳也终究难以得到封侯赐爵。而且人在江湖漂，免不了挨刀，说不定哪天就挂了。所以还是趁着大王特别器重我的时候，讨些园林池苑给子孙后代置份家产比较靠谱。

听完王翦的理由，秦王意味深长地笑了。心里想，王翦，这老小子果然滑头。

王翦率队出发后到了函谷关，又连续五次派使者回朝廷请求赐予良田美宅。部下都怀疑他是脑子里哪根筋出问题了，哪有臣子三番五次催君王赏赐的！

这些人哪里明白，这正是王翦的高明之处。如果当时厚黑学这门学问招研究生的话，王翦绝对可以当博士生导师。自古以来，领导最忌讳的就是手下的梦想比自己还远大。现在，秦王把几乎是秦国全部军事力量的60万军队都交给王翦，要说心里一点不担心是不可能的。

这时候，属下要做的，就是让领导放心。王翦向领导要田地，其实就是向领导表忠心：哥是个老实人，只是想为子孙后代置办点田地家业，并没有什么远大理想。绝对不会带着你的军队"私奔"，将来打了胜仗，也还是屌丝一枚，不会做"功高盖主"的事儿。

这样一来，秦王和王翦君臣都各自放心，一个放心当王，一个放心打仗，实现了共赢。打仗最怕后院起火，历史上本来要打赢的仗因为君臣不和后院起火输掉的实在是举不胜举。王翦这一招，等于提前消灭了后院的火苗隐患。所以仗还没打，他就胜利了一半。

王翦带着60万大军浩浩荡荡挺进楚国。楚国也集合全国军队来迎敌，仍由打败李信的项燕担任总司令。秦军远道而来，是疲乏之师，在攻守方面属于防守方。而楚军是主场，急于趁秦军立足未稳之际与其决战，是攻击方。王翦抵达前线后，构筑坚固的营垒采取守势，不肯出兵交战，他采用的仍然是"等"字计。楚军屡次挑战，秦军始终坚守不出。王翦让士兵们天天好好休息娱乐，好吃好喝的供着。楚军急于攻击，神经绷得很紧，天天加紧训练。这时候，双方打仗打的就是心理战。过了一段时间，楚军见秦军始终不肯出战，绷紧的神经开始放松，后来无聊玩起了投石的游戏。王翦觉察到这一现象后，觉得机会等来了，做好了决战的准备。恰好这时候，项燕见王翦一直坚守不出，急切之中，便主动撤离，想引出秦军。60万大军压进，在心理上对楚军构成了很大的震慑。此时，项燕觉得自己是主动撤离，可在他的士兵看来，这就是不敌秦军而败走。心理上的攻守之势已换位，战场形势也就发生了逆转。秦军排山倒海全线出击，楚军的撤离变成了败走，全线溃退。王翦的军队穷追不舍，消灭了楚军主力。项燕见大势已去，愤而自杀。楚军群龙无首，四处逃散。秦军乘胜追击，俘虏了楚王负刍，最后平定了楚国各地设为郡县。

随后，王翦又乘势向南征伐百越国王，降服了越族的首领，秦国设置了会稽郡。

与此同时，王翦的儿子王贲与李信攻打燕国的辽东郡，俘获燕王姬喜。返程时"搂草打兔子"，进攻代国，俘虏了代王赵嘉。赵国和燕国的残余势力被一举铲平。

韩、赵、魏、燕、楚国都已经搞定，六国中就剩下齐国了。

齐国绝对是朵奇葩，以至于《史记·秦始皇本纪》中只用了两句话来描述它的灭亡过程："二十六年（公元前221年），齐王田建和他的相国后胜派军队防守齐国西部边境，断绝和秦国的来往。秦王派将军王贲经由燕国往南进攻齐国，俘获了齐王田建。"

大概是知道自己实力不行，怎样做都于事无补，于是在秦国灭亡别国时，齐国坐山观虎斗，以兄弟国家的灭亡来麻木自己。在即将灭亡时，还自欺欺人地与秦国断交。这就好比和人打架，你明知道别人要来打你了，你说我和你断交，你不能打我了。可惜拳头在别人身上，不会听你的，一顿乱揍，打得你心服口服。

就这样，齐国毫无悬念地被秦军三下五除二给荡平。就这样，秦国在地域上完成了统一。

纵观秦国的统一战争，可以发现，用对将统帅是关键。历史上，像王翦这样敢于和帝王耍小性子的人大多都没有好下场，即便帝王当时因为不得不用你而没有和你发飙，但大多都秋后算账，事后发飙，让你不得善终。王翦耍完性子之后终身富贵到底，没有受到秦王的打击报复，一方面是因为王翦耍小性子时拿捏的尺度恰到好处；另一方面也说明了在某些时候某些事情上，秦王嬴政的确是很大度的。与六国的君王相比，秦王嬴政的最大区别和最大优点在于：大胆用能人，放心用能人，关键时候能够用对能人。不听信小人唧唧歪歪，也不成天担心手握重兵的将领造反，而是给予他们最大的信任，让他们放手去干。因而，秦军的作战效率很高。

17 真正的统一，从心开始

寡人凭着微不足道之身，兴兵诛暴讨乱，仰赖祖先宗庙的威灵，使得六国的君王都称臣认罪，天下到此完全平定了。

——《史记·秦始皇本纪》

"愚民"政策之所以能"愚民"，从来不在于"民愚"，而在于民甘心情愿被"愚"。因而，秦国之所以能统一人心，舆论宣传所起的作用是有限的，真正的内因是百姓不愿意再折腾了，只想过几天安稳日子。只有统一才能带来安定，当天下"人心思定"的时候，统一也就近在咫尺了。从这个意义上讲，不是秦国统一了天下，而是思定的人心统一了天下。

——《轻松读秦史》

天下大势，合久必分，分久必合。也许，我们要说，在经历了春秋战国的多年纷争战乱之后，统一已是大势所趋。但是为什么完成统一的秦国而不是其他六国中的一个？为什么完成统一的是嬴政而不是别人？除了秦国强大的军事经济实力外，还有没有别的因素？当然有。

因为在各国的君主里面，只有秦王嬴政具备统一的野心和目标。其他国家君王都没有长远眼光，满足于今天占点邻国的小便宜，明天去隔壁国家顺走一点地盘等等，没有长期坚持的大战略。只有秦王嬴政，一直都向着统一的目标前进！向着统一前进前进前前进！

秦王亲政以后，尽管在如何统治的方法上与吕不韦有分歧，但在向东发展消灭六国的基本方针上，他始终坚持秦国的既定国策，没有丝毫动摇、犹豫，并认清了有利形势，当机立断，一鼓作气地完成了统一事业。这一点，只要看看秦王嬴政皇亲政以后的日程表，就可看出秦国进军的步伐几乎是马不停蹄：

公元前 230 年灭韩。

公元前 229 年攻赵，公元前 228 年灭赵。

公元前 227 年攻燕，公元前 226 年灭燕。

公元前 225 年灭魏。

公元前 224 年攻楚，公元前 223 年灭楚。

公元前 222 年灭代，公元前 221 年灭齐。

从这样进军步伐的速度，可以看出嬴政完成统一的气魄和胆识。即便是对秦始皇的统治多有诟病的贾谊也认为秦始皇嬴政"续六世之余烈，振长策而御宇内"。

而唐代诗仙李白更是盛赞秦始皇嬴政统一天下的历史功绩：秦王扫六合，虎视何雄哉。挥剑决浮云，诸侯尽西来。这是何等的气魄，何等的英雄！

除了气魄和胆识以外，与其他六国君主相比，嬴政还胜在知人善任、敢于用人、知错能改的胸怀上。秦始皇虽然没有亲自带兵打仗，但却善于用善于打仗的人。在统一前夕，秦国聚集了几乎是全天下一流的军事家、政治家。王翦、王贲、尉缭、李斯、姚贾、蒙氏兄弟等等，他们中的许多人都并非秦国人，却在尽心地为秦效力。许多克敌制胜的军事进攻和政治策略，都是由他们制定和实现的。秦始皇的作用就在于善于发挥他们的作用，听从他们的劝谏和有错就改。如灭楚时，他开始误用李信遭到失败后，马上改过，亲请王翦出征，并倾全国之兵交付与王翦，结果取得胜利。这与赵国国君不信李牧，齐国国君轻信谗言致使国亡形成鲜明对比，从中可以看出秦始皇作为一个君主，是多么地知人善任。

除了气魄和胆识以外，与其他六国君主相比，嬴政还胜在眼界上。

他称帝以后,做了许多君主想都不敢想或者说从来没想到的事,比如统一度量衡,统一文字。秦国以前一直被中原各国视为西方落后地区,几代秦国国君除了对秦国的军事实力比较有信心以外,缺乏制度自信、文化自信。但秦始皇以秦国制度为基础,创建各种制度,但他并未囿于秦国固有的制度和传统,而是用胸怀天下的眼界对之进行改良再推行。从秦代制定的一些制度大部分为后来所继承,可以证明其远大的政治眼光,远远超出了地处西陲的秦国的局限,难能可贵。

总体上看,用今天的话说,秦始皇的胜利,胜在他的格局上。他的格局比其他六国老大的格局高出了好多格。

他仿佛生来就是为统一天下而来,为了统一天下的目标,他以统一为中心,一手抓军事战争,一手抓制度建设。

为了统一天下的目标,他求贤若渴,广纳人才。

为了统一天下的目标,他挥师东进,马不停蹄,以秋风扫落叶之势横扫六国。

为了统一天下的目标,他大胆革新,统一文字,统一度量衡,创立的许多制度被后世沿用了两千年之久。

经过统一战争,地盘算是统一了,但比地盘更需要统一的,是人心。因此,秦王嬴政非常重视舆论引导工作。天下初定,六国虽然兵败,但仍有少数人不服气,企图积蓄力量东山再起。这时候,要让这些人心服口服,军事上要硬,舆论宣传要强。迫在眉睫的,就是要为消灭六国的统一战争找出正当理由。

秦王嬴政自己在想,类似于今天"政策研究室"的幕僚机构和人员也在想。最终,他们忽悠出了一整套把自己的侵犯说成是自卫的理由,然后命令丞相、御史牵头开展深入地舆论宣传。他们消灭各国的理由如下:

韩国:以前,韩王交出土地献上印玺(其实是被秦国逼的),请求做秦国守卫边境的臣子,不久又背弃誓约,与赵国、魏国联合反叛秦国,所以我们才派兵去讨伐他们，一不小心打得猛了点，就俘虏了韩王，灭了韩国。

赵国：赵国的相国李牧来订立盟约（在被秦国打了之后），我们好心好意归还了他们抵押在这里的质子。不久他们却违背盟约，在太原反抗我们（因为你又打他），我们只好派兵去讨伐他们，一不小心又俘获了赵国的国王。没想到赵公子嘉竟然自立为代王，所以我们干脆派兵灭了赵国。

魏国：魏王起初已约定归服于秦（迫于秦国的军事压力），不久却与韩国、赵国合谋袭击秦国，秦国官兵前去讨伐，终于打败了他们。

楚国：楚王献出青阳以西的地盘（迫于秦国的军事压力），不久也背弃誓约，袭击我南郡，我们只好派兵去讨伐，一不小心俘获了楚国的国王，平定了楚地。

燕国：燕王昏乱糊涂，他的太子丹竟然暗中派荆轲来刺杀我们的秦王（被秦国逼的），我们又只好派兵前去讨伐，不小心灭掉了燕国。

齐国：齐王采用后胜的计策，继绝了与秦国的使臣来往（惹不起你还让别人也躲不起你），想要作乱，我们只好又派兵前去讨伐，一不小心俘虏了齐国国王，灭掉了齐国。

看完这些理由，你不得不佩服秦王和他幕僚的想象力和脸皮厚度。按照这种思路，秦国似乎是统一战争的最大受害者，每次都是被逼无奈才出手打人，似乎是天底下最无辜的国家。只是每次都一不小心就把别人打死了。这些冠冕堂皇的理由背后透露出的实质就是秦国的"霸道逻辑"：不管什么时候，你不能打我，但我可以打你们。即使我打了你们，你们也不能还手，如果还手就是破坏人类和平，就是破坏统一战线，就是背信弃义。你们还手后我再打你们，那就是自卫反击战。即便是把你们打熄火了，也不为过。

实际上，这些自欺欺人的说法当然瞒不了天下人，只不过给天下人尤其是那些想反抗但又不愿意冒风险的六国后裔们一个面子。看，我是尊重你们的，好歹糊弄了一个理由，让你们不反抗也有台阶下，你们就偷着乐吧。而天下人也很给秦国面子，虽然这样的说法有些滑稽，但经深入宣传后并没有引起很大的争议。但追根究底，天下人不是给秦国面子，而是给自己面子。人心思定，历朝历代，但凡日子还过得去，小老百姓谁愿意和朝廷较劲，拿着小命去冒险呢？"愚民"政策之所以能"愚民"，从来不在于"民愚"，而在于民甘心情愿被"愚"。因而，秦国之所以能统一人心，舆论宣传所起的作用是有限的，真正的内因是百姓不愿意再折腾了，只想过几天安慰日子。只有统一才能带来安定，当天下"人心思定"的时候，统一也就近在咫尺了。从这个意义上讲，不是秦国统一了天下，而是思定的人心统一了天下。

当然，仅凭"六国该打、死有余辜"这样简单粗暴的舆论宣传毕竟说服力有限，秦王嬴政和他的幕僚还着重从历史更替规律上下功夫，为秦朝替代周朝统一天下提供理论依据。战国末年，阴阳五行学家创立了"五德始终说"，用金木水火土来解释社会历史的演进更替，认为每个朝代各占一德，五德相生相克，反复循环。虞舜为土德，夏朝为木德，商朝为金德，周朝是火德，这四个朝代各占一德，都是正统朝代。嬴政和他的幕僚据此推论，认为周朝是火德，秦朝是水德，水克火，秦灭周，是上天的安排。因此，秦朝的建立是合乎天意的。

按五行学说，水是黑色，主北方，水德具有黑暗阴冷、严酷无情的特性。因此，秦朝十分崇尚黑色，衣服旗帜皆为黑色，连百姓也改称"黔首"。在统治秩序方面，也以刚毅严厉为主基调，法令极为严酷，一切事情都依律而定，刻薄而不讲"人性化执法"，这样才符合五德中水主阴的命数。

18 大秦帝国改革总设计师

分天下以为三十六郡，郡置守、尉、监。一法度衡石丈尺。车同轨。书同文字。

——《史记·秦始皇本纪》

纵观中国古代史，秦始皇无疑是当之无愧的中国古代最伟大的改革家，没有之一。他是当之无愧的秦朝改革开放的总设计师。他创立的强大帝国虽然没有能够千秋万世，但经他手创立的封建帝制却延续了两千多年。

——《轻松读秦史》

从地盘上看，秦始皇已经统一了天下。但嬴政同志深知，要让整个社会生活真正走向统一，还有很长的路要走。

纵观中国古代史，秦始皇无疑是当之无愧的中国古代封建王朝最伟大的改革家，没有之一。其他朝代的改革重点大多都只涉及某一个领域。只有他主持的秦朝改革才是真正全方位的，涉及政治、经济、军事、法律、文化制度，其广度和深度在两千年的封建王朝中前无古人后无来者。用今天的话说，他应是当之无愧的秦朝改革开放的总设计师。通过他主持的改革建立起来的许多制度被封建王朝延用了两千多年，就连"皇帝"的称呼也是由他而来。

统一天下之后，嬴政觉得称王和帝都不够霸气，不足以显示自己的功业和威名。于是叫来一帮文武大臣为自己的牛气之身取个牛气的名字。当然,在起名之前,嬴政少不了有一番开场白,大意是虽然我个子不大但能量大,以秋风扫落叶般快速荡平六国,使天下得以安定统一。现在如果不起个牛气的名号,就无法显示我牛气的身份。

其实,这样的事应该由他的智囊团和秘书帮主动提出来,让领导亲自开口,实在是太不应该。现在,领导自己都开口了,智囊团和秘书帮自然是各种紧张,赶紧想名字。给老大取名,可不是简单的事,一大帮人为此忙乎了很久。最后,经过一番商议,由丞相王绾、御史大夫冯劫、廷尉李斯领衔上奏,诚惶诚恐地献上尊号:泰皇。理由是,古代三皇五帝都比不了老大您的功业,但在三皇五帝里,泰皇最牛。要不,您就屈尊称泰皇吧。此外,为显示老大地位的至高无上,他们还建议,老大下的命令都称为"诏书",老大自称为"朕"。

其实嬴政心中早有主意,当即决断:去掉"泰"字,留下"皇"字,采用上古"帝"的位号,称为"皇帝"。他希望自己的帝国可以千秋万代,于是自称"始皇帝",后代称"二世,三世……"直至千秋万世。而李斯等人提出的关于皇帝的一套规矩也被采纳。自此,皇帝自称朕,下的命令叫做"诏书",一个崭新的王朝时代就从这里开始了。

起名拉开了大秦帝国改革的序幕。紧接着,成为始皇帝的嬴政同志开始大刀阔斧地进行改革。他的改革以统一为核心,以强化中央集权为目标,涉及方方面面。

在中央和地方的关系上,为防止分裂,强化中央集权,秦帝国不再沿用前朝的分封制,而是采用郡县制,地方以郡、县为基本行政单位,直接对中央负责,由中央垂直管理。到基层后,县下面有分乡、亭、里、什、伍,层层控制,权力越往上越集中。

在中央政府设置上,秦帝国以战国时期的秦国官制为基础,建成了一套适应统一政权的政府机构,即三公九卿制。三公是指丞相、太尉和御史大夫。丞相是中央行政机构的最高长官,协助皇帝处理全国政务。太尉是军事长官,协助皇帝掌管军事。御史大夫相当于皇帝的秘书长,传达皇帝的命令,协助丞相治事,并有监察文武百官的职权。在三公之下,设有九卿,大体相当于现在的中央各大部委,掌管各方面的具体政务。

经过这一系列行政体制改革,使分散的地方权力逐层向上集中,最后集中到朝廷,再通过朝廷集中于皇帝手中。因这一套制度对国家统一、中央集权和皇权专制十分有效,所以后来被历代君主所效法。

国家要统一富强,除了一套政治制度之外,还必须有与其相适应的经济文化法律制度。

身为统一的帝制国家,刚刚建立时,秦帝国的大地上还有许多不统一的东东。尤其是六国旧地之间,马路宽窄不一样,使用的文字和钱币也不一样。举一个极端的例子,一个人如果要出趟远差办事,路上可能遇到如下"囧"事:走着走着,马路突然变窄,他的马车不能通过。这时候,他只能买一辆当地的马车或搭乘一辆长途马车前行。无论是搭车还是买车,他都得掏钱。可他掏出钱币来时,当地卖主或者司机都不搭理他,因为六国旧地用的钱币不一样,他的钱在这里花不出去。于是,他想贱卖掉自己的车,换点当地的钱作路费。可是无论价钱怎么低,他都卖不出去。因为别人如果买了他的车在当地根本就开不了。好吧,现在他只能使出自己的绝招——写个布条让跑长途的司机带捎给他要去办事的机构负责人,向他求救。不曾想,办事机构负责人看了千里迢迢带来的布条,破口大骂:"这写的什么东东,老子一个字都看不懂。"原来,六国旧地使用的文字也不一样。于是,他在布条上用当地文字写下一行字回复:哥们,你写的什么,哥没看明白。当长途司机千里迢迢捎回这张布条给办事人时,办事人看了一眼也破口大骂,写的什么东东,老子一个字也看不懂。

这样的例子虽然极端,但在当时很有可能真实上演。为避免全国各地出现这样的囧事,秦始皇进行了一系列有利于统一的改革。

首先是统一度量衡。秦始皇把秦国所立的度量衡标准推向全国,

106

并向各地发放标准的度量衡器具。其次是以秦币制为标准统一货币制度。第三是统一车轨大小、交通要道的宽窄和语言文字，也就是"车同轨、书同文、行同伦"。

一个统一的国家，必须要有统一的法令制度。早在战国时期，经过商鞅变法，秦国就成为当时法律比较完备的国家。天下一统之后，秦始皇废除六国旧法，在全国颁行了统一的法律，并不断完善，形成了在当时行之有效的一套法律体系，其完备程度令人惊叹。当然，这种"完备"有时候是很残酷的，比如死刑，秦律中，关于死刑就有弃市、腰斩、车裂、枭首等近二十种死法。其他罪名，也都比较全乎，总之，三百六十罪总有一款适合你，只要你犯事，就不怕没有法律治你。

在所有这些法律制度中，有一项是触及社会根本的，那就是关于确认土地私有制的法律。虽然商鞅改革时已经涉及到土地私有化的问题，但正式从法律上确认土地私有化，却是从秦始皇开始的。他下令"使黔首自实田"，让占有土地的农民向政府报告自己实际占有土地的数量，进行确权注册登记，使私有土地得到法律保护，并逐步完善与土地相关的《田律》《仓律》等法律制度。

19 大秦帝国的总工程师

秦每破诸侯,写放其宫室,作之咸阳北阪上,南临渭,自雍门以东至泾、渭,殿屋复道周阁相属。

——《史记·秦始皇本纪》

名目众多的劳民伤财工程,耗费了大量的人力物力财力,使大秦帝国元气大伤,也是人们把大秦帝国贴上"暴秦"标签的一个重要原因。天下初定,本该与民休息的大秦帝国,却因为这些劳民伤财的工程把百姓置于水火之中,惹得民怨沸腾,为大秦帝国的覆灭埋下了伏笔。以秦始皇陵为代表的劳民伤财工程,埋葬的不只是秦始皇的躯体,也埋葬了一个本该兴盛强大的王朝。

——《轻松读秦史》

如果说"改革皇帝"是嬴政同志作为"始皇帝"的一个显著标签,那么,他的另外一个标签就是"工程师皇帝"。在他不算长寿的一生中,下令修建的工程无数,其工程数量之多,难度之大难以想象。

总的来说,他下令或主持修建的工程可分为三大类。

一类是基础设施工程。要致富,先修路。天下一统之后,各地之间就不能再像战国时期那样各自为阵,必须要打破地域壁垒,从地理空间上要连成一个整体。这样,才便于政令军情的传达畅通和商贸车旅的往来。秦始皇下令在全国修筑驰道和直道。驰道工程以帝国都城咸阳为中心向各地辐射。驰道平整宽阔,路基夯实坚固,大致相当于今天的国道。道中央供车马行驶,相当于现在的机动车道。每隔一段距离植一棵树作为标志,既可以作为路的界桩,也算是路的绿化。驰道两旁还有小道,供步行之人行走,相当于现在的步行道。两千年前修路能够想得如此周全,实在是令人赞叹。除了驰道以外,秦始皇还命令大将蒙恬主持修建了一条直道,其间凿山填谷一千八百余里,解决了许多工程技术难题。直道大致相当于今天的高速公路。这些驰道直道工程完成以后,使大秦帝国的陆路交通较为发达,促进了全国政治、经济、文化方面的联系,对维护秦朝的统治起到了至关重要的作用。

　　二类是军事建设工程。秦始皇统一六国之后,继续开疆扩土,向南征服还比较落后的岭南地区。居住在岭南地区的越族人奋起抵抗,由于岭南地区交通不便,军需供应不上,战争进入相持阶段。秦始皇下令官兵一边打仗,一边挖凿水渠,把湘江和漓江贯通起来。灵渠建成后,秦军士兵和军需能够快速运到前线,战争的僵局被打破。最终,秦军征服了岭南地区,并在当地设置了郡县。与灵渠相比,秦始皇下令修建的另一项军事工程名声要大得多,以至于两千多年后的现代人称它为世界奇迹。这就是众所周知的——长城。秦帝国虽然统一了六国,但北部的边患依然存在——匈奴人仍然时常南下侵扰和抢夺,边关一带的居民不堪其扰。秦始皇派大将蒙恬率军三十万镇守北部边疆。经过几番苦战,蒙恬大军击败并赶跑了匈奴军队,在匈奴军队曾经占领的地带设置四十多个县。为充实边关,秦始皇下令让三万余户中原百姓到这里落户安家。然而,匈奴军队是一支能够快速流动的部队,今天赶走他们,说不定明天又来了。当边关百姓辛苦劳作一年半载,眼看着"仓廪实"时,匈奴军队只需发动一次奇袭便可将一切劳动成果掳走。有没有一个一劳永逸的招呢?这个可以有。秦始皇下令,让戍边总司令蒙恬兼任长城总工程师,主持修建长城。浩大的工程队将战国时期各国的长城连起来,再新修一部分,就构成了西起陇西,东至辽东的万里长城。在现在看来,长城的军事意义已经微乎其微,但在古代,长城的确是抵挡北方匈奴骑兵进攻的绝佳屏障。

虽然说基础设施工程和国防建设工程耗费了大量财力物力人力，但都有一定的必要性和正当性。而嬴政总工程师监制下的第三类工程，就完全是劳民伤财工程了。

劳民伤财的第一大工程就是举世闻名的秦始皇陵。秦始皇虽然希望自己能长生不死，但也深知成仙并不那么容易，所以还是给自己早点预备个死后的安身之所更靠谱些。只是他预备得有点太早了——刚即王位就开始在骊山为自己修建陵墓。秦始皇的一生，干了太多前无古人后无来者的事情，就连为自己建陵墓也不例外。他即位后，就开始了造陵的初期工作，等到统一天下后，从全国选来70万刑徒和劳役，大规模修建皇陵，一直修到自己病逝也没有完工，其工程之大可想而知。皇陵极高，外面种上了树木花草，像是一座山。墓室非常深，穿越三重泉水，灌注铜水填塞缝隙，阻挡泉水渗入。墓室内设置了百官位次，并装有大量奇珍异宝。墓室顶部设计有天文图像，底部用水银做成百川江河大海的地理图形。为防止盗墓，让能工巧匠设置机关操纵弓箭，一旦有人闯入，便将其射杀。秦始皇去世后，二世胡亥下令，凡是没有为始皇帝生育子女的后宫女子，全部送入皇陵为始皇帝陪葬。又因为担心制造机关和放置宝物的工匠们泄露消息，等他们的工作完工以后，将皇陵的大门封闭，没有一个人能够活着出来。据考古学家勘探，秦始皇陵历经两千多年，墓室仍然保存完好，足见这一工程之精细。20世纪70年代，秦始皇兵马俑一经发掘便震惊了世界。作为秦始皇陵的一部分陪葬坑，三个兵马俑坑的总面积足有50个篮球场那么大，足见秦始皇陵的宏大规模。无论是工程的宏大，还是工程的精细，在今天看来，都绝对是一个世界奇迹，但这样的奇迹，在当时是以大量刑徒和劳役的生命换来的。

劳民伤财的另一类工程就是宫殿楼台。早在兼并六国时，每消灭一国，秦始皇就命人绘制出该国宫殿的图样，在咸阳仿造。统一战争结束后，他更是大建离宫别馆，仅都城咸阳一带就建有宫殿二百七十座。

这些宫殿被天桥、甬道等"空中走廊"连接起来,成为一体。在这些宫殿中,规模最大的就是阿旁宫。据史记记载,仅阿旁宫前殿就宽达五百步,南北长五十丈,可容纳万人,竖起五丈大旗,其规模之大,举世无双。

　　除此之外,秦始皇还下令在全国各地修建了大量的行宫。名目众多的劳民伤财工程,耗费了大量的人力物力财力,使大秦帝国元气大伤,也是人们把大秦帝国贴上"暴秦"标签的一个重要原因。天下初定,本该与民休息的大秦帝国,却因为这些劳民伤财的工程把百姓置于水火之中,惹得民怨沸腾,为大秦帝国的覆灭埋下了伏笔。以秦始皇陵为代表的劳民伤财工程,埋葬的不只是秦始皇的躯体,也埋葬了一个本该兴盛强大的王朝。

20 帝国那么大，皇帝想去看看

二十八年，始皇东行郡县，上邹峄山。立石，与鲁诸儒生议，刻石颂秦德，议封禅望祭山川之事。

南登琅邪，大乐之，留三月。乃徙黔首三万户琅邪台下，复十二岁。作《琅邪台》，立石刻，颂秦德，明得意。

——《史记·秦始皇本纪》

用无数鲜血和生命换来的江山，本应该是有血有肉的。要巩固这江山，首先得知道自己的江山长什么样。身为帝国皇帝，必须在自己征服的土地上多来几次说走就走的"旅行"，把自己的帝国看清楚。因此，始皇帝称帝之后不久，就发话了：帝国那么大，我想去看看。当时给这个"看看"起了个大气的名字：巡游。

皇帝的看看可不只是单纯的看看，他的走一走，看一看，用今天的话讲就是考察调研，有着许多政治因素的考量。

——《轻松读秦史》

一统天下之后，接下来要做的事情就是要巩固江山、巩固统治。建立帝国伊始，对于自己征服的天下，始皇帝还只能从地图上了解一个抽象的轮廓。而用无数鲜血和生命换来的江山，本应该是有血有肉的。要巩固这江山，首先得知道自己的江山长什么样。身为帝国皇帝，必须在自己征服的土地上多来几次说走就走的"旅行"，把自己的帝国看清楚。因此，始皇帝称帝之后不久，就发话了：帝国那么大，我想去看看。当时给这个"看看"起了个大气的名字——巡游。

从此后的巡游记录来看,秦始皇称帝后,大量的时间都是行走在大秦帝国广阔的大地上。你可能会说,这始皇帝也太贪玩了吧。当然没这么简单。皇帝的看看可不只是单纯的看看,他的走一走,看一看,用今天的话讲就是考察调研,有着许多政治因素的考量。比如,天下刚刚一统,江山是否稳固?尤其是六国旧地是否还有反抗分子?各地百姓生活状况如何?这些问题仅靠下面的汇报是远远不够的,必须眼见为实,充分调研,并据此作为制定相应政策举措的依据。除此之外,秦始皇的几次巡游还有一个重要目的:耀武扬威,震慑潜在的反抗力量,宣扬始皇帝的功德,宣传统一帝国与六国旧制相比的优越性和正义性。从这个意义上看,秦始皇帝多次巡游调研考察,恰恰体现出一个统一帝国一把手的责任感。而在巡游过程中,他还要处理大量的政务。你可以说他是暴君,可以说他奢侈腐化,但你不得不承认,他是个敬业的皇帝。

秦始皇第一次巡游选择了西巡,陪同考察调研的官员和后勤保障人员构成了一个庞大的队伍,一路向西,巡视了陇西、北地一带。这些地方基本上都是七国时期秦国的本土,可以说是秦国祖先们的根据地。秦始皇的这次西巡,相当于是寻根之旅,一来是看望慰问秦国革命老区的官兵和百姓,拜祭秦国革命先烈,也算是给老区百姓一个交代:看,我在祖先的地盘上建立了强大的帝国,也算是对得起筚路蓝缕的祖先了。二来是对陪同的官员进行革命传统教育,让他们发扬爱国主义精神,为大秦帝国的繁荣苍盛贡献力量。

在这次西巡中,秦始皇没有像后来的几次巡游一样,四处树碑立传,宣传自己的功德,或许是因为革命老区的百姓都是秦国的铁杆粉丝,用不着别人说秦国好,他们也会爱自己的祖国的。

而在此后的几次出巡中,秦始皇帝都大肆宣扬大秦帝国好,跟着帝国好好混有前途等主旋律思想。当时,没有报纸,没有电视,更没有网络和微信微博,如何将宣传效果提升到最大化呢?当时有一种时髦的方式——刻石树碑。如果要问秦朝的官方主流媒体是什么,答案显然是——石碑。从秦始皇的东巡开始,刻石树碑基本上成了秦始皇巡游的固定项目。

公元前219年,秦始皇开启了他的东行之旅。这是他第一次踏上他所征服的大片东南国土,自然也是第一次在帝国东南片区的民众面前亮相,心情多少有点小激动。出发前,秦始皇对此次东巡提出了不少要求,帝国从中央到地方都对此作了精心策划和安排,确保秦始皇游得开心,游得放心。

为在六国后人面前充分展示帝国神威,秦始皇下令为这次东巡配备了一个庞大的车队和隆重的仪仗,当然,陪同的阵容也十分豪华。

秦始皇东巡的第一站是邹县峄山(在今山东省邹县北)。之所以要登上这座几百米的小山,是因为传说这座山是由女娲补天剩下的石头堆积而成。登上山后,刻石树碑,歌颂秦帝国的功德。石碑在这里小试牛刀,展示了自己不错的宣传功能。

登完这座小山之后,巡游进入最重要的环节——登泰山祭天。秦始皇起初听从了随从们和当地儒生们的建议,尊重山神,不践踏花花草草和树木。大约是在多次被路边的棕树枝刷到眼睛之后,他终于忍不住发飙了。下令把挡路的树全砍了。于是一行人浩浩荡荡登上泰山,树立石碑,筑起土坛,举行祭天盛典。盛典在庄严隆重的气氛中顺利进行,秦始皇帝十分 happy。

美中不足的是,祭天盛典结束后,一行人下山时,天空突然下起了雨。由于当时没有天气预报,避雨措施不足,巡游队伍被淋了个措手不及。估计当地儒生和一些陪同人员会联想:这是秦始皇平时不尊重神的惩罚。也许他们心里幸灾乐祸,但面上还要装得很伤心的样子,因为他们的老大淋雨了。

情急之下,一群人找了一棵大松树避雨。当然,一棵树下不可能容纳那么多随从避雨,即使能够容纳,皇帝陛下也不可能让一群人把自己挤在中间大气也出不了。所以，能够陪同皇帝在树下避雨的，只是少数级别较高的官员而已，大多数随从都只能在雨中游泰山了。

我们现代人都知道，站在树下避雨是很危险的，容易被雷电击中。可秦始皇他们并不知道这个。正好走了狗屎运，居然没有被雷劈。事后，秦始皇将这棵树封为"五大夫"。自古以来给人封官的不少，给树封官的，秦始皇又是前无古人后无来者。

泰山祭天之后，秦始皇一行又在梁父山（位于今山东省泰安市）举行祭地典礼，并刻石树碑。碑文的大体意思是：皇帝即位，天下一统，四方臣服，法度昌明，国泰民安，社会和谐。皇帝不仅圣明通达，而且工作极其认真努力，每日早起晚睡，为国操劳，鞠躬尽瘁，臣下和百姓都十分拥戴皇帝，对皇帝的崇拜敬仰之情有如黄河之水滔滔不绝，强烈要求立碑歌颂始皇帝的功业……如此等等。

祭天祭地仪式都已办妥，秦始皇一行于是沿着渤海海岸往东走，直奔他向往已久的大海。先后到达芝罘山（今山东芝罘）和琅邪山（今山东胶南县境内），并分别刻石树碑，内容当然还是歌颂秦帝国及始皇帝的功业。

君临天下，面朝大海，春暖花开，惬意之极。来自黄土高原的秦始皇，第一次见到大海，仿佛进入了另外一片天地，兴奋得不得了。兴之所致，他在琅邪停留了三个月，并下令迁来百姓三万户到琅邪台下居住，免除他们十二年的赋税徭役，命他们修筑琅邪台，立石刻字，歌颂大秦帝国的功德。至于碑文，大体还是"始皇帝功高盖过五帝，恩泽遍及马牛"那一套主旋律，只不过换了一些新鲜的词而已。

某一天，嬴政皇帝在面朝大海的过程中，隐约看见海上似乎有座宫殿，灿烂绚丽。朝思暮想成仙的嬴政很自然的认为这是神仙居住的地方。一些投机讨好的随从大臣们便咬定这就是蓬莱、方丈、瀛洲等海上三座神山上的景致。

当地方士徐市知道皇帝希望长生不老，便投其所好，上书说自己有办法到达神仙居住的地方,求取仙药,请求准许斋戒沐浴后率领童男童女去求仙人。求仙心切的始皇帝很快同意了徐市的请求,派遣他带着数千个童男童女(当然还有大量的"盘缠"和物资),到海上去寻找仙人。自己则在琅邪台静候佳音,坐等徐市求仙归来。

嬴政童鞋等啊等,无数次被徐市晃点,等到花儿也谢了,也没等到徐市归来。

很久以后,嬴政皇帝终于忍不住要准备班师回都城咸阳了。他想发徐市的飚,可是徐市始终不出现,贵为皇帝的他也无计可施。更何况,虽然他自己心里知道徐市多半是个骗子,但他也只能吃哑巴亏——他不想让世人都知道,堂堂帝国皇帝,被一个江湖骗子给耍了。

本来,这次东巡总体上是非常圆满而胜利的,如果求到了仙药,那么,这次出巡就是十分完美了。但没想到临到最后一站,被一个江湖骗子骗了。就这样,嬴政皇帝强压着被耍的怒火准备班师回朝。在路上,他越想越生气,心里想着,仙药没求到,好歹也要在半道上弄三瓜两枣带回都城咸阳,否则,这趟差就出得太窝囊了。

于是,在路过彭城时,秦始皇就想要把当年落入泗水的周朝宝鼎打捞上来。派了千余游泳高手潜到水底寻找,结果一无所获。嬴政皇帝又积攒了一些怒气。巡行队伍随后向西南渡过淮河,前往衡山、南郡。乘船顺江而下,来到湘山祠附近时,江面突起大风,皇帝的船队差点没过去。忍无可忍的嬴政终于爆发了,询问湘山祠供奉的是什么神。陪同人员介绍说是尧的女儿舜的妻子埋葬在这里。

求神不得的秦始皇正对神仙耿耿于怀呢,就全把怒气撒在了这位可怜的湘君身上。管他是什么神,我皇帝出巡,都得让路。一怒之下,嬴政皇帝下令让三千服刑的罪犯,把湘山上的树砍个精光。

不管怎样,总的来说,始皇帝的泰山之旅还是一次成功的出巡。毕竟,展示帝国强大实力、宣扬皇帝功德的基本目的在这次巡行中已经达到。同时,通过这次出巡,始皇帝对大秦帝国的国情和民情更加了解,有助于他进一步做好大秦帝国的掌舵人。至于求仙失败、捞鼎遇挫、江山遇险等,从大面上讲,终究不过是此次巡游的几个小插曲而已。

　　泰山之旅是始皇帝的第一次东巡,也是始皇帝最重要的一次巡行。此后,始皇帝又进行了三次大的巡行,虽然对他的统治都一定的帮助,但一次次比一次惊险,并最终让他倒在了路途中。

21 长生路漫漫，始皇上下而求索

既已，齐人徐市等上书，言海中有三神山，名曰蓬莱、方丈、瀛洲，仙人居之。请得斋戒，与童男女求之。于是遣徐市发童男女数千人，入海求仙人。

——《史记·秦始皇本纪》

秦始皇如有幸能够参加今天的娱乐节目，评委们问他，你的梦想是什么？他的回答一定是长生不老。秦始皇渴望长生并不等于他真的不相信自然规律，只不过是他对生命和权力无限留恋的一种寄托而已。长生之路难上难，不是始皇看不穿，而是始皇太喜欢。皇帝终将老去，而梦想永远不死。如果上天非要给他的生命加一个期限的话，他希望是——一万年。

——《轻松读秦史》

人生自古谁无死，可人生自古谁愿死？即便是生活得很不如意的屌丝阶层，尚且信奉"好死不如赖活着"的信条，何况大权在握威风八面的帝王将相，他们当然更愿意长生不老，永远享受权力带来的利好。正因为如此，不少封建帝王对长生之路都孜孜以求，真正是不到黄河心不死，不见棺材不掉泪，不到最后不罢休。一统华夏的秦始皇也未能免俗。为了万分之一的渺茫长生希望，秦始皇帝愿意付出万分之万的努力。

提起秦始皇的长生之路和求仙之旅，就不得不提及秦朝第一大忽悠——徐市。当秦始皇东巡时，当地方士徐市知道始皇帝对长生之路十分向往，便冒出了一个大胆的想法——充当秦始皇的"入仙"介绍人。当然，作为介绍人，他要收取"中介费"——大量的金银财宝和数千个童男童女。他声称自己和神仙认识，可以到海外找到神仙居住的地方，向神仙求取仙药，以保始皇不老。当然，求见神仙是要有付出的，至少要够排场，比如几千个童男童女，也还要一笔巨大的差旅费。对此，徐市狮子大张口，向始皇帝提出了诸多看似不可能答应的"请求"。他甚至觉得，要的东西越多，始皇帝反而越愿意相信。果然，秦始皇对徐市的请求全部应允，派出庞大的队伍去海外寻求仙药。

看似很简单的骗局，却轻松蒙混过关。如果说以诈骗的财物来定罪，徐市定是华夏历史中最大的诈骗犯。而他带走数千个童男童女的行为，在今天看来就是拐卖妇女儿童，只是这个拐卖的数量，实在大得惊人。

其实，满朝文武都知道徐市是在忽悠，可是谁都知道秦始皇的愿望，谁都不敢说出真话，把秦始皇从长生不老的美梦中唤醒。当然，秦始皇也并非对此深信不疑，从他很早就为自己修建皇陵一事便知，他其实还是相信生老病死的自然规律的。只是他太想征服死亡了，即便知道自己是在幻想，也宁愿呆在幻想里不愿回到现实中来。所以，他容忍并接受了徐市的忽悠。

如果说秦始皇有幸能够参加今天的一些娱乐节目，评委们问他，你的梦想是什么？他的回答一定是长生不老。纵然长生不老只是个梦，然而，梦想还是要有的，万一哪天真的实现了呢。

长生之路难上难，不是始皇看不穿，而是始皇太喜欢。皇帝终将老去，而梦想永远不死。如果上天非要给他的生命加一个期限的话，他希望是——一万年。

就这样，徐市带着巨额的差旅费及公关费以及数千童男童女消失在了秦帝国的视野之中。秦始皇苦苦等待多年，不见徐市的消息。

秦始皇何等聪明，他应该早已看出徐市的忽悠是一个谎言。堂堂天下之主，就这样被一个江湖骗子给骗了，岂不是很可笑。但秦始皇并没有暴怒，因为自始至终，他的心里都知道，长生之路可遇不可求，找仙药只不过死马当作活马医，找不到很正常，找到了则是惊喜。有了这样低调的期望，自然什么样的结果他都能接受。所以对徐市的欺骗并没有太在意。更关键的是，徐市已经扬帆远航，追不回来了。想处罚他已经不可能。不如索性给他个面子，更是给自己留个面子，不戳穿徐市的谎言。所以，当时官方的说法就是，去找神仙的路太远，徐爱卿还得等些日子才能回来。既然秦始皇不愿戳穿徐市的谎言，群臣自然也不敢戳穿。

更令人惊诧的是，几年以后，徐市竟然敢两手空空的回来面见秦始皇。当然，没找着仙药的他自然编造了新的理由：本来是可以到达海上仙山找到仙药的，可惜有大鲛鱼从中作梗，阻挠海船至仙山。随后，他忽悠秦始皇开展了一次"海上射大鱼"的活动。或许正是这次海上连续奔袭射杀大鲛鱼，使秦始皇患上类似重感冒的疾病，最终病死在巡游途中。这当然是后话。

可以肯定的是，对于徐市的忽悠，秦始皇再次选择了容忍和信任。这其实并不奇怪。因为，承认徐市是忽悠就等于承认自己的愚昧，也等于承认永生之梦的破灭。秦始皇当然不愿意承认自己的愚昧，更不愿意放弃永生的幻想。

所谓窃钩者诛窃国者诸侯。同理，忽悠也是一样，小忽悠受罚，大忽悠发达。小小的忽悠温柔的忽悠可能被识破被追责受罚，狠狠的忽悠大大的忽悠反而让人相信。因为这个忽悠实在太美太美了，身处这个忽悠梦境的人不敢更不愿怀疑。这便是忽悠的哲理，也是人性的弱点。秦始皇终归是个人，所以也逃脱不了这人性的弱点。

看到徐市忽悠成功之后，许多隐藏起来的忽悠都相继抛头露面，现身说法，东施效颦。他们以徐市为榜样，梦想着靠忽悠发家致富。但并不是每个忽悠都是徐市。徐市的成功之处就在于他是第一个吃螃蟹的人，第一个狠狠忽悠的人。秦始皇没有揭穿徐市的谎言，给那些没有脑子的小忽悠一个错觉，以为秦始皇没有看穿徐市的谎言。所以他们继续步徐市后尘，接着忽悠秦始皇。徐市毕竟没有找到仙药，虽然秦始皇没有拿他是问，但心里始终耿耿于怀。正愁找不到发泄对象，没想到这些小忽悠自己送上门来了，其结果可想而知。侯生、卢生便是这些小忽悠的典型代表。

徐市成功忽悠始皇帝后，成为了当朝忽悠的励志人物，许多小忽悠都是他的粉丝，而侯生、卢生更是"铁粉"，他们发表各种长生言论并四处广而告之，力求引起皇帝的注意。最终，功夫不负有心人，他们先后都进入始皇帝的视野，并被委以"求仙药"的重任。

公元前215年，始皇帝派卢生去海上求取仙药。卢生在海外潇洒晃荡了一年，自然也找不到仙药，于是编了些鬼神之事上报始皇帝，并找了张有神学预言功能的"谶纬图书"上奏皇帝，书上写着"亡秦者胡也"。有人认为这个"胡"是指胡亥，但始皇帝认为这是指胡人，于是就派将军蒙恬率兵三十万去攻打北方的胡人，夺取了黄河以南的土地。瞎猫碰到死耗子。没成想，卢生交差用的一个谎言，却成就了秦始皇的一段功名，使秦国北部边疆得到安定。

此后，卢生又多次被派去求取仙药，但多次无功而返。找不到仙药，就意味着自己在秦始皇那里没有了价值。为了证明自己能找到仙药，卢生不断为自己找客观理由。他知道秦始皇为了长生可以不惜血本，于是学着徐市忽悠得越来越大，甚至把找不到仙药的责任归咎于秦始皇。比如，他的"真人论"用今天的话来说就是这样忽悠的：

近年来，作为您钦点的寻仙队负责人，我深感责任重大使命光荣。按照您的指示，我和我的团队不断加大寻找仙药和仙人的力度，但总是无功而返。对此，我和我的团队都深感愧疚，觉得辜负了您的信任栽培之恩。失败之后，我们多次总结经验教训，努力查找寻仙失败的深层次原因。经过我们的艰苦探索，终于找出了问题的症结，现简要汇报如下：要找到神仙，必要先避开恶鬼。所以，皇帝您出行时一定要高度保密，防止走漏风声，以此避开恶鬼。恶鬼避开了，神仙真人才会来到。皇上住的地方如果让臣子们知道，就会妨害神仙。真人是入水不会沾湿，入火不会烧伤的，能够乘驾云气遨游，寿命和天地共久长。现在陛下您为了治理国家，生活无法安静清淡，希望您居住的宫殿不要让人知道，然后不死的仙药或许能够找到。

卢生很会忽悠，而且还为自己留了条后面，意思即使是按他的说法办了，也只是"或许能够找到仙药"而并不是一定能够找到。这里就已经为他日后找不着仙药"撤退"埋下了伏笔。

总之，对于卢生的这一番忽悠，始皇帝深以为然。他对左右说："我羡慕神仙真人，以后我自己就叫'真人'，不再称'朕'了。"随后，始皇帝下令把咸阳四旁二百里内的二百七十座宫观都用天桥、甬道相互连接起来，把帷帐、钟鼓和美人都安置在里边，全部按照所登记的位置不得移动。皇帝所到的地方，如有人说出去，就判死罪。

一次，皇帝幸临梁山宫，从山上望见丞相的随从车马众多，严重超标，很不高兴。宦官近臣里有人把此事告诉了丞相，丞相以后就减少了排场。始皇很生气，看来宫中有人泄露了他的话。于是将当天跟随皇帝的人员都抓来审问，但是没有人认罪，始皇帝一怒之下将当天跟随在场的所有人都杀掉。从此，皇帝的行踪就再也没有泄露过。始皇帝也从此之后成为神龙不见首尾的"真人"，只有处理政务的时候，才在咸阳宫露面。

但即便是这样，过了很久，卢生也没有找到不死仙药。他知道一直忽悠下去，皇帝总有一天会烦躁。于是他和寻仙队的侯生一起商量准备带上皇帝赏赐他们的财物"跑路"。在"跑路"之前，两人为能在朝中和天下人眼里留个好名声，就找了个大义凛然而又冠冕堂皇的理由：

始皇为人，天性粗暴凶狠，自以为是，他出身诸侯，兼并天下，诸事称心，为所欲为，认为从古到今没有人比得上他。他专门任用治狱的官吏，狱吏们都受到亲近和宠幸。博士虽然也有七十人，但只不过是虚设充数的人员。丞相和各位大臣都只是接受已经决定的命令，依仗皇上办事。皇上喜欢用重刑、杀戮显示威严，官员们都怕获罪，都想保持住禄位，所以没有人敢真正竭诚尽忠。皇上听不到自己的过错，因而一天更比一天骄横。臣子们担心害怕，专事欺骗，屈从讨好。秦法规定，一个方士不能兼有两种方术，如果方术不能应验，就要处死。然而占候星象云气以测吉凶的人多达三百，都是良士，然而由于害怕获罪，就得避讳奉承，不敢正直地说出皇帝的过错。天下的事无论大小都由皇上决定，皇上甚至用称来称量各种书写文件的竹简木简的重量，日夜都有定额，阅读达不到定额，就不能休息。他贪于权势到如此地步，咱们不能为他去找仙药。

宣扬完这些冠冕堂皇的理由后，二人正式开溜。读完侯生和卢生的这段高论，你是什么感觉？反正我的感觉就是这两人太无耻了。

明明自己就是个江湖骗子，还要把自己说得像是股肱之臣，明明就是欺君罔上畏罪潜逃，却还要数落一下皇帝的从政得失，把自己装扮成敢于直谏心忧天下的精英分子。平日里只知道求仙拜神，哪里关心什么政事？这会儿突然给自己塑造成"位卑未敢忘忧国"的形象，严重脱离了自己的职能定位，这样真的好么？话说回来，就算皇帝真有你说的那些过失，跟你这个只顾求仙骗人的方士有半毛钱关系？"皇帝用称来称量各种书写文件的竹简木简的重量，日夜都有定额，阅读达不到定额，就不能休息。"你说他是贪念权势，别人还说他是勤于政务呢。你到底是要垮他还是贬他？你说，不能为贪念权势的人寻找仙药。你造吗？说得好像自己能找到仙药似的。

始皇帝听说二人逃跑，自然也十分恼怒。更恼怒的是，没本事找不到仙药悄悄地跑了也就罢了，跑之前还不忘洗白自己，毁谤皇帝。用今天的话说，这是典型的得了便宜还卖乖。所以，皇帝很生气，后果很严重。他发表了这样的言论：

"我先前查收了天下所有不适用的书都把它们烧掉。征召了大批文章博学之士和有各种技艺的方术之士,想用他们振兴太平,这些方士想要炼造仙丹寻找奇药。徐市等人花费的钱以数万计算,最终也没找到奇药,只是他们非法谋利互相告发的消息传到我耳朵里。对卢生等人我尊重他们,赏赐十分优厚,如今竟然诽谤我,企图以此加重我的无德。这些人在咸阳的,我派人去查问过,有的人竟妖言惑众,扰乱民心。"

随后,他下令派出御吏去一一审查有类似不当言论的人,这些人辗转告发,一个供出一个,一共400多人,全部被活埋在咸阳,并让天下人周知。

秦始皇提到的焚书和这次的活埋就是著名的"焚书坑儒"。其实,"焚书"和"坑儒"是两个独立的事件。对于焚的是什么书,坑的是什么人,直到现在也还存在争议。侯生和卢生没想到的是,以他们的逃跑为导火索,引发了一桩历史公案。

22 从英雄到"寡人"

于是使御史悉案问诸生,诸生传相告引,乃自除犯禁者四百六十余人,皆坑之咸阳,使天下知之,以惩后。

——《史记·秦始皇本纪》

历史总是惊人的相似。后世许多杰出英明的君主,又何尝不曾走秦始皇的老路呢？——青壮年时期广开言路勤勉尽职,一心只想让自己的帝国更强大；老年时自我禁锢疏于政务,只关心如何延续自己的生命和权力。

——《轻松读秦史》

秦始皇统一六国之后,曾借鉴齐鲁等国的制度,设置了博士官职。这些博士官由当时各个学派的知名人士担任。他们没有行政权力,但有议论朝政和保藏图书、教授诗书等权力。由于地位特殊,博士们对于秦王朝的舆论有举足轻重的影响。

焚书就源于博士们的一场争论。

公元前213年,为了庆贺秦始皇执政三十余年来取得的巨大成就,秦始皇在咸阳皇宫里举办庆祝酒会,大宴群臣。席间一个叫周青臣的马屁精颂扬秦始皇统一天下、设郡县、车同轨、书同文的功绩,认为秦始皇的功德从古至今无人能比。一番话说得秦始皇春意盎然,十分happy。

客观地说,周青臣的话虽然有不少阿谀奉承的成分,但说的也基本上都是事实。正在秦始皇陶醉于自己的功德之时，一个叫淳于越的书呆子愤青博士对此却不以为然，他唱起了厚古薄今的儒家老调，认为"事不师古而能长久者，非所闻也"。在他看来，古代的制度都是好的，当代的制度都是不好的。他对秦始皇的郡县制历来就不赞成，主张效法古人，实行分封制。当他听到周青臣赞美郡县制，贬低分封制时，顿时觉得机会来了，便借题发挥，大说特说："臣听说周朝拥有天下一千多年，分封子弟及功臣，作为辅翼。现在陛下拥有天下，而子弟却是普通人，万一仓促间出现像田常、六卿一类的乱臣，没有辅翼如何挽救呢？事情不取法古制而能够长久不败的，从未听说过。刚才周青臣又当面阿谀来加深陛下的过失，实在不是忠臣。"

淳于越与周青臣这场争论纯属观点之争，也有文人相轻的味道，本不应该波澜四起。但淳于越却上纲上线，上升到治国理政的路线上来。作为老大的秦始皇不得不表态。他下令众臣对他们的议论进行讨论。

这时候，深得始皇信任的李斯发表了重磅观点，大意是，三皇五帝那时候的制度对于当时来说确实不错。但如今时代已经变了，再用那些老制度已不能适应当前形势。现在天下一统，法律制度健全，农民应该好好耕作，商人应该好好经商，知识分子应当好好学习法律。过去天下大乱，就是因为天下的思想太乱，国家没有统一的指导思想。如今，皇帝统一了天下，也应该统一思想。

随后，李斯发表了著名的"焚书"议。建议将不是秦朝官方撰写的历史都烧了，除非是博士官的职责，天下敢有藏诗书百家语者，都让地方官查处烧毁。医药、占卜、种植等实用的技艺类书籍不在"焚书"之列。

李斯提交的焚书建议，其理论依据正是秦始皇倍加欣赏的韩非的法家思想，"明主之国，无书简之文，以法为教；无先王之语，以吏为师"。而秦自商鞅变法后，秦国也正是依靠法家的严刑酷法大大提高了军事实力和行政效率,并最终得以吞并六国,统一天下。

因此,对于李斯的焚书建议,秦始皇几乎是举双手双脚赞成——制曰:"可"。李斯噼里啪啦说了一大堆,秦始皇只字未改,都全部同意。随后,全部依照李斯的建议,下达"焚书令"。

"非博士官所职,天下敢有藏诗、书、百家语者,悉诣守、尉杂烧之……所不去者,医药卜筮种树之书。"也就是说,"焚书令"要烧的是"秦纪"以外的历史著作。对于《诗经》、《书经》以及诸子百家的书,只是下令不许民间收藏阅读,由政府官员收藏,目的是为了"愚民",而不是为了损毁。除此,医药、占卜、种植类实用生活技术类书籍也不在"焚书"之列。

虽然"焚书"并不是传说中那样的"烧尽天下书",但不论如何,烧掉前代所著史书,无疑也是文化犯罪。这一把火,烧掉了除秦国以外的国家历史档案,这是一笔无法弥补的损失。至少,各国的史书烧过之后,大大增加了太史公先生写《史记》的难度,也使得许多历史公案因"证据不足"成为永远的谜团。就人类文明史而言,对书籍和读书人的迫害时有发生。秦始皇焚书坑儒,后人批判他是个大暴君。但是历朝历代不知有多少人"虚心"向他学习呢。

相对于焚书而言,"坑儒"的导火索更为简单。

上一节我们已经提到,方士侯生和卢生寻求仙药失败,怕始皇帝追责便脚底抹油跑路了。在逃逸之前,两人还大骂秦始皇是专制独裁的大暴君。始皇帝一怒之下,要求下令严查像侯生和卢生一样毁谤朝政和皇帝的人,查实后全部坑杀。前后一共坑杀460余人。

那么,这坑杀的460余人到底是什么人?是像侯生卢生一样的江湖术士还是儒生?

"于是使御史悉案问诸生,诸生传相告引,乃自除犯禁者四百六十余人,皆坑之咸阳,使天下知之,以惩后。"《史记·秦始皇本纪》中只是笼统地称所坑者为"生",并未明确是儒生。而在当时,方术之士也可以叫生。人们之所以认为秦始皇坑的是"儒"，或许是因为扶苏在进谏时，对"诸生"进行了界定："诸生皆诵法孔子。"但是，骗秦始皇钱财的是方士，诽谤秦始皇并逃跑的还是方士。秦始皇为什么要拿儒生泄愤呢？

上有所好下必甚焉。一种可能是，由于秦始皇渴求长生不老，一些儒生便投其所好，跟着江湖术士装神弄鬼。不怕术士胆子大，就怕术士有文化。这些有文化的儒生混进术士队伍，势必成为术士中的"精英阶层"，比一般术士更能忽悠。而侯生卢生逃逸案发后，始皇帝一怒之下，几乎铲除了整个术士队伍，这部分儒生术士自然也会受到牵连。

另一种可能是，秦始皇最初只是想惩罚一下那些以求仙之名诈骗朝廷钱财、毁谤朝政的江湖术士，没想到顺藤摸瓜，查处许多儒生也在拿着朝廷俸禄毁谤朝政，一气之下统统坑杀。也就是说，秦始皇并没有专门坑儒，但是所坑的"生"中，可能有一部分是儒生。

为了维护国家的统一和稳定，采取必要的措施控制舆论也属正常，但秦始皇用了最偷懒也是最极端的做法——焚书坑人。

总之，秦始皇焚过书，但并不是所有书都焚；秦始皇坑过人，但坑的并非都是儒生，其矛头主要指向方术之士，但也波及到儒生。

不过，不论秦始皇焚的是什么书，坑的是什么人，有一点是确定的无疑的：晚年的秦始皇已听不进去别人的意见。青壮年时期的嬴政，求贤如渴，从谏如流，时刻保持着对形势的清醒认识，最终完成统一大业。晚年的秦始皇，幻想成神成仙，永葆生命永坐帝位，容不得半点批评。本来还相信鬼神之说，但随着一系列求仙骗局的揭穿，他变得只相信自己，疑人疑神也疑鬼，终于从英雄变成"寡人"。

历史总是惊人的相似。后世许多杰出英明的君主，又何尝不曾走秦始皇的老路呢？——青壮年时期广开言路勤勉尽职，一心只想让自己的帝国更强大；老年时自我禁锢疏于政务，只关心如何延续自己的生命和权力。

23 那些年，皇帝遇到的刺客

二十九年，始皇东游。至阳武博狼沙中，为盗所惊。求弗得，乃令天下大索十日。

——《史记·秦始皇本纪》

算起来，仅《史记》有明确记载的，秦始皇就有四次遇刺经历：荆轲刺秦、高渐离刺秦、博浪沙大力士刺秦、咸阳不明分子刺秦。如果他要吹牛的话，大可以这样说一句："有种你来杀朕，朕可不是被吓大的。"

——《轻松读秦史》

公元前218年的春天，意犹未尽的秦始皇再次巡游。这次巡游，秦始皇依然选择了一路向东。

秦朝的政治中心在西方，平时的政治活动也主要集中在西方。在秦始皇看来，东方一直是秦朝统治的薄弱环节。一是因为东方本来就是六国故地，暗藏的反秦势力使得东方像是一座活火山，指不定哪一天就会喷发。二是东方距离秦朝的统治中心距离较远，不在自己的眼皮底下，自然更难控制。关于此，《史记·高祖本纪》有明确记载：秦始皇帝常曰"东南有天子气"，于是东游以厌之。意思就是东南之地常有天子气象，秦始皇这个真命天子要前去镇压。此后的几次巡游，秦始皇也都选择了东方路线。由此可见，秦始皇巡游的主旋律一直都是：批判旧世界，宣扬新秩序，树立皇帝权威，震慑反秦势力。当然，这高大上的主旋律之外，也并不妨碍秦始皇顺便游个山玩个水寻个仙求个药等等游乐活动。

和往常一样,这次巡游依然是阵仗十足:皇家车队仪仗开路,皇家卫士围绕左右,重要大臣全部陪同出巡。正所谓"高手在民间",面对如此阵势,依然有胆大的刺客给了秦始皇一个大大的惊吓。

当秦始皇的车队行至博浪沙(今河南省原阳县东南)时,一场惊心动魄的刺杀发生了。如果在《史记》的简要描述里加一点合理想象,当天的刺杀情形大致是这样的:

残阳如血,刚有些生机的大地被初春的黄昏所掩盖,显得清冷而肃杀。

黄沙漫天,天边涌现出一个个小点,于滚滚烟尘中,这些小点渐渐变成清晰可见的车马。车队浩浩荡荡,宛如一条见首不见尾的长龙蜿蜒在曲折起伏的沙丘中。从高处看,很容易看出,整个车队拱卫着中间的两辆最尊贵的马车。显而易见,这两辆车中的其中一人必定是整个车队的主人。如果是稍微懂一点朝中礼仪的人,还可以从那些独特而霸气的旗帜中判断出:这人不仅是车队的主人,而且是整个天下的主人——当今皇帝秦始皇。而车上那些威风凛凛目光如炬的卫士也印证着这主人非凡的身份。

这里是黄河故道博浪沙。昔日滚滚咆哮的黄河早已没了踪影,只留下星星点点的沙丘和野蛮生长的杂草。皇帝命令修建的驰道,便从这沙丘和杂草中穿过。此刻,在驰道的一个拐角处的草丛中,一双鹰一般的眼睛正密切注视着车队的走向。除了炯炯眼神的眼睛证明他活着之外,他仿佛已不是一个"活物",和草丛融为一体。

当豪华的皇帝专车行至拐角处时,草丛中突然窜出一个高大的影子,以迅雷不及掩耳之势冲向车队。训练有素的皇帝卫士们还没来得及从兵车上下来,这个高大的刺客已经立于路边,并使出全身力气将手中的兵器砸向皇帝的专车。其中一辆专车车厢被砸中,座位瞬间形成一个大窟窿。卫士们刚反应过来,下车追捕之时,刺客已窜入杂草树丛中,很快就了无踪影。整个车队立即停下来,随从大臣及将士全部下车马,面向皇帝专车跪拜,神情紧张凝重。片刻过后,未被砸的那辆车的车窗被掀开,秦始皇帝故作镇定地大手一挥,示意臣下们起身。紧接着,秦始皇由侍从搀扶着下了车,来到被砸中的"副车"面前查看。看到眼前的景象,秦始皇一言不发,大臣随从们更加紧张。秦始皇又挥挥手,李斯等重臣心领神会,当即命令立即开展大搜捕,限定十日内一定要将凶手抓捕归案。

原来,秦始皇车队中,有两辆皇帝专用车,一辆是"主车",专供皇帝乘坐。另一辆是"副车"。在外形和内部设置上,"副车"与"主车"都基本没有区别。这样设计,是为了实现它的两个用途,一是作为皇帝的备用车,以备"主车"出现故障时使用。二是作为"主车"的替身编入车队,使意图谋害皇帝的刺客一时无法弄清皇帝在哪一辆车里,增加皇帝出巡时的安全系数。

正是因为"副车"的替身作用,在这次刺杀事件中,秦始皇的感官并没有受到惊险场面的直接刺激,因而既不惊恐也不恼怒。但十天后,当全国搜捕刺客的行动一无所获时,秦始皇终于发飙了。也难怪,这样的亡命徒没有抓住,说不定哪一天又冒出来行刺。直到秦朝灭亡,这桩刺杀案也未被破获,成为秦朝的一大谜案。后来,还是太史公先生给出了答案。

《史记·留侯世家》中记载:良尝学礼淮阳,东见仓海君,得力士,以铁椎重百二十斤。秦皇帝东游,良与客狙击秦皇帝博浪沙中,误中副车。秦皇帝大怒,大索天下,求贼甚急,为张良故也。良乃更名姓,亡匿下邳。

原来,这场暗杀的幕后推手就是后来成为汉高祖刘邦得力参谋的张良。

张良出身于韩国贵族世家,祖父连任韩国三朝宰相。父亲也担任过韩国两朝的宰相。但至张良时代,韩国已逐渐衰落。秦灭韩国以后,使张良失去了子承父业的机会,丧失了显赫荣耀的地位。因此,他心存亡国和家族没落之恨,并把这种仇恨集中于一点——反秦。为此,他变卖了全部家产,寻求刺客刺杀秦始皇。他四处游学求贤,力图求得刺秦的万全之策。就连自己的亲弟弟病死,也顾不上安葬。功夫不负有心人,张良最终找到了一名大力士。据载,这位未在历史上留下名号的大力士能够投掷120斤的重锤,所掷目标百发百中。可能是因为钱财也可能是因为义气,最终这位大力士愿意帮助张良刺杀秦始皇。

寻找到刺客只完成了刺秦的第一步。接下来,张良进行了周密的谋划。被后世成为"谋圣"的张良,在此时便已开始展露他的谋划才能。他用重金贿赂朝中消息灵通人士,打探到秦始皇的东巡时间和路线。刺杀地段的选择至关重要。张良选中了黄河故道博浪沙。这里属于沙丘地带,人烟稀少,有杂草树丛可以作掩护,但也不像树林峡谷地段那样引起车队卫士的警觉。至于具体的袭击地点,张良选中了一个急转弯处。当秦始皇的专车经过转弯处时,和前后的兵车以及卫士们的视线会短暂的隔离。另外,由于转弯处路相对较窄,基本上只能容得下皇帝宽阔的车通过,卫士们只能在车的前后及左右的一侧保护车队,而另一侧就成了保护真空,构成一个刺杀的完美"死角"。为便于安全撤离,张良和大力士也提前设计好了撤离路线,大力士得手后,即可迅速撤离,张良则在撤离地点接应。从刺杀地段、袭击地点、撤离路线的安排上可以看出,张良的确是一个心思缜密的人。

但百密也有一疏,张良和大力士没想到的是,皇帝专用车有两辆。当皇帝的"副车"驶来时,大力士按照之前看到的皇帝专用车的绘图,确定这就是皇帝的乘车后,投掷铁锤命中目标,随后逃之夭夭。而此时,皇帝真正乘坐的那辆车却还在后面,当然毫发未损。如果按现代的眼光来看,这场刺杀无疑还缺少一个环节:确认刺杀目标是否死亡。如果我们再想当然的为张良设计一下,那么,至少在另一处再埋伏一个暗哨,专门负责确认刺杀目标是否真正完成。当然,这是以现代的眼光来苛求古人了。同样,如果是按现代世界各国通行的警卫原则,当首长的车队要路过某地时,负责警卫的军队或警察肯定要提前"清理"路线,并沿路提前设置岗哨,确保首长的旅途安全。

虽然刺杀任务最终没有完成,但由于撤离计划周密,张良和大力士得以全身而退。不过,为安全起见,张良随后远离故土,改名换姓,隐藏于民间,直到后来遇到汉高祖刘邦。

客观上看,这次的刺杀并没有影响秦始皇的行程和兴致。在刺杀事件发生以后,巡游队伍按原定计划,登上之罘山,刻石立碑。然后向东观游,再立石刻碑又刻。碑文还是老一套,大意仍然是六国该死、始皇牛叉,在皇帝治下,天下和谐稳定而有序等等。同一个中心思想却要反复刻石立碑,每一次的碑文既不能脱离中心思想,但语句又不能雷同,这可苦了秦始皇手下那些写公文的同志了,不断绞尽脑汁花样翻新。比如这次巡游时的两处刻碑,意思大致相同,但用词却大不一样。

"……皇帝哀众,遂发讨师,奋扬武德。义诛信行,威燀旁达,莫不宾服。烹灭强暴,振救黔首,周定四极。普施明法,经纬天下,永为仪则。大矣哉!宇县之中,承顺圣意。群臣诵功,请刻于石,表垂于常式。"

"……皇帝明德,经理宇内,视听不怠。作立大义,昭设备器,成有章旗。职臣遵分,各知所行,事无嫌疑。黔首改化,远迩同度,临古绝尤。常职既定,后嗣循业,长承圣治。群臣嘉德,祗诵圣烈,请刻之罘。"

碑文最后,为表示秦始皇不是自吹自擂,都要注明是群臣"请刻",表明是群臣歌颂他的功德,强烈请求将其功绩刻载在石碑上的。

在这两处刻完石碑后,始皇前往琅邪,最后取道上党回都城咸阳。

这次巡游结束后的第三年的一个冬天,秦始皇再次遇到刺客行刺。当晚,秦始皇在咸阳便装出行,只带着四个卫士,被多名刺客围困,好在这四个卫士都是超级高手,很快击杀了刺客。此后,秦始皇下令在关中大规模搜查二十天,意图清除反秦刺客。

算起来,仅《史记》有明确记载的,秦始皇就有四次遇刺经历:荆轲刺秦、高渐离刺秦、博浪沙大力士刺秦、咸阳不明分子刺秦。杀手的职业五花八门——职业杀手、乐器表演艺术家、大力士以及流浪汉。武器也是五花八门——匕首、大铁锤、筑、不明暗器等。这些五花八门的刺客和武器让秦始皇很囧:我靠,我好歹是一个皇帝耶,杀手们,你们能不能尊重点我,有点专业精神行不? 当然,如果他要吹牛的话,大可以这样说一句:"有种你来杀朕,朕可不是被吓大的。"

或许正是这多次的遇险经历,丰富了秦始皇的防卫经验。在他后来的两次出巡中,再也没有出现过刺客的影子。或者说,即使有行刺的计划,也被成功扼杀在摇篮中了。但是,等待秦始皇的,还有许多比刺客行刺危险得多的事。

24 危机四伏的巡游之路

至平原津而病。始皇恶言死，群臣莫敢言死事。

——《史记·秦始皇本纪》

年华老去抵抗力低的秦始皇不顾车马劳顿、不顾季节变化地域差异，坚持长时间长距离巡游，还玩千里追杀大鱼的刺激游戏，游戏玩完之后并没有得到期望中的奖品——长生不老药。身心俱疲失望透顶的他偶感风寒，引发旧疾，最终因抢救无效而驾崩。

——《轻松读秦史》

公元前 210 年，年届五十的秦始皇第五次巡游，这也是他最后一次巡游。

这一次的巡游，秦始皇把行程安排得满满当当。游山玩水、刻石立碑、拜神求仙这些常规动作自然是免不了的。最刺激的是，回程时还增加了一个特别节目——海上射大鱼。

在当时，人们对海洋知之甚少。那些江湖术士也打造舆论，把人们难以抵达的大海深处说成是神仙之居所，增加海洋的神秘感。这样做的好处就是关于鬼神之事他们想怎么编就怎么编，反正大海无边无际，一般人难以企及，谁也没法证明他们说的不是真的。

正是由于对鬼神和长生不老之事十分痴迷，秦始皇对神仙居住的海洋深处一直都十分向往。这也是他巡游时多次要去海边的一个重要原因。这一次也不例外。返程时，秦始皇没有按常规走陆路返回，而是选择了沿海北上,再次抵达琅琊。

在这里,秦始皇重新登上八年前由他下令修建的琅琊台,远眺无边无际的大海,心中那个长生梦如大海一样波涛翻滚。

想当年,"秦皇扫六合,虎视何雄哉",那是何等的雄姿英发,何等的热血青春! 韶华易逝,岁月这把杀猪刀并不长眼,不会因为你是皇帝就对你格外开恩。

如今,眼看着自己青春不再容颜已老,但关于长生的项目并没有一点实质性进展,秦始皇心中怎能不着急。

恰在此时,多年前向秦始皇畅谈海上神仙与不死仙药的徐市再次出现。

徐市不愧是当朝第一大忽悠,当大家都认为他已携款潜逃不会再回来时,他竟然空着双手回来了。意料之中的,他当然没有求到仙药。即使这样,他也还敢回来,其实人们更应该叫他"徐大胆"。他为何还要回来? 估计很多人都百思不得其解。或许是几年前始皇帝给他的巨额财宝都被他挥霍了,所以再回朝行骗。另一种合理的解释是,徐市等人入海寻找仙药之时,家眷和族人并未同去,而是被皇帝扣留作了人质。这样,徐市等人就不得不回来。花费了巨大的钱财,而并未见仙药的踪影,徐市当然要给个说法。这次徐市是这样忽悠的:"仙药本来是可以找到的,但开往海上仙山的海船常被大鲛鱼困扰,所以无法到达,希望皇上派善于射箭的人一起去,遇到大鲛鱼就用装有机关可以连续发射的弓弩射杀。"

日有所思夜有所梦,或许正是有了徐市的这种说法,秦始皇便做梦与海神交战,海神的形状好像人。秦始皇迅速找来占梦的博士解梦。博士知道皇帝的心思,自然不敢扫皇帝的兴,解梦的时候就尽量往鬼神之事上靠:"水神本来是看不到的,它用大鲛鱼做侦探。现在皇上祭祀周到恭敬,却出现这种恶神,应当除掉它,然后真正的善神就可以找到了。"

秦始皇见海神托梦给自己,与徐市所说的情况并无二致,便再一次相信了徐市。他下令组建捕杀大鲛鱼的船队,自己亲自任队长,带着有机关的连弩去射杀大鲛鱼。可惜大鲛鱼太不给面子,从琅邪向北直到荣成山,都不曾遇见。到达之罘的时候,才终于遇见了一条大鲛鱼,捕鱼队当然不会放过这难得的机会,迅速将其射杀。

海上射大鱼的节目总算是落下帷幕,但莫须有的海神却仍然不肯与皇帝相见。希望越大失望越大。满怀希望的秦始皇再一次失望,心中的失落几乎变成了绝望,精神上受到无边无际的伤害。再加上追寻千里海上射大鱼,可谓是身心俱疲。这时候,被小海风一吹,很容易着凉感冒。也许是由感冒引起的旧疾复发,车队行至平原津时,秦始皇竟然病倒在归途中。

关于秦始皇的这次生病,《史记》里原话是这么说的,"至平原津而病"。在古汉语里,"病"和"疾"的意思是有差别的。一般的小病,古人称之为"疾",只有重病才称之为"病"。由此可见,秦始皇这次已经病得不轻。

秦始皇到底得的是什么病?《史记》里语焉不详。

有学者认为他很可能自幼就有病,确切地说是有支气管炎。何以见得? 依据是《史记·秦始皇本纪》里的一段话:

缭曰:"秦王为人,蜂准,长目,挚鸟膺,豺声,少恩而虎狼心,居约易出人下,得志亦轻食人。"

这段话是后来被秦始皇(当时还是秦王)重用的尉缭说的。他见了秦始皇后,对他的长相是这么描述的:"秦王的相貌,鼻如黄蜂,又狭又高,眼睛细长,胸如鸷鸟,声如豺狼,这种人刻薄寡恩,心似虎狼,困穷的时候很容易礼下能人,得志的时候也会轻易地吃人。"

这是《史记》里唯一一段对秦始皇相貌的间接描述。有学者就根据这个"声如豺狼"猜测秦始皇可能患有支气管炎。如果真是支气管炎，的确是有损健康。但根据后来的迹象，秦始皇不像是一个先天有病的人。

话说当年荆轲刺秦时，秦始皇为躲避荆轲地刺杀，慌乱中在大殿上一路狂奔，绕着柱子和荆轲玩猫捉老鼠的游戏，最后还砍伤了荆轲一条腿。从这个应急表现来看，足见秦始皇身手敏捷，灵活有度。假如他有先天性支气管炎，不可能这么灵敏，跑两步估计都得气喘吁吁。

既然不是先天有病，那又为何突然病倒了呢？如果事后诸葛地分析一下，也可以说，秦始皇这次生病是偶然中的必然。他为何生病、生的何种病虽然没有确切记载，但潜在导致生病的因素也还是可以说一说的。

一是人在旅途车马劳顿。这次巡游，秦始皇是公元前210年农历十月出的门，直至第二年七月病倒，都一直在路上。长时间出门在外，即便是后勤保障再到位，车马劳顿总是免不了的，饮食起居和睡眠也不可能有"家里"那么舒适和习惯。长此以往，身体自然比较疲惫。

二是季节变化和地域差异。从初冬到夏末，从北到南，这次巡游在时间上跨越了三个季节，在空间上跨越数千上万里，这当中的气候变化和地域差异不可谓不大，这也给秦始皇的身体承受能力带来一定的挑战。

三是追杀大鱼精疲力尽。海上辗转追寻千里，紧张刺激，精神高度集中，累得精疲力尽。

四是长生梦碎身心俱疲。虽然最终成功射杀一条大鱼，但传说中的海神并没有出现，意味着他的长生梦想又一次落空。关于长生，手下那些忽悠们一次次给他希望，又一次次让他失望。随着年龄的增加，离现实的死亡越来越近，秦始皇的长生需求就越来越迫切。越是这样，就越经不起失望的打击。多次失望之后，难免就变成绝望，造成心理崩溃。而心理防线一旦被突破，身体的免疫力就会降低，疾病就容易趁虚而入,从而身心俱疲。

五是年华老去抵抗力低。其实,秦始皇之前的几次巡游虽不如这次巡游的时间长,但同样也很劳神费力。为何单单就是这次病倒了呢?最大的可能就是:秦始皇确实老了。想当年,秦始皇刚刚荡平六国,一统天下,巡游时又正直壮年,能不意气风发吗?现如今,秦始皇已经年满50,在人均寿命不高的当时,50已经算是老年,身体大不如从前。

六是过劳死,新病加旧疾,丢了性命。单单一个风寒感冒,还不足以夺去帝国皇帝的性命。更大的可能是,感冒只是一个导火线,引出潜伏在身体里的旧疾,最终夺去了秦始皇的生命。

不管怎样,秦始皇是个勤奋的皇帝。他的勤奋体现在三方面:一是批阅公文处理政务;二是巡游天下考察指导;三是后宫太多,生命不止,造人不停。

为防止大权旁落,秦始皇很是勤政,事无巨细,事必躬亲,公文奏章不批完不休息。当时,公文奏章都写在竹简上,批阅起来非常累人。即便如此,秦始皇还给自己下了指标,要求自己每天批阅的公文奏章要达到一定的重量才算完成任务。如此劳累,当然是折寿之举。

秦始皇还不愿做宅男,常常出去巡游。每次出游的时间都比较长。别以为巡游就是出去游山玩水,每次巡游,秦始皇要考虑的事可多着呢。而当时的马路没法和今天的高速公路比,马车的舒适度也不能和今天的宝马奔驰或者飞机动车比,颠簸不断,鞍马劳顿是少不了的。

秦始皇的后宫也是极其丰富多彩的。根据史记的记载,他至少有二十多个儿子,十位公主。长此以往,也可能折损他的健康。

而从秦始皇的祖宗来看,他们家族并不是一个长寿的家族。其祖父庄襄王正式继位三天就驾崩,大约五十多一点;其父异人继位三年去世,大约只有四十岁左右。

总而言之,年华老去抵抗力低的秦始皇不顾车马劳顿、不顾季节变化地域差异,坚持长时间长距离巡游,还玩千里追杀大鱼的刺激游戏,游戏玩完之后并没有得到期望中的奖品——长生不老药。身心俱疲失望透顶的他偶感风寒，引发旧疾，最终因抢救无效而驾崩。

从这个角度看，是秦始皇自己让自己的身体陷入危机之中。而作为帝国之主，他的身体陷入危机就使整个帝国和王朝也陷入了危机。

面对这种危机，秦始皇没有正确应对。他犯下了一个巨大的错误：对自己的身体太过自信，不相信自己会死，更不相信自己会死得这么快——竟然来不及回到帝都。正因为如此，他对自己的死没有作任何准备，对帝国的未来也没有作任何的安排。

25 始皇驾崩，竟与臭鲍鱼"同床共枕"

上病益甚，乃为玺书赐公子扶苏曰："与丧会咸阳而葬。"书已封，在中车府令赵高行符玺事所，未授使者。七月丙寅，始皇崩于沙丘平台。丞相斯为上崩在外，恐诸公子及天下有变，乃秘之，不发丧。

——《史记·秦始皇本纪》

可怜我们的千古一帝秦始皇，死后竟和臭鲍鱼同乘一车，同臭一味。这是人世的巧合还是历史的讽刺？这可是前无古人后无来者的秦始皇啊。可惜人死如灯灭，万念俱成灰。牛叉如斯的秦始皇，此时此刻，也只能和臭鲍鱼相伴，静静地等待着他最信任的赵秘书发起一场毁灭大秦帝国的阴谋。

——《轻松读秦史》

秦始皇在归途中生病以后，起初以为没什么大事，发个烧出个汗挺一挺也就过去了。但是这次是新病带着旧疾，不肯轻易离去。

皇帝和群臣们都渐渐意识到这次的病不同以往，以至于到了生死关头。但秦始皇不肯轻易向生命低头，他舍不得他好不容易统一的天下，舍不得他一手缔造的大秦帝国。

如果这时候有一首歌能唱出他的心声的话，那一定是这一首：《向天再借五百年》。

皇帝不想死,群臣自然不敢提他的身后之事。但上天毕竟是天子他爹,哪会轻易听一个儿子的话。上天很任性,不仅没有借给秦始皇五百年,一年也没有借。

眼看上天这么不给面子,秦始皇知道自己这次有可能扛不过去了,不得不考虑身后事。弥留之际,他留下诏书,让长子扶苏回来主持葬礼。

毕竟秦始皇还有一口气,所以诏书还没有传达下去。封好之后,暂时交给他的机要秘书赵高保管。

没过多久,秦始皇在沙丘平台去世。

这个没发出的诏书就这样成为了遗诏,也为后来的阴谋埋下了种子。

那么,为什么诏书没有发出呢?有两种可能。

一是秦始皇自己不让发出去。为啥写了又不发?这也有多重可能性。一种可能是:秦始皇并未觉得自己这次一定会挂,他还有很强的求生念头。毕竟,他派出去的求长生不老药的队伍还没回来呢,说不定这次挺过去,就真的可以长生不老了。但为防万一,还是写个诏书留着备用。但仅仅是备用,不到最后一刻,绝不发出。如果发出去,让扶苏回来主持丧礼,结果自己又没事,岂不是让天下人耻笑?另一种可能是:秦始皇太自信了。作为始皇帝,哥一统天下威风八面,哥的话谁敢不听谁敢不从?即使这次真的挂了,还有谁敢不按我说的办?基于这种自信,秦始皇没有任何防范心理,也没有采取任何防范措施。

二是诏书写好了,没来得及发出,秦始皇就去世了。这种可能性也很大。

不管是哪种原因,诏书终究没有发出,变成了遗诏落到了赵高手里。

落到别人手里也就罢了,可偏偏落到了赵秘书赵高手里。

赵高何许人也?简而言之,这是一个名声不大好的人。

如何不好？估计太史公大人都不愿正眼瞧他，更不愿意为他浪费笔墨。但是鉴于他在秦二世篡位这件事上扮演的重要角色，又不可能不提他。

怎么办呢？太史公大人想了一招，在写别人的时候顺便提一下他。

即便如此，正儿八经介绍赵高的（其他都是在写其他人物和事件时从侧面提及），在《史记·蒙恬列传》中也就这么一句话：

赵高者，诸疏远属也。赵高昆弟数人，皆生隐宫，其母被刑僇，世世卑贱。秦王闻高强力，通于狱法，举以为中车府令。

这句话介绍了赵高的家庭出身及来历：赵高是赵国王族中的远亲。赵高兄弟几人，都是生下来就被阉割而成为宦者的，他的母亲也以犯法而被处以刑罚，所以世世代代地位卑贱。

一个地位卑贱的赵国王室的远亲，是因为何种原因来到赵国的呢？又是如何进了秦国宫廷的呢？这些，由于太史公先生不屑于在赵高身上费笔墨，我们都无从得知了。

我们只知道，赵高虽然人品不咋滴，但是才干还是有的。根据后来的表现看，他精通两样东西：一是书法，二是秦国法令。

关于赵秘书高超的书法艺术，有一件事即可证明。在秦始皇用小篆统一全国文字时，颁布了三种标准字的"教材"，其中一部就是赵高写的《爰历篇》六章。由此可见，赵高在书法方面，是有很高造诣的，以至于后来被列为秦汉时期的书法大家。东汉时期许慎著的《说文解字序》里就有这样的叙述："赵高作《爰历篇》，取史籀大篆，或颇省改。"

关于精通法令这件事，前面提到的《史记·蒙恬列传》里有明确记述："秦王闻高强力，通于狱法，举以为中车府令。"

秦朝自商鞅改革以来，就格外重视用律令"以法治国"。赵高精通法令，就是精通大秦帝国的主业，所以很快成了秦帝国宫廷的香饽饽。

加之他善于察言观色溜须拍马,被秦始皇视为亲信,后被提拔为中车府令兼行符玺事。

中车府令和行符玺事是个什么东东呢?用今天的话说,就是皇帝的车队队长兼办公室主任,负责安排皇帝的行程、掌管皇帝的印章。别小看这中车府令兼行符玺事,虽然不是什么正儿八经的高官,但却是皇帝的高级机要秘书,是离皇帝最近的人,因而十分重要。

应该说,从一个地位卑贱的人成长为皇帝身边的红人,赵秘书也该是屌丝们的励志典型了。但赵秘书这个人偏偏"理想很丰满",而且很有危机意识。

除了傍秦始皇这个"大款",他还要傍一个土豪才有安全感。

傍谁呢?这要看看,在宫里,除了皇帝,还有谁比较牛叉?

当然是皇子。可是秦始皇的公子那么多,到底傍哪一个比较合适呢?这得慢慢挑。赵秘书这时候挑选土豪有几个原则:一是要受皇帝待见,二是要好忽悠,三是自己要傍得上。

其实,在当时看来,最有前途的公子当然是长子扶苏。他是秦始皇的长子,颇具才干,也比较受皇帝器重和信任。但是,扶苏已经成人,非常有想法,不好忽悠掌控,而且已经被贬去守长城边疆了,和蒙恬等人混在一起很久了,哪会上你赵秘书的贼船呢。

既然长子不能忽悠,那就看看别的公子。把诸公子的情况一对比,情势就很明朗了——除了长子之外,幼子胡亥最有搞头。为啥呢?因为胡亥是幼子,深受皇帝喜爱。最重要的是,胡亥还不成熟,比较好忽悠控制,不选他选谁?

其实,胡亥和赵高能够走得比较近,还有一层关系。

"高既私事公子胡亥,喻之决狱。"按照《史记》里的说法,赵高是私下侍奉公子胡亥,教导胡亥决断讼案。从这个"私"字,即可看出赵高教胡亥,动机不纯。但不管怎样,赵高最终傍上了胡亥这个潜力股。

眼下,秦始皇驾崩,留下诏书让公子扶苏回来主持葬礼。秦始皇虽没有明说让扶苏继承大统,但让他回来主持葬礼,已经是很明确的信息了——主持完葬礼,扶苏自然将继承帝位。王公大臣们都是明白人,不会不明白这一点。

那么,此时此刻,作为胡亥的"老师",赵秘书会作何感想呢?

屁股决定脑袋,趋利避害本就是人的天性。何况赵高这种大秦帝国核心价值观并不坚定的人呢。秦始皇驾崩,他想到的第一点,当然是这一变故对他会产生什么样的影响。

首先,赵高的中车府令兼行符玺事的职务可能不保。俗话说,一朝天子一朝臣。秦始皇欣赏他,不代表扶苏欣赏他。从扶苏的种种表现来看,他不会喜欢赵高这类人。况且,赵高和胡亥的关系那么亲密,扶苏也不大可能重用他。一旦扶苏继承帝位,赵高可能就要卷铺盖走人。

其次,赵高的小命也可能不保。如果扶苏继位,哪些人最有可能被重用呢?答案显而易见:蒙氏兄弟受重用的可能性最大。扶苏和蒙恬在长城守卫边疆多年,早已成为好搭档好基友,这一点,后来蒙恬劝扶苏不要急于自杀就可看出。扶苏和蒙恬是好基友好搭档,而蒙恬和蒙毅又是好兄弟。扶苏继位后,很可能继续采用秦始皇的用人策略,文重用蒙毅,武重用蒙恬。

另外,从其办事透露出的气质来看,蒙氏兄弟与赵高根本就不是一路人。况且,蒙毅还和赵高有过节。当年,赵高犯下了重罪,蒙毅依照法令惩处他,依法判处赵高死刑,并剥夺他的政治权利(官职)。秦始皇觉得赵高办事勤勉尽力靠谱,不但没有治他的罪,还恢复了他原来的官职。

但秦始皇死后,一旦受器重的蒙氏兄弟和赵高再产生冲突,没有了秦始皇的庇护,恐怕吃亏的是赵高,弄不好小命不保。当然,这有可能是赵高的以小人之心度君子之腹。也许,凭着蒙氏兄弟的良好人品和节操,断然不会公报私仇。但在赵高心里,总是有几分不安的。

第三,退一万步讲,就算赵高不会丢小命还能保住目前的官职,那他也没有多少进步的空间了。扶苏不是胡亥，不会听他忽悠。而贪欲极大的赵高是不会满足于只做皇帝眼前的一个红人的。

把扶苏继位的后果分析一番之后，赵高应当会进一步分析对策。这时候，他发现了一个可以钻的巨大的政治漏洞。

这个漏洞是怎样形成的呢？

一是秦始皇此前没有确立太子，驾崩后留下权力真空，给暗箱操作留下了可能。

二是秦始皇的诏书未能及时发出，知情范围太小，给暗箱操作留下了空间。当时，知道诏书内容的只有公子胡亥、赵高、丞相李斯及服侍皇帝的几个宦官。

三是秦始皇的死讯没有扩散出去，这给暗箱操作赢得了时间。

秦始皇死后，作为丞相的李斯做出了一个重要决定：秘不发丧。

为何秘不发丧？李斯认为，"上崩在外，恐诸公子及天下有变"。也就是说，皇帝死在外面，极易引发不稳定因素，引起天下大变。哪些不稳定因素呢？一是当时的社会不够和谐稳定。秦始皇虽然统一了天下，但反秦的活动并没有停止过，秦始皇多次遭到刺杀便是最好的证明。如果此时将其死亡的消息公布，许多反秦力量可能会借机生事，引起天下大乱。二是秦始皇生前没有明确太子，此时公布秦始皇的死讯，皇子们有可能抢班夺权，形成宫廷内乱。三是大秦帝国的运行机构班子都在路上，此时发布秦始皇的死讯，万一发生点紧急情况，这套班子会应对不力。

应当说，李斯出于以上考虑封锁秦始皇的死讯，是很有必要的。做出这样的决定也不容易，李斯能有这样的担当，值得大秦帝国为他点个赞。

但从客观上讲，李斯的秘不发丧政策确实为赵高搞暗箱操作赢得了宝贵的时间。这恐怕是李斯始料未及的。

除了以上漏洞之外，赵高还欣喜地发现，他有搞暗箱操作的两个有利条件:硬件方面,秦始皇的诏书和印玺都在他手里,诏书怎么发,什么时候发,发不发,都掌握在他手里。"软件"方面,他和公子胡亥很亲近,这是他搞暗箱操作最好的"人力资源"。

有了这三个漏洞和两个便利条件,赵秘书或许觉得,不干一票大的,对不起自己阴谋家的身份。

在赵高为自己的暗箱操作进行周密计划时,李斯同学正面临一个技术难题:

在炎炎夏日,如何防止秦始皇的尸体不腐烂变臭?

李斯等人给出的答案是:防止不了。尽管他们对秦始皇的专车进行了降温处理,但在当时的技术条件下,是没法阻止尸体腐烂发臭的。既然没有办法阻止,剩下的办法就只有一个,那就是掩盖。

怎么掩盖?

一方面是掩盖秦始皇已死的迹象。李斯等人将秦始皇的棺木放置在降了温的秦始皇专车中,派始皇亲信的宦官陪乘,每到一地,依旧照常进餐(当然餐食都被几个宦官干掉了)。群臣和平常一样上奏国事,由宦官从车内批准公文。整个车队跟没事一样,继续向既定路线前行。

另一方面是掩盖尸体的臭味。李斯等人命人找来一堆鲍鱼,放在秦始皇的专车上,让尸体的臭味和鱼的臭味混合在一起,让随行的大队人马分不清是什么臭味。

可怜我们的千古一帝秦始皇,死后竟和臭鲍鱼同乘一车,同臭一味。

这是人世的巧合还是历史的讽刺?

这可是十三岁登基、二十二岁亲政的秦始皇啊。

这可是求贤若渴虚怀若谷(至少曾经是)的秦始皇啊。

这可是踏平六国一统天下的秦始皇啊。

这可是统一文字、统一货币、统一度量衡的秦始皇啊。

这可是建立帝制被延续千年的秦始皇啊。

这可是北筑长城击匈奴、南凿灵渠征南越的秦始皇啊。

这可是前无古人后无来者的秦始皇啊。

可惜人死如灯灭，万念俱成灰。牛叉如斯的秦始皇，此时此刻，也只能和臭鲍鱼相伴，静静地等待着他最信任的赵秘书发起一场毁灭大秦帝国的阴谋。

26 惊天变局，沙丘之谋静悄悄

胡亥喟然叹曰："今大行未发，丧礼未终，岂宜以此事干丞相哉！"
——《史记·李斯列传》

一方面给胡亥灌输"造反有理"的逻辑，一方面向胡亥说明不造反的危害。赵秘书果然是辩论高手，在他的正面引导和反面警示教育的作用下，胡亥扛不住了，答应上他的贼船。经过前两回合的失败后，赵高扳回关键一回合，最终完胜胡亥。
——《轻松读秦史》

秦始皇已死，让扶苏回来主持丧礼的诏书掌握在自己手里，如果扶苏继位，对自己有害无益，但不一定会挂。如果搞点阴谋政变，或许从此可以荣华不尽威风八面，但也可能从此万劫不复诛灭九族。

对于赵高赵秘书而言，摆在他面前的形势就是这样。

事情就这么个事情，情况就这么个情况，赵高会做何选择？

作为著名的阴谋家，他当然要干他擅长的事——造反。

怎么造反？他得充分利用自己的两个有利条件：秦始皇的诏书和印玺在自己手上，公子胡亥在自己身边。

其实大凡造反，最简单粗暴的方式就是以皇帝的名义造皇帝的反。

比如，皇帝去世，篡改皇帝的诏书和意愿，另立他人，达到自己的目的。你看，这不就是利用皇帝的名义反皇帝么？

赵高赵秘书就决定这么办。

也许你会说，切，不就是篡改个诏书么？我们看过古装宫廷剧的人谁都会啊。但是你别忘了，赵秘书可没有看过古装宫廷剧。

因而，夸张一点说，赵高是中国帝制建立以来第一个用这种方式搞政变的人。所以，从这一点来看，赵高绝对算是建立帝制以来古代中国耍阴谋搞政变的鼻祖。

靠一个人政变是不可能的。赵秘书要造反，至少得策反两个人，让他们站在自己这一边。哪两个人呢？一是公子胡亥，二是左丞相李斯。

赵秘书的如意算盘是：说服胡亥和李斯，篡改皇帝诏书，改立胡亥，处死扶苏。

要达到目的，赵高首先要说服的就是当事人胡亥。作为自己傍上的这个土豪，赵高平时在胡亥身上应该是倾注了很大精力的，他教胡亥决狱断案，与胡亥套近乎，都是为了今天。因而，说服胡亥，赵高还是有很大把握的。

赵秘书策反公子胡亥和李斯的过程，可以说是两场精彩无比的辩论赛，赵高凭借他的三寸不烂之舌连赢两场，最终拿下胡亥和李斯，打造了造反三人团。

经过精心准备后，赵高开始策反公子胡亥。

"上崩，无诏封王诸子而独赐长子书。长子至，即立为皇帝，而子无尺寸之地，为之奈何？"赵高一上来，就直接挑事。大意是说，公子小哥，你老爹已经挂了，只给你大哥扶苏赐书，让他回来主持丧礼。之前，你老爹也没给你的兄弟们分封为王。现在，你大哥扶苏只要回来主持丧礼，肯定就会顺理成章继承皇位，你们这些公子哥到时候没有地盘也没有封王，将来咋整呢？日子咋过呀？

应当说，赵高还是挺高明的，三言两语，将公子胡亥要面临的形势分析得很透彻。

众所周知，秦始皇称帝以后，因为看到周朝分封制的弊端，便不再实行分封制,而实行加强中央集权的郡县制,由中央直接管理地方。这样做,对于防止藩王积蓄自己的力量搞独立甚至造反是很有效的。

但这样一样,秦始皇的儿子们就不能得到分封,没有自己的地盘和诸侯王的位置,地位大打折扣。只有最终能登上皇位那个人,才能掌控一切。

这样,无形中就拉大了皇子们的"贫富差距"。得到皇位的那位,就得到了一切。而得不到皇位的皇子,就什么也不是。

赵高正是利用这一点挑事,想让公子胡亥产生一种"不公平感"。

但胡亥其实是个老实孩子。赵高的挑唆没能立即奏效。

看这老实孩子是怎么会回应赵秘书的:"固也。吾闻之,明君知臣,明父知子。父捐命,不封诸子,何可言者?"

啥意思?翻译成现代汉语,就是这样子:"这没什么好奇怪的,本来就是这样子嘛!我读书多,你别骗我!圣明的君主了解他的臣子,靠谱的爹了解自己的儿子。父皇去世,不分封我们这些皇子,自然有他的道理,我们这些做儿子的,遵照他老人家的意思就行了,哪有什么闲话可说?"

胡亥说得头头是道,有理有据,大义凛然,把赵秘书气得够呛。第一回合的辩论,很明显是公子胡亥胜,赵秘书败。

看来这熊孩子不上道啊!咋整?赵秘书当然不会放弃,开始了他更凶狠的第二轮攻击。

面对胡亥的回应,赵秘书是这样曰的:"不然。方今天下之权,存亡在子与高及丞相耳,愿子图之。且夫臣人与见臣于人,制人与见制于人,岂可同日道哉!"赵高的意思是,公子哥你说得不对,话不能这么说,问题不能这么看。你可要想好了,当今天下的大权和大家的生死存亡,都在你我和李斯手里掌握着!你要搞清楚状况,驾驭群臣和向人称臣,统治别人和被人统治,那感觉可是有天壤之别哦!

赵高这次出击主要想说明两点:一是我们掌握主动权,天下现在得听我们的，我们想怎么折腾都行。二是提醒胡亥君和臣一字之差，天壤之别。

胡亥虽然天真，但并不是傻子。他明白赵高想干什么。但面对赵高猛烈的攻势，他依然保持着自己的良知，反驳道："废兄长而立弟弟，这是不义；不服从父亲的诏命而惧怕死亡，这是不孝；自己才疏学浅，依靠别人的帮助而勉强上位，这是无能。这三件事都是大逆不道的，天下人会不服，我自身也会遭殃，国家还会灭亡。"

从胡亥的反驳可以看出，这位小哥其实还是有些理论功底的，深受儒家思想的影响，反驳起来头头是道，层层递进。这也从侧面说明，当年秦始皇"焚书坑儒"，焚的并非儒学书籍，坑的也不是儒生，并没有废除儒学。

这一回合来看，还是赵秘书输，胡亥完胜。

按说，赵秘书该放弃了。但他既没有放弃，也没有炸毛，而是不慌不忙地继续发动第三轮攻势。为什么赵秘书还不死心？因为，他看出了胡亥内心的一丝波动。

表面上看，虽然胡亥再次拒绝了赵高的"好意"，但是拒绝得不够狠，话没说绝。换句话说，胡亥的拒绝，虽然"义正"，但不"词严"。如果狠一点，他应该会说，不要再说了，再说我就将你的话公之于众，严加惩处。

胡亥之所以没把话说绝，一种可能是碍于师徒情面不好说绝，二是他自己内心还是有想法的，只不过是过不了自己内心的"道德关"。

赵高敏锐地捕捉到了一点，他通过讲故事说道理的方法给胡亥找了一层发动政变的遮羞布，让他跨过自己的道德关。

他是这么讲的。

公子哥，既然你这么执着，让俺来给你讲几个故事吧。

从前，有两个猛人，你肯定听说过的，一个商汤，一个周武王，他们都杀掉了自己的boss而自己当老大。但人民群众都不认为他们是不忠，反而称赞他们的行为符合道义。还有卫国的国君,曾经杀死了他的父亲,但卫国人民不仅没有说他不孝,反而称颂他的功德。就连学界泰斗知识分子的代表孔先生都记载了这件事呢。所以,我的公子哥,做大事不拘小节,建盛德不能让来让去。当断不断反受其乱,如果关键时刻磨磨唧唧犹豫不决,日后必定有祸害,到时候就追悔莫及了。相反,如果快刀斩乱麻,果断去做大事,就一定能成功。

魔鬼也会引用圣经,小人也会引用经典。赵秘书偷换概念,把自己的阴谋政变说成和武王伐纣一样的正义之举,给胡亥蒙上了一层遮羞布,让他不再做贼心虚。胡亥并不是看不出赵高言论的破绽和漏洞,只是面对至高无上的权力,他还没有纯净到能够抵抗诱惑的地步。

当然,除了从正面给胡亥一个道德的遮羞布以外,赵秘书还对胡亥进行了警示教育:这一票你本来能干成,如果你不干,将来反而会有祸患。说不定扶苏继位后,就会干掉你。

一方面给胡亥灌输"造反有理"的逻辑,一方面向胡亥说明不造反的危害。赵秘书果然是辩论高手,在他的正面引导和反面警示教育的作用下,胡亥扛不住了,答应上他的贼船。经过前两回合的失败后,赵高扳回关键一回合,最终完胜胡亥。

一旦上了船,胡亥担心的就是比较现实的问题了:"今大行未发,丧礼未终,岂宜以此事干丞相哉?"意思是,现在皇帝去世还未发丧,丧礼也未结束,怎么好去和丞相商量这事呢?

这个问题当然也是赵高曾经担心的问题。不过,他现在早已有了准备。

27 同流合污，造反三人团形成

斯乃仰天而叹，垂泪太息曰："嗟乎！独遭乱世，既以不能死，安托命哉！"于是斯乃听高。

——《史记·秦始皇本纪》

赵高看准，也看透了李斯的一个弱点：李斯是个把功名利禄看得重于一切的人。如果没有失去功名利禄的危险，他的大秦帝国核心价值观还可以扛一扛，一旦功名利禄甚至前途命运受到危险，李斯就会选择牺牲帝国利益而保全自己的利益。一句话，李斯的大秦帝国核心价值观不够坚定，这是其最终倒向阴谋团体的主观原因。

——《轻松读秦史》

搞定了胡亥之后，赵高接下来有个"硬骨头"要啃——说服丞相李斯。李斯为什么难搞定呢？一是作为宦海沉浮多年的老油条，他的政治斗争经验丰富，很不好忽悠。二是李斯和胡亥不一样，他本身就位高权重，用不着再用造反来获得。

但李斯也有弱点，而且这个弱点还比较致命。

我们来看看赵秘书能不能找出他的弱点。

征得胡亥的同意后，赵高便找丞相李斯聊天。

扯了一通闲篇之后，赵秘书觉得火候到了，就和李斯摊牌："老李啊，始皇帝去世了，赐给长子扶苏诏书，命他到咸阳参加丧礼，并立为继承人。诏书还没送出去，现在也还没人知道皇帝去世。目前，皇帝赐给长子的诏书和符玺都在胡亥手里,立谁为太子只在于你我的一句话而已。你看这事咋办?"

李斯如何反应呢?他很生气(至少表面上是),狠狠地把赵秘书顶了回去,大意是这么说的:怎么能说出这种亡国灭种的话呢?这是你我这些当臣子的该议论的事吗?

很显然,辩论的第一回合,赵秘书完败。

但赵秘书是有备而来,这点挫折早在他的意料之中。

他不慌不忙地说:"老李,你先别忙着跟我急眼,听我把话说完再骂我也不迟。我问你几句掏心窝子的话,你觉得你和蒙恬相比,谁的才能大?谁的功劳高?谁的谋略更强?谁的人气更旺?谁与长子扶苏更熟?"

这五个问题把李斯给噎住了。李斯有点慌了神:这五方面我的确不如蒙恬,但你为何这么苛求我呢?

严格说起来,这五个方面也并非李斯都不如蒙恬。真要比起来,李斯和蒙恬还不一定谁输呢?

在人气方面,李斯不如蒙恬。蒙骜,蒙武,蒙恬、蒙毅家族三代都是秦国的功臣名将,可谓是又红又专。而李斯原本就是个普通老百姓,从政之初也就是个小公务员,后来通过自己的才华一步步登上丞相的位置,完全靠的是个人的努力,所以在家庭背景方面,没有蒙氏强大。在政治方面,李斯是强硬派,主张依法治国,得罪的人不少。另外,他建议秦始皇焚诗书也得罪了天下人,把自己的名声搞臭了。所以,从人气看,他不如蒙恬。

在和扶苏关系方面,李斯当然更不如蒙恬。

俗话说,道不同不相为谋。李斯和扶苏,在政见方面就有很大不同。李斯重法,主张"以法治国",倡导极端独裁和专治,以重典治理国家。而从扶苏的事迹来看,他更为重视儒家学说在政治上的运用,主张"以德治国",用仁义道德维持社会稳定。具体到事件上,两人对"焚书坑儒"一事的态度便是例证。秦始皇焚诗书坑术士,李斯是支持的,而扶苏是反对的。

从长远看,治国理政的指导思想不同,将来必定要发生冲突。如果扶苏继位当上皇帝,要么不用李斯,一旦启用,两人的政治主张总有一天要发生根本性冲突。

说完扶苏和李斯的关系,再看看扶苏和蒙恬的关系。从历史记载来看,蒙恬和扶苏在政见方面没有什么冲突,这一点,蒙恬就胜李斯很多。更重要的一点,扶苏公元前212年到公元前210年两年间被贬到边疆当蒙恬长城军队的监军,两年的时间里,两人已结下革命的友谊,成为好基友,好搭档。这一层关系,岂是李斯能比的。

人气不如蒙恬,关系不如蒙恬,但在才干、功劳、谋略方面,李斯则要更胜一筹。

天下统一之前,李斯劝说当时的秦王抓住机会横扫六国,并提出用重金收买各国重臣的计谋,大大加快了秦王统一天下的步伐。秦始皇称帝以后,他又建议皇帝废除分封制,实行郡县制,这一政策后来成为大秦帝国的基本国策,为秦始皇加强中央集权和大秦帝国的稳固统治做出了杰出贡献。秦始皇统一文字货币和度量衡等,都得到了李斯的大力协助。可以说,李斯的很多建议都是具有长远意义的定国安邦之策。因而,在为大秦帝国贡献智慧谋略方面,蒙恬不可能比李斯还厉害。如果蒙恬真是贡献了定国安邦之策,早被太史公写进《史记》了,但我们从《史记》中看到的只是蒙恬征伐战场守卫边疆的事迹,在贡献智慧面前显然不能和李斯相提并论。

既然有三方面都比蒙恬强,李斯为何很快承认五个方面都不如蒙恬呢?

因为李斯明白,在一人专治的皇权政治下,最终真正决定命运的只有一个方面——皇帝是不是喜欢你。

你才华再高、功劳再大、谋略再深、人缘再好,皇帝不喜欢你,一切都是白搭。

而他和蒙恬相比，恰恰就输在这一点上——未来的皇帝扶苏，必然更喜欢蒙恬。只要这一点输给了蒙恬，就等于全盘输给了蒙恬。

也许正是想明白了这一点，李斯很快承认自己这五方面都不如蒙恬。但承认归承认，并不代表他愿意上赵高的道。他回了赵高一句："此五者皆不及蒙恬，而君责之何深也？"意思就是，我老李是五方面都不如蒙恬，可这关你什么事？轮得到你来指责我吗？

赵高精心准备的五个问题，就这样被李斯顶了回来，就像是很有力的一拳却打在了棉花上。

这辩论的第二回合，还是赵高输，李斯胜。但赵高的攻击并非一点效果都没有，在李斯的心里，已有一丝小小的波动。赵高乘势发出第三轮攻势。

在这轮攻势中，赵高着重说了三点：

第一，以我赵秘书在秦宫里管事二十多年的经验来看，还没有见过哪位被罢免的丞相功臣能够封爵位而又传给下一代的，他们都死得很惨。

第二，长子扶苏刚毅而且勇武，信任人而又善于激励士人，即位之后一定要用蒙恬担任丞相，很显然，老李你是没法在丞相的位置上退休，享受国家领导人的待遇了。

第三，我教公子胡亥读书，和他比较熟，你是知道的。通过多年的观察，我觉得这哥们老实厚道、尊重人才，他当皇帝一定靠谱。希望你好好考虑考虑。

赵高果然是"老司机"。这一次，他还是用的老套路：一方面是反面警示教育：如果你不做点什么，扶苏继位后一定会罢免你丞相的职务而任用蒙恬。而秦国被罢免的丞相，没有一个有好下场的。一方面是正面说服教育：胡亥是位靠谱的娃，他当皇帝一定不会亏待你。

这一次，李斯还是不上道。只说了两句话来回应赵高的挑唆。哥们儿,你还是哪里凉快哪里呆着去。我李斯只执行皇帝的诏命,至于自己的命运,就听从上天的安排吧,轮不到你操心!

很显然,这辩论的第三回合,赵高又输了。虽然赵高屡败屡战,但仍然继续挑唆。

这一次,他只说了两句话:"安可危也,危可安也。安危不定,何以贵圣?"也就是说,安危是可以相互转化的。安危就在一念间,当断不断反受其乱!潜台词就是:别看你现在还能嘚瑟,如果不跟着我干这一票,迟早要完犊子!

面对赵高的"安危论",李斯是怎么回应的呢?他向赵秘书谈起了一颗感恩的心。如何感恩呢?且听李斯娓娓道来:

我老李本是一个平头百姓,承蒙皇帝提拔,让我担任丞相,享受国家领导人的待遇,子孙也都得到优厚待遇。皇帝把国家安危存亡的重任交给了我,我又怎么能辜负了他的重托呢?忠臣不因怕死而做苟且之事,孝子不因过分操劳而损害健康,做臣子的应各守各的职分而已。所以你就不要再跟我啰里啰嗦了,别让我跟着你犯罪。

李斯从一个屌丝官至丞相,家人也跟着鸡犬升天,这一切,的确都是拜秦始皇所赐。所以,我相信,李斯的这一段感恩的表白,的确是发自内心的。

不管怎么样,辩论的第四回合,赵秘书又败了。但他依然不抛弃不放弃。

这一次,他开始动真格,打出了胡亥这张牌。他明确地告诉李斯,现在的天下都握在胡亥的手里,而胡亥又最听我赵某人的。胡亥毕竟是皇子,我和他联手控制局面,就是上对下。而下面的人要制服上面是不可能的。

赵高的画外音是什么?就是你虽然贵为丞相,但依然是奴才。公子胡亥才是主人,才是"上",你是"下"。上可以整治下,但下不能犯上。这简直就是赤果果地威胁了。

这一招有些奏效。但李斯还不想就范。

虽说赵秘书能言善辩,但作为一国丞相、写出过《谏逐客书》的李斯也不是吃素的。饱读史书的他一连举了三个例子来驳斥赵高:

老赵,我给你讲啊,不按正常长幼顺序继位的话必定会带来不良后果。晋代换太子,三代不安宁;齐桓公兄弟争夺王位,哥哥被杀死;商纣杀死亲戚,又不听从臣下劝谏,都城夷为废墟,随后危及社稷。这三件事都违背天意,所以才落得宗庙没人祭祀。我李斯还是人啊,不能干这种缺德事!

这第五回合,赵高仍然没有胜出,但李斯的口气已经比此前软了很多。此时,赵高想到的所有"论点"都已全部抛出。他还有可能胜出吗?

这个还真有。"论点"已讲完,他现在要做的是,抓住某一点不断强化,击溃李斯最后的心理防线。

哪一点呢?当然是"利"与"害"。赵高再次强化听话的"利"和不听话的"害":如果听我的话,我保你永久享受高官厚禄,并永世相传。如果不听我的话,一定会祸及子孙。我看你是个聪明人,何去何从,你掂量着办吧?

考虑到自己和子孙的前途命运和生死大事,李斯终于扛不住了。他仰天长叹,挥泪叹息道,为什么我李斯要遭逢乱世!既然已经不能以死尽忠了,还能怎么办呢?

就这样,经过六个回合的博弈,赵高终于说服了李斯。为什么赵高在多局不利的情况下,最终还能逆袭成功?从表面上看,似乎是赵高能言善辩。如果赵高参加当今的辩论赛,一定能够夺得最佳辩手的光荣称号。

但更深层次的原因是——赵高看准也看透了李斯的一个弱点:李斯是个把功名利禄看得重于一切的人。如果没有失去功名利禄的危险,他的大秦帝国核心价值观还可以扛一扛,一旦功名利禄甚至前途命运受到危险,李斯就会选择牺牲帝国利益,保全自己的利益。一句话,李斯的大秦帝国核心价值观不够坚定,这是其最终倒向阴谋团体的主观原因。

从客观上看,赵高仗势压人,迫使李斯就范。

赵高仗的什么"势"呢?

一是仗公子胡亥的势。胡亥虽小,但毕竟是皇子,李斯虽位极人臣,但毕竟还是臣子。拿胡亥压李斯,是主子处置臣子,理所应当。但李斯却不能对胡亥造次。

二是仗印玺兵符的势。赵高手里有一位皇子,又掌管皇帝的印玺兵符,指挥皇帝卫队能够自圆其说。一旦李斯不上道,胡亥赵高便可以用李斯谋反的罪名(或者是别的罪名)将其拿下。

俗话说,苍蝇不叮无缝的蛋。如果李斯自身的意志和信念够坚定,赵高恐怕也拿他没办法。

如果李斯够坚定,他或许可以这样做:当赵高说出那个阴谋时,立即趁他没有防备(来不及调动皇家卫队)将其拿下,阻止他与胡亥见面合谋。如果运气好,还可以逼迫赵高交出皇帝诏书。与此同时,派心腹之人将这里的情况传递出去,让扶苏及蒙恬带精兵(可派少量先锋精兵先行赶回)回来维持局面,最终完成权力交接。等待扶苏及蒙恬大军回来的过程中,胆小懦弱的胡亥没有了赵高的撺掇不可能也没有实权采取行动。这样,权力将实现正常交接,赵高这样的乱臣贼子将被处决,大秦帝国得到仁君治理,或许可以继续延续辉煌。

然而,这一切,只能是我们一厢情愿地假设。但历史没有如果,李斯最终加入到了造反阵营。大秦帝国的造反三人团就此挂牌成立,历史即将进入一个急拐弯。

28 造反造反！以皇帝的名义造皇帝的反

扶苏为人仁,谓蒙恬曰:"父而赐子死,尚安复请!"即自杀。蒙恬不肯死,使者即以属吏,系于阳周。

——《史记·李斯列传》

对于阴谋的顺从,就是对真相的背叛。扶苏的顺从让赵高的阴谋得逞,使大秦帝国陷于严重危机之中,这当然也违背了秦始皇的初衷,如果我们以苛求一点的眼光来看,扶苏的顺从是真正的不忠不孝。因为他忠于的并非是他父亲的指令,而是忠于了赵高等人的阴谋。然而,悲剧就在于,他自己并不知道这是一场彻头彻尾的阴谋,被坑了还被蒙在鼓里。

——《轻松读秦史》

赵高、胡亥、李斯三人造反团成立之后,便抓紧时间造反。而秦始皇越来越臭的尸体,他们却无暇顾及。他们要继续利用这个已经死了的"活人"完成他们的阴谋。

前面讲到,造反最常用的方法就是篡改诏书,以皇帝的名义造皇帝的反。

一纸诏书可以让你上天堂,也可以让你下地狱。

三人经过商议后,决定利用诏书干三件大事。

一是撕毁秦始皇让扶苏回来主持葬礼的真诏书,毁掉扶苏作为皇位继承人的最有力证据。

二是伪造秦始皇给丞相李斯的诏书,诈立胡亥为太子。

三是伪造诏书,赐死公子扶苏和大将蒙恬,消除反对派的威胁。

第一件事很容易做到,因为秦始皇的诏书只有造反三人团和几个皇帝的侍从知道。而赵高搞定那几个侍从是分分钟的事儿。

第二件事,也不难办到。皇帝的印玺在赵高手里,这个诏书的内容他们可以随便写。

第三件事,伪造赐死公子扶苏和大将蒙恬的诏书不难,但要执行起来难度就很大了。

扶苏和蒙恬成为造反集团首先要铲除的对象不是偶然的。因为他们的存在,对造反集团的威胁太大了——他们拥有丰富的政治资源和强大的军事后盾。

从政治资源看,扶苏是长子,还是秦始皇生前确定的丧事主持人,其实质也是皇位继承者(当然,扶苏自己还不知道这一点),在朝中拥有众多的支持者。

枪杆子里出政权。从军事后盾看,扶苏和蒙恬拥有在长城戍边的大秦帝国的30万精锐部队——长城军团。当时大秦帝国最强大的军事力量是两大军团。一是在长城守卫边疆的长城军团。二是在南越征战的南越军团。南越军团远在南部蛮荒之地,短时间内无法调回大秦帝国的核心区域。而长城军团则不同,它就驻守在大秦帝国的北边,因为之前修建了直道(相当于大秦帝国的高速公路)。沿着直道南下,用不了多久就可以抵达咸阳城下。因而大秦帝国一旦发生政变,长城军团是最重要的军事力量,谁掌握了它,当然就占据很大的优势。显然,长城军团的掌握者是扶苏和蒙恬。

扶苏的优势越大,对造反三人团的威胁就越大。胡亥要继承皇位,必须扫除扶苏这个绊脚石。好在扶苏也有劣势,这个劣势主要就是信息情报的劣势:不知道秦始皇已死,也不知道秦始皇诏书的真正内容。

造反三人团正是利用这个劣势和自己掌握着皇帝印玺的有利条件，伪造皇帝的诏书，铲除扶苏和蒙恬。

诏书曰：

朕巡天下，祷祠名山诸神以延寿命。今扶苏与将军蒙恬将师数十万以屯边，十有余年矣，不能进而前，士卒多耗，无尺寸之功，乃反数上书直言诽谤我所为，以不得罢归为太子，日夜怨望。扶苏为人子不孝，其赐剑以自裁！将军恬与扶苏居外，不匡正，宜知其谋。为人臣不忠，其赐死，以兵属裨将王离。

诏书首先列举了扶苏的"四宗罪"，令其自裁。

一是守边无功。"扶苏与将军蒙恬将师数十万以屯边，十有余年矣，不能进而前，士卒多耗，无尺寸之功。"历史上，北边的游牧民族经常会袭扰汉民族政权的北部边疆，且又有过"亡秦者胡也"的预言，所以秦始皇对北部边疆的防守很上心。他让蒙恬带着四十万大军修建长城守卫边关，重点是在于守，在于防范北部少数民族的入侵，不是让他们去开疆拓土。因而，只要守住了长城一线，阻止了胡人的入侵，他们的光荣使命就算完成了。所以诏书所说的不能"进而前"，无尺寸之功，纯属牵强附会，歪曲了扶苏蒙恬等人的使命。

二是妄议中央诽谤朝政。"乃反数上书直言诽谤我所为"，诏书以秦始皇的名义指责扶苏，你这小子，没有尺寸之功也就罢了，反倒"妄议中央大政方针"，对你爹我的举措说三道四指手画脚。要说这一点的话，倒还真能捕风捉影一下。因为扶苏虽然在边疆，但并没有停止对皇帝的劝谏，目的是为了帝国能够更好地统治。这个本来就是为人臣子的本分。但造反三人团正是利用这一点，指责扶苏诽谤朝政。

三是负能量爆棚图谋不轨。"以不得罢归为太子，日夜怨望。"意思是扶苏因为没能离开边疆回京城当太子而心生怨恨，负能量满满。这一点,完全就是赵高等人捏造理由坑扶苏。如果扶苏真的是想当太子心切,他大可以沉默是金,不会冒着触怒龙颜的危险而直谏。

四是"为人子不孝"。至于如何不孝,诏书并没有明说。或许就是因为前几条所谓的"罪状",所以不孝?俗话说,以小人之心度君子之腹,自古以来,小人往往就是把自己做的坏事和祸心加于贤良人身上,以洗白自己。事实上,胡亥连老爹的诏书都篡改,哪有资格谈孝道?

扶苏的罪名就这样齐活了。作为扶苏的得力助手,执掌40万大军的蒙恬,自然也逃不过造反三人团列举的罪状——

一是知情不报,沆瀣一气。"将军恬与扶苏居外,不匡正,宜知其谋。"蒙恬和扶苏一同在外,也应知道他的谋划,但没有纠正他的错误。

二是为人臣不忠。

正是以这两条理由,诏书也赐蒙恬自裁。"其赐死,以兵属裨将王离。"

诏书虽然有了,但是能不能执行确实另外一回事。

应该说,造反三人团以这样的方式铲除扶苏和蒙恬危险系数是极高的。只要扶苏和蒙恬坚持不肯自裁,赵高等人就没辙。一旦他们的阴谋被揭穿,执掌重兵的扶苏和蒙恬反倒可以把他们统统拿下问罪。

所以,现在"造反派"能否得逞,关键不在于他们自己,而在于扶苏对这份诏书的反应。但是,有一个人料定扶苏会按诏书说的那样去做。这个人,就是很能洞察人性的赵高赵秘书。

扶苏、蒙恬的军帐内。

胡亥派出去的使者向扶苏宣读诏书。

扶苏应该是怀着兴奋的心情迎接"诏书"的。自己被父皇派到边疆监军已经两年,以为老爹已经忘了自己的存在。这下终于等到了父皇的诏书。是要诏我回京?还是认为我监军有功给予嘉奖?

扶苏静静地听着,"诏书"的内容越来越严厉,最后竟是"人子不孝,赐剑自裁"!

寒光一闪，一把剑被扔在他面前。可以想象，这道诏书犹如晴天霹雳，平地惊雷。扶苏叩头谢恩之后，已是万念俱灰，意识恍惚。史记的记载是"入内舍，欲自杀"。

嘿，小哥，别着急自杀！咱先弄清楚状况再决定好吗？好在政治经验丰富的蒙恬劝阻了冲动的扶苏。

蒙恬阻止扶苏自杀的理由是这样的：

皇上在外巡游，此前并没有立下太子，派我带领三十万大军守卫边疆，公子担任监军，这是天下对你寄予重任。现在莫名其妙地由一个使者带来诏书让你自杀，这事也太蹊跷了，保不齐有诈。你如果立刻自杀，不是自毁长城么？

应该说，蒙恬说的话都挺在理，更重要的是，他还指出了对策："请复请；复请而后死，未暮也。"意思就是，还是派人到总部请示核实一下，如果确认属实，再自杀也不迟。

在蒙恬劝扶苏不要急于求死时，使者却在一边催促扶苏自裁。扶苏大概是很要脸面的人，被催得扛不住了，就对蒙恬说，"父而赐子死，尚安复请"。大意是，老爹都已经说了让去死，我哪还有脸去请示呢？说完，就真的自杀了。

公子扶苏、长子扶苏、大秦帝国皇位的合法继承人就这样死了，死得如此莫名其妙，死得令人千古叹息。

如果扶苏不死，掌握军权的蒙恬和有长子地位的扶苏联合起来，凭着扶苏长子的地位和身份，凭着蒙恬手掌握的军队实力，揭穿赵高的阴谋，消灭反叛的力量是完全有可能的。

但扶苏一死，这一切变得希望渺茫了。蒙恬的质疑也不过是无谓的挣扎。当蒙恬看到扶苏自杀，也就清楚了大势已去必死无疑的命运。因为扶苏是一张王牌，只要他活着，无论做什么事都有个理由和由头。而扶苏一死，他的一切神机妙算、一切力挽狂澜都无济于事。但即便如此，蒙恬也没有选择屈从自杀，他的直觉告诉他，这道诏书有诈，即使要死,也要死得明明白白。使者见他死扛着,也没有办法,只好将他先关押起来带回去发落。

与扶苏比起来,蒙恬的反应和应对的确要更像一个政治人物的所作所为。如果历史可以假设,今天,看多了宫斗剧的我们或许觉得蒙恬应该这样做:

当发现诏书有很大疑点时,坚决阻止扶苏自杀,如有必要,可让手下将其软禁保护起来。对于派来的使者,则当场拿下。随后,带领长城军团的精锐部队挥师南下,返回秦始皇的巡游之地,面见皇上。这样一来,赵高等人的阴谋不攻自破。造反三人团被依法惩处,扶苏得以继位,好人有好报,大秦帝国自此发扬光大,欣欣向荣。

但这样的电视剧的大团圆思维确实有些苛求古人了。历史就是历史,不会以人的善恶愿望为转移。况且,在当时的情景下,蒙恬不大可能这么做。因为他不知道秦始皇已死。在秦始皇仍然活着的前提下,他如果拒不自杀,还带兵逼问真相,就等同于是逼宫造反。

所以,在这场阴谋中,信息的不对称特别是对秦始皇的死讯不掌握是扶苏等人躺着也中枪的重要不利因素。

对于阴谋的顺从,就是对真相的背叛。扶苏的顺从让赵高的阴谋得逞,使大秦帝国陷于严重危机之中,这当然也违背了秦始皇的初衷,如果我们苛求一点的眼光来看,扶苏的顺从是真正的不忠不孝。因为他忠于的并非是他父亲的指令,而是忠于了赵高等人的阴谋。然而,悲剧就在于,他自己并不知道这是一场彻头彻尾的阴谋,被坑了还被蒙在鼓里。

扶苏为何这般顺从?

有人说他是太过刚烈。既然老爹让我死,那我就死给他看,不要让别人认为我是怂货。哪能死皮赖脸地再去请示,那不就是去乞求老爹饶命吗?

有人说他是太过单纯和愚忠。老爹说什么我都得无条件执行,即便是错的,我只可以保留意见,但还是得无条件执行。

有时候,单纯和愚蠢只有一念之隔。对阴谋保持单纯就是愚蠢。

如果真是只是因为单纯就选择毫不犹豫地自杀,那作为一个政治家或者说政治人物,扶苏这智商和情商也真是叫人捉急。真不知道他到了黄泉之下,该如何面对他死去的老爹。

一句话,扶苏分分钟自杀,实在不像是一个政治人物的表现,倒是像一个负气的小女人所为。如果扶苏真的是这样扶不起来的阿斗,他为何在朝野上下有那么高的威望?种种迹象表明,扶苏之所以没怎么犹豫就自杀,或许还另有隐情。正是因为有这样的隐情,让他觉得秦始皇赐死自己是很正常的事,所以才会没有犹豫地就选择自杀。

这个隐情到底是什么?这得从秦始皇的后宫之谜说起。

29 后宫之谜，母仪天下的人是谁

今诚以吾众诈自称公子扶苏、项燕，为天下唱，宜多应者。

——《史记·李斯列传》

秦始皇立后之事的真实情况可能是：曾经立后但未写进史书。在秦始皇统一天下之前，娶了楚国公主为妻，封王后。王后生长子，名扶苏。但昌平君反叛之后，秦始皇不想让后人知道自己的王后竟然是来自反叛家族，故命史官对其娶妻立后之事三缄其口，含混而过。而司马迁写作《史记》时，主要还是依赖于秦国的官方史料，因而也缺少秦始皇立后的记录。自此，秦始皇立后之事成为千古悬疑。

——《轻松读秦史》

皇帝无小事。在历代封建王朝中，立后立储都是事关天下的大事。但秦始皇是一个例外——他在生前没立皇后也没立太子。至少，史书上这么写的。

秦始皇为何没立皇后？因为史书上没有答案，就有了五花八门的猜测。概括起来，大概有以下几种说法。

一是挑花眼不立后之说。

《史记·秦始皇本纪》里说："秦每破诸侯，写放其宫室，作之咸阳北阪上。南临渭，自雍门以东至泾、渭，殿屋复道周阁相属。所得诸侯美人钟鼓，以充入之。"

根据这条记载，秦始皇横扫山东六国时，每灭掉一诸侯国，都要仿照该国的宫殿在咸阳建立同样的宫殿。建好以后，又把从各国"抢"来的后宫佳丽统统带到咸阳，充实到这些"山寨版"的各国后宫。也就是说，秦始皇拥有的美女就是七大诸侯国后宫美女之和。具体究竟有多少呢，按照唐人唐张守节所撰的《史记正义》的说法："后宫烈女万余人。"

　　虽然这个"万余人"不一定准确，但秦始皇的后宫佳丽非常之多，这是不争的事实。正因为如此，后人猜测秦始皇没立皇后的原因就是因为后宫佳丽太多，万里挑一实在是太难了，所以干脆不选了。

　　这种说法其实不太靠谱。

　　归根结底，在封建王朝中，立后最重要的目的是什么？是为了皇位（王位）的继承和后宫的秩序，而不是单纯地为了选美那样简单。如果是单纯地选美，倒真有可能因为太多挑花眼了。而一旦涉及皇位（王位）的继承和后宫的秩序，在这样的大事面前，作为一个非常敏锐的政治人物，秦始皇不会因为难选就索性不选了。事关自己的统治，他不会这样任性。

　　因此，立后与否，其实与后宫多少并无多大关系。即便后宫佳丽再多，皇后（王后）该立还得立。

　　二是对女人有"心理洁癖"而不立后之说。

　　秦始皇的父亲死后，母后赵姬和吕不韦私通，几乎是秦国朝野上下的公开秘密。这还不算，除了吕不韦以外，赵太后还养了个小三嫪毐。悄悄养小三也就罢了，她还和嫪毐生下两个儿子。悄悄生下私生子也就罢了，这个嫪毐竟然企图利用自己和太后生下的私生子造反，是可忍孰不可忍！杀掉嫪毐及其两个私生子后，嬴政曾一度将亲生母亲流放到雍地。这还不说，就连劝谏的二十多人都先后被杀，可见，秦始皇对母亲的气和恨有多大。直到茅焦循循善诱的劝谏之后，秦始皇才把母亲接回来。即便如此，他心里的那个梗肯定是过不去。

就算是普通人,遇到自己的母亲做了这些事,恐怕也会很生气很郁闷,何况他是天下之主,颜面何存?

当然,如何看待母后的生活作风问题,每个君王的态度有所不同。比如,秦始皇的曾祖父昭襄王就看得开些。其母后宣太后与身为外国人的义渠王私通三十年,还和臣下魏丑夫私通,昭襄王也没什么太大反应。最终还借这场私通与母后联合杀掉了义渠王,灭了西戎,扩大了秦国的地盘。

但是秦始皇不一样,或许是童年的遭遇给他留下了阴影,成年后母亲的胡作非为又让他无比痛恨,这导致他对女人的贞洁十分看重,甚至有心理洁癖。

在秦始皇第五次巡游时,在记录秦始皇功绩的石刻上,有这样几句:

饰省宣义,有子而嫁,倍死不贞。防隔内外,禁止淫泆,男女絜诚。夫为寄豭,杀之无罪,男秉义程。妻为逃嫁,子不得母,咸化廉清。

这几句的大概意思就是寡妇不能改嫁,背叛死去的丈夫再嫁就是不忠贞。此外,禁止乱搞男女关系,违者将受重罚。

石刻上都记录此事,说明秦始皇高度重视妇女同志的贞洁工作,刻石立碑也等于向天下宣布这是一项必须遵守的制度。

这是从警示教育的角度,教育天下女性莫行不忠之事。与此同时,他还亲自树立女性贞洁的正面典型人物。

《史记·货殖列传》记录了秦始皇表彰的一位名叫"清"的"贞洁寡妇"。

"巴寡妇清,其先得丹穴,而擅其利数世,家亦不訾。清,寡妇也,能守其业,用财自卫,不见侵犯。秦皇帝以为贞妇而客之,为筑女怀清台。清穷乡寡妇,礼抗万乘,名显天下,岂非以富邪?"

一个寡妇,因为经营家族传统产业发财,也因为死不改嫁,被秦始皇表扬为"贞女",并且为她修建了"女怀清台"。

无论是禁止性的规定,还是正面的典型人物宣传,都可以看出秦始皇的确对女性贞洁看得非常重,甚至有"心理洁癖"。但秦始皇会因为这个"心理洁癖"就不立皇后了吗?可能性不大。

　　尽管秦始皇对母后与嫪毐私通的行为非常恼火,但为了顾全大局,最后还是听从了茅焦的建议,将流放幽禁的母亲接回宫中,恢复了正常的母子关系。可见,秦始皇这个人虽然可能因为生气一时犯浑做些出格的事,但他毕竟是出色的政治家,在大局面前最终都能认识到自己的错误,迅速校正自己的行为。

　　而立后正是关乎秦王朝大局的政事,秦始皇不大可能因为自己对女性的"心理洁癖"就任性而为,不立皇后。

　　三是为求仙不立后之说。

　　众所周知,秦始皇为了长生,倾注了极大的心血和热情,不惜浪费巨大的人力物力财力,尽管被方士愚弄也无怨无悔。但秦始皇真正热衷于求仙之事,主要还是一统天下之后,到了晚年的事。而按照秦国的惯例,君王应该是行弱冠之礼之后的第二年就该娶正室妻子,立后。也就是说,秦始皇立皇后应该是二十多岁的样子就该立了,根本等不到他晚年求仙之时,所以为求仙而不立后之说也不大可信。

　　四是因为花痴而不立后之说。

　　这种推测是,秦始皇深爱着胡亥的母亲,但胡亥的母亲因为染病而早逝,秦始皇非常伤心,决定不立皇后不立太子,并把自己对胡亥母亲的爱转移到了胡亥身上。

　　如果说前三种说法多少都还有点谱的话,那么这种说法就纯属是看多了古装宫廷剧的吃瓜群众主观臆想而已,更不值得信了。

　　这也不可信,那也不靠谱,那秦始皇到底为何不立后?

　　这需要一个有依据的大胆推测。

　　前面已经提到,扶苏接到被赵高等人篡改的假诏书之后,几乎没有任何怀疑、不假思索地就自杀了。那么,他真的只是因为愚忠愚孝就不加思索地自杀？如果他政治上真是如此地弱智,烂泥扶不上墙,蒙恬那样的牛人又如何会瞧得起他,愿意和他一起愉快地玩耍?

这里面似乎另有隐情。这个隐情是什么?我们不妨把时间的纵轴向后拨一拨,拨到陈胜吴广起义的那一年。

当时,陈胜吴广有一个流传千古牛气冲天的口号:王侯将相,宁有种乎!

喊出这句口号后,周围的人都表示愿意追随陈胜吴广起事。

《史记》记载:"乃诈称公子扶苏、项燕,从民欲也。"也就是说,陈胜吴广假称公子扶苏和项燕还活着,打着他们的旗号起义,而这样的做法是顺从民意的。

项燕何许人也?他是项羽的祖父,战国末年楚国的大将,当年秦国灭楚,项燕带领楚国军队殊死抵抗,最终兵败自杀。现在,陈胜吴广在楚国的传统势力范围地区打出原楚国大将项燕的旗号反秦,一点也不奇怪。但是作为反秦的义军,他们为何又打出秦国公子扶苏的旗号呢?

对此,《史记·陈涉世家》是这么说的。

陈胜曰:"天下苦秦久矣。吾闻二世少子也,不当立,当立者乃公子扶苏。扶苏以数谏故,将兵。今或闻无罪,二世杀之。百姓多闻其贤,未知其死也。项燕为楚将,数有功,爱士卒,楚人怜之。或以为死,或以为亡。今诚以吾众诈自称公子扶苏、项燕,为天下唱,宜多应者。"

陈胜认为,百姓都知道扶苏比秦二世更有才能,更适合当皇帝,他们还不知道扶苏已死,如果打出扶苏的旗号反秦,追随的人应该很多。

这个说法貌似很有道理。但是陈胜吴广等人偏偏是把公子扶苏、楚国大将项燕放在一起作为起义的灵魂人物,就有些自相矛盾了。

矛盾在什么地方呢?不妨从义军起事的目的来掯一掯。

如果义军反秦的目的主要是为了拥立一个更有才能更能善待百姓的人当秦国皇帝,那么,他们打出公子扶苏的旗号就可以了,不该再打出一个楚国大将的旗号。

如果义军反秦的目的主要是为了楚国的重新独立自由,那么,他们打出楚国大将项燕的旗号就够了,不该再打出秦国公子扶苏的旗号。

也就是说,公子扶苏和楚国大将项燕,他们随便拿出一个来作为旗号都没什么问题。但如果同时打这两人的旗号就矛盾了。

但是《史记》上又说,同时打这两人的旗号,是符合民意的。因为起义的地点是在楚国的地区,所以,这里的民意,应该是指楚国旧民的民意。

为什么打着两个分明是不同阵营的人的旗号却是符合民意的呢?

答案只有一个:公子扶苏在某些方面能够为楚国的利益代言。

秦帝国的公子扶苏为何能够为楚国的利益代言呢? 这就需要我们进行一个大胆的,但是是有根据的猜测。

还是从秦始皇娶媳妇的事情说起。在这件事上,史记上并无明确记载。但我们不妨从秦国王室的惯例来推断。

按照秦王室的惯例,新君一般是22岁行成人礼,大约行完成人礼之后会"娶媳妇"。

这个媳妇从哪里来呢? 一般也是有套路的。君王要娶媳妇,一般都是娘说了算。通常都是由君王的母亲推荐安排一位和自己同族的贵族家的女人当自己的儿媳妇,以便延续自己这一族的外戚在秦国的势力。

但是到了秦始皇嬴政娶媳妇时,这一惯例被打破了。

按惯例,秦始皇应该在秦王政十年娶媳妇,此时,秦始皇的母后赵姬因为嫪毐之乱被流放雍地,即便是后来秦始皇听人劝说将母后接回了宫中,但赵姬也已失去了政治势力和话语权。因而她不能找一个赵国贵族当儿媳妇了。

娘没有了话语权,那么,该谁说话了? 此时,秦始皇的亲生奶奶夏太后已不在人世,但华阳太后还在世。那么,有资格给秦始皇安排媳妇的女人只有一个——华阳太后。

那么,华阳太后会找一个什么样的女人给秦始皇当媳妇呢? 按常理，这个女人应该是楚国贵族，和华阳太后有比较亲近的血缘关系。

照此推测，秦始皇的正妻应该是楚国人，不管秦始皇是否立她为后，我们暂且称之为"楚夫人"。这位楚夫人，应该就是长子扶苏的生母。

母亲是秦始皇的正妻，儿子是秦始皇的长子。本来，这对母子应该过得挺好的。

但是，一个和他们有着血缘关系的近亲背叛了秦国，使得秦始皇对他们不再像以前那么恩宠。

这个人叫做昌平君。

昌平君是何许人也？在传世文献的历史记载中，有关昌平君的记录少得可怜，在整个《史记》中，昌平君仅仅出场过三次。

然而，就是这样一位似乎注定要跑龙套的角色，在他的首次亮相之时，竟然已经身居秦国的宰相之位了。

据《史记·秦始皇本纪》记载，秦王政九年（公元前238年），嫪毐造反，企图杀死正在举行成年冠礼的嬴政，夺取政权。"王知之，令相国昌平君、昌文君发卒攻毐。战咸阳，斩首数百，皆拜爵，及宦者皆在战中，亦拜爵一级。"昌平君作为政府军统帅，指挥军队大破叛军，自然是大功一件。此时，他应该是嬴政比较信任的重臣。

但当他第二次出场时，却已是被贬谪。秦王政二十一年，"昌平君徙於郢"。至于为什么被贬，史料中未说明。

到他第三次出场时，已经是遭遇灭顶之灾。

秦王政二十三年（公元前224年），王翦率领秦国六十万大军伐楚，占领了郢陈以南直到平舆（位于今河南省平舆之北）之间的地区，俘虏了楚王负刍（音chu），秦王政亲自到达刚刚征服的郢陈地区。就在同时，楚国大将项燕立昌平君为楚王，在淮河以南地区抵抗秦军。秦王政二十四年（公元前223年），王翦、蒙武大破楚军，昌平君死，项燕自杀。

按照这个记载，昌平君被楚国人立为楚王，反抗秦国，最后死于战场。从秦国的立场来看,昌平君应该被视为叛徒。

此时,回过头来看昌平君被贬,或许就是因为嬴政下定决心要灭楚,而身为楚国贵族,在秦国又身居高位的昌平君免不了要为楚国说话,极力劝谏嬴政放弃伐楚,最终引得秦始皇震怒,将其贬谪到郢地。

曾经的相国被贬谪到郢地,自然是情绪低落。而此时,以王翦为首的秦国大军伐楚取得巨大胜利,大败楚军,楚王负刍被俘虏。剩下的还在战斗的楚军亟需一个精神旗帜,而有着楚国贵族身份的昌平君正是最佳人选,于是被项燕拥立为楚王,继续反秦。最终,秦军打败了楚军,昌平君被杀,项燕自杀。

按说,一个楚国人反叛,应该不至于让秦始皇迁怒于扶苏母子吧?但是如果搞清楚昌平君的来头之后,就能理解秦始皇为何迁怒于扶苏母子了。

昌平君到底什么来头呢? 一句话,此人很不一般。

一是他在秦国的地位不一般。

按照《史记·秦始皇本纪》的记述,在平定嫪毐之乱前,昌平君就已经高居相国之位了。

相国这个称呼,比丞相的地位要高。比如吕不韦在庄襄王时代本来是丞相,秦王政即位后,为表示对仲父的尊敬,"尊吕不韦为相国"。

在秦王政九年之前,还未亲政的嬴政是不能够任命相国这样的国家辅臣的,这些重臣应该都是由庄襄王死前任命的。

由此,我们可以这样推论:昌平君同吕不韦一样,也是庄襄王时代的重臣,备受信任,并且很可能和吕不韦一样,在庄襄王临死时被任命为托孤大臣。

即便不能与同为相国的吕不韦分庭抗礼,但绝对也是当时朝堂之上的牛人之一。而在嫪毐之乱过后,吕不韦被罢官流放,昌平君也就应该成为当时朝廷上数一数二的重臣了。

可惜好景不长,秦国伐楚时,昌平君因为力谏阻止,与嬴政发生重大分歧而被贬谪。

再后来，昌平君被拥立为楚王，公开与嬴政叫板。

虽然最终楚国被灭，昌平君被杀死，但给嬴政留下的心理雾霾是挥之不去的。吕不韦虽然妄自尊大，但无论怎么说，还是没有与秦国为敌。而这个昌平君，在秦国位极人臣，居然还公开反叛，这让嬴政很没有面子，也很没有安全感。他担心这个不光彩的叛徒影响了他光伟正的高大形象，所以秦国的史官对昌平君的记载也就语焉不详，除了迫不得已时让他露个脸儿打打酱油外，剩余的场合里就抹去了他的存在，让他蹲在历史的角落里坐冷板凳了。

既然已经抹黑了昌平君，为何还要牵连扶苏母子呢？

这就提到昌平君的第二个不一般——与扶苏母子的关系不一般。

昌平君贵为楚国王族，而扶苏的母亲作为秦始皇的正妻，按惯例也多半是楚国的公主。毕竟，楚国的王族就那么一个，因而，昌平君与扶苏之母应该有着很亲的血缘关系。

有了这样的关系，秦始皇因为昌平君反叛对扶苏母子态度发生变化就不难理解了。

所以，秦始皇立后之事的真实情况可能是：曾经立后但未写进史书。在秦始皇统一天下之前，娶了楚国公主为妻，封王后。王后生长子，名扶苏。但昌平君反叛之后，秦始皇不想让后人知道自己的王后竟然是来自反叛家族，故命史官对其娶妻立后之事三缄其口，含混而过。而司马迁写作《史记》时，主要还是依赖于秦国的官方史料，因而也缺少秦始皇立后的记录。自此，秦始皇立后之事成为千古悬疑。

统一天下之后，嬴政改称皇帝，因为昌平君事件的阴影，连立王后的事都不让宣扬，此时当然也不会将扶苏的母亲由"王后"升级为"皇后"。

如果以上推测成立，扶苏身上，就有一半是楚国王族的血液。楚人起义时，打着他的旗号、希望他当皇帝之后对楚国人好点，也就不足为奇了。

30 立储之惑成祸

夫先主之举用太子,数年之积也,臣乃何言之敢谏,何虑之敢谋!
——《史记·蒙恬列传》

人之将死其言也善。一代名臣死前的话,应该是可信的。当然,我们也不能排除一种可能:在死亡的威胁之下,蒙毅为了活命,不惜违心撒谎,趋炎附势,讨好卖乖。但鉴于蒙氏兄弟的一贯品行,这种可能性是比较小的。

如果蒙毅没有撒谎,我们就可以确定,秦始皇的确是有过立胡亥为太子的打算的。而且,这样的想法不是临时起意,而是经过长久的考虑的。
——《轻松读秦史》

应该说,扶苏各方面的能力朝中上下还是有目共睹的,加上他是长子,储位之事本无太大悬念。

只不过,秦始皇追求长生不老,不愿承认自己将来有一天也会终归黄土,所以一直没有把立储之事当正事看待过。

而当昌平君反叛事件之后,秦始皇迁怒于扶苏及其母亲,对扶苏的态度自然发生了改变,虽然没有彻底放弃将扶苏培养为接班人的念头,但至少产生了犹疑。

但是年幼的扶苏或许此时并不明白,父亲为什么不像从前那样爱自己了？

等到他长大些后，终于明白这其中的原委，明白昌平君的背叛对父亲的打击有多大。明白归明白，但并不能改变秦始皇对他逐渐冷漠的态度。而皇帝对扶苏的态度如何，朝中大臣是看在眼里记在心上的。皇帝对扶苏怎样，大臣们便对扶苏怎样。

而这一切，敏感的扶苏不会没有感觉。他越长大，越想证明自己：证明自己的能力是可以的，证明自己对大秦帝国、对秦始皇是忠心的。

当秦始皇焚书坑术士时，扶苏鼎力直谏，想以此证明自己的忠诚和对政事的关心。

但秦始皇在对扶苏充满偏见的不正常心态下，不但看不到扶苏的忠心，反而看到了扶苏对自己的挑战。一气之下，扶苏被贬到北部边境作长城军团的监军。

把扶苏贬到长城军团作监军，一方面说明，秦始皇对扶苏的不听话生气了。另一方面也说明，秦始皇并未完全放弃扶苏。

长城军团可是大秦帝国的精锐部队，离帝都咸阳并不算太远，可谓是拱卫帝国的生力军。秦始皇把扶苏安排到长城军团作监军，虽然是惩罚，但也有历练他的意思。扶苏也许明白，父皇对他虽然有所偏见和戒备，但并没有完全放弃他。

看到这一层以后，扶苏就有了继续努力的动力。

于是，我们可以看到，到了长城军团，扶苏忠诚履行监军的职责，和蒙恬及手下的官兵搞好关系，和蒙恬一起把长城军队的军务搞得井井有条。扶苏所有的努力，都向着秦始皇能重新信任他，希望自己的爸爸能够再爱自己一次。

他在努力中等待父皇的回心转意。但这一天没有到来。他等到的是一场灭顶之灾——赵高等人派使者传来的一封假诏书毁灭了他所有的期待和希望。

"今扶苏与将军蒙恬将师数十万以屯边，十有余年矣，不能进而前，士卒多耗，无尺寸之功。乃反数上书直言诽谤我所为，以不得罢归为太子，日夜怨望。扶苏为人子不孝，其赐剑以自裁！"

当这封措辞严厉、要置自己于死地的假诏书摆在自己面前时，扶苏的第一反应并不是怀疑，而是绝望。因为之前父亲对自己的疏远和偏见已为这封诏书打下了感情铺垫。

"我知道我母亲的家族让您蒙受了耻辱和背叛，您因此而不再喜欢我。我做这么多就是想挽回您对我的信任，想让您再爱我一次，可是您没有。"

在生命的最后时刻，扶苏的眼泪是委屈的，甚至是幽怨的。正是因为之前秦始皇之前已经有了对他不信任的基础，所以他才丝毫不怀疑这封诏书的真伪，处于绝望之中的他不顾蒙恬的劝阻，匆匆自杀结束了自己的生命。

知道了这些，就不难理解扶苏为什么那么急于求死——不是懦弱，不是愚孝，也不是刚烈，而是委屈，绝望。

当然，即便是有秦始皇不再宠信为前提，扶苏不假思索的自杀，仍然可以算是一个自尊心很强的人。试想一下，如果换一个死皮赖脸的主儿，非坚持要见着皇上才肯死，赵高等人可能还真是没辙。"哥就不死，看你把我怎么地吧？"

但赵高的厉害之处就在于，他早已洞察秦始皇和扶苏之间敏感的关系，又深知扶苏的性情，因此算准了扶苏不会怀疑诏书的真伪。他利用秦始皇和扶苏的微妙关系和扶苏的性格精心设计了一场赌局，制作了令扶苏自杀的假诏书。他赌扶苏不会怀疑诏书的真伪，一定会遵诏自杀。赌赢了，他和胡亥就会赢得天下。如果赌输了，他的阴谋败露，便死无葬身之地。

遗憾的是，赵高赢了。他和胡亥以一种不光彩的方式夺取了天下。从此，胡亥便被天下人视为篡位的叛逆，被永远地钉在了历史的耻辱柱上。

人们选择性的只记得胡亥的篡位，但没有人愿意相信一个有历史痕迹的事实：秦始皇其实真的动过立胡亥为太子的念头，只不过到最后关头，又改变了主意。

这个历史痕迹在哪里呢？不妨从秦始皇的最后一次公开活动中寻找端倪。

始皇三十七年，秦始皇最后一次出游。丞相斯、中车府令赵高兼行符玺令事，皆从。

根据《史记》记载，秦始皇这次巡游，带上了左丞相李斯及相当于办公厅主任的赵高等文武百官，帝都咸阳只留下右丞相冯去疾带着一帮大臣值班，处理帝国日常事务。

换句话说，秦始皇出游时，是带着整个帝国的中枢在移动办公。如此重要的巡游中，他带上了一个特别的人——少子胡亥。"少子胡亥爱，请从，上许之。余子莫从。"

众多儿子中，他唯独带了少子胡亥，一方面说明他对胡亥宠爱有加，另一方面也可能是他想近距离考察胡亥。

但我们不能因为秦始皇带着儿子出去溜达了一圈就说秦始皇是想立胡亥为太子，虽然这溜达不是一般的溜达，而是带着帝国中枢机构的巡游。

显然，仅凭这一条历史痕迹就断定秦始皇动过立胡亥为太子的心思明显证据不足。有没有更直接的证据？

这个还真有。大臣蒙毅被杀之前与使者的一段对话露出了这个痕迹。

按照《史记·蒙恬列传》的记载，已是二世皇帝的胡亥听信赵高的谗言，派使者前去杀掉蒙毅。动手之前，使者传达胡亥的旨意："先主欲立太子而卿难之。今丞相以卿为不忠，罪及其宗。朕不忍，乃赐卿死，亦甚幸矣。卿其图之！"

胡亥的意思是说，当初，我老爹要立我为太子，而你却阻止。现在丞相说你不忠，罪行当诛灭宗族。我不忍心，就只赐你一人死，也算是对你恩遇有加了。你自己看着办吧。

这是《史记》里正式提出秦始皇曾经有意立胡亥为太子。但这毕竟是胡亥的自说自话，很可能是为自己脸上贴金，为自己的皇位正名，因而可信度并不高。

我们来看看蒙毅的辩解："以臣不能得先主之意，则臣少宦，顺幸没世。可谓知意矣。以臣不知太子之能，则太子独从，周旋天下，去诸公子绝远，臣无所疑矣。夫先主之举用太子，数年之积也，臣乃何言之敢谏，何虑之敢谋！非敢饰辞以避死也，为羞累先主之名，愿大夫为虑焉，使臣得死情实。"

这段话的大意是，要是认为我不知道先主的心意，那么，我从年轻时就得到先主的恩宠，是知道先帝的心思的。要是认为我不了解太子的才能，那么，唯有太子能陪侍先主周游天下，其他公子都望尘莫及，我怎么会看不出来呢，又有什么好怀疑的呢。先主打算立您为太子，是多年的深思积虑，我还有什么话敢进谏，还有什么计策敢谋划呢！不是我借口来逃避死罪，只怕牵连羞辱了先主的名誉，希望使者为此认真考虑，让我死于应有的罪名。

人之将死其言也善。一代名臣死前的话，应该是可信的。当然，我们也不能排除一种可能：在死亡的威胁之下，蒙毅为了活命，不惜违心撒谎，趋炎附势，讨好卖乖。但鉴于蒙氏兄弟的一贯品行，这种可能性是比较小的。

如果蒙毅没有撒谎，我们就可以确定，秦始皇的确是有过立胡亥为太子的打算的。而且，这样的想法不是临时起意，而是经过长久的考虑的。

这样一来，在众多儿子中，秦始皇出游唯独只带了胡亥，其用意就比较明显了——将胡亥作为接班人进行考察。至于考察的结果，我们都已知晓，那就是不合格。秦始皇在最后时刻，还是选择了扶苏。只不过这个结果，被赵高等人人为地改变了。

都说皇帝爱长子，百姓爱幺儿。可是秦始皇却偏偏独爱少子。从后来的表现看,胡亥在政治方面并没有很突出的能力。那么,秦始皇为何独爱少子呢?

能力不突出不代表不可爱。胡亥的可爱之处是什么呢?

一是"可怜"。在一次与李斯的对话中,胡亥曾说,"朕少失先人"。这里的"先人",可能是指自己年少继位,父皇去世。但可能也指自己的母亲更早就去世了,因而才流露出巨大的孤独感。我们知道,胡亥继位后,史书上并没有出现太后的说法。如果胡亥的母亲在世,应该会被尊为太后的。这也可以证明,胡亥的母亲肯定比秦始皇去世得早。也就是说,胡亥很小就没有了娘。在宫中,没娘的孩子是很可怜的,父亲又是一国之君,想必也没有太多时间陪他长大。胡亥出生时,秦始皇年纪应该比较大了。上了年纪的人,往往更加喜欢幼子,帝王也不能例外。再加上胡亥年纪尚小就没了母亲,其可怜之处会让他显得更加"可爱",让父亲不忍不爱。

二是听话。在沙丘之谋以前,胡亥其实是个老实孩子。当赵高挑唆他造反时,最初,他是这样拒绝的:

"父皇去世,不分封我们这些皇子,自然有他的道理,我们这些做儿子的,遵照他老人家的意思就行了,哪有什么闲话可说?"

可见,胡亥平时是很老实听话的。听话的孩子惹人爱。尤其是当帝王老了的时候,会缺乏安全感,总感觉有人会夺取自己的权力。这时候,如果有一个非常听话的孩子放在他面前,自然会格外恩宠。

既然始皇如此宠爱胡亥,为何胡亥没通过考察关呢?

很可能是,胡亥虽可爱,但独立思考的能力不足,政治经验更是无从谈起。

这一点,从胡亥继位后对赵高的高度依赖也可看出。

或许,在最后时刻,秦始皇的理智战胜了感情。毕竟,可爱与听话,并不代表能治理好一个庞大的帝国。毕竟,一个好儿子未必是一个好皇帝。

31 胡亥即位,杀人立威

公子高欲奔,恐收族,乃上书曰:"先帝无恙时,臣入则赐食,出则乘舆。御府之衣,臣得赐之;中厩之宝马,臣得赐之。臣当从死而不能,为人子不孝,为人臣不忠。不忠者无名以立于世,臣请从死,愿葬郦山之足。唯上幸哀怜之。"

——《史记·李斯列传》

公子高想外出逃命,但又怕连累家人,遭至满门抄斩,就主动上书请求一死,为秦始皇陪葬。一个堂堂的皇子,为了保护自己的家人,竟给自己罗织罪名,上书求死。这是何等的悲凉! 由此可见,胡亥赵高等人制造的白色恐怖有多恐怖!

——《轻松读秦史》

人死如灯灭。虽然秦始皇在最后一刻还是选择了扶苏为接班人,但已赴黄泉的他无法控制局面的失控——造反三人团合谋杀死了他钦定的接班人,大秦帝国的轨迹不可避免的要发生改变。

现在,去执行假遗诏的使者回来向胡亥等人报告,扶苏已死,不肯轻易死的蒙恬也被囚禁。听到这个消息,造反三人团忐忑不安的心终于放下了。矫诏造反是多大的罪名,他们心里清楚得很。关键是,他们要干掉的扶苏,实力很强大,无论是身份、资源,还是名望,都比胡亥厉害。最令人担忧的是,扶苏还有蒙恬的支持。枪杆子里出政权,作为30

万长城军团的军事长官蒙恬,要是一心扶持扶苏,将对胡亥集团造成极大的威胁。

但扶苏一死,蒙恬再要搞什么动作就师出无名了。一切威胁都不再是威胁。

危险警报解除之后,原本拉着秦始皇遗体在咸阳附件兜圈子的车队此时从直道加速返回咸阳。回到咸阳后,造反集团公布秦始皇的死讯和遗诏(当然是假的),胡亥继位为皇帝,史称"秦二世",时年二十一岁。

二世胡亥继位后,首要大事当然是要安葬秦始皇。胡亥亲自担任秦始皇治丧委员会主任,为秦始皇风光大葬。秦始皇葬在哪里呢?当然是郦山秦始皇陵。前面已经提到,秦始皇虽然希望自己能长生不死,但也深知成仙并不那么容易,所以还是给自己早点预备个死后的安身之所更靠谱些。只是他预备得有点太早了,刚即王位时就开始在骊山为自己修建陵墓。等到统一天下后,从全国选来70万刑徒和劳役,大规模修建皇陵,一直修到自己病逝也没有完工,其工程之大可想而知。

据《史记》记载,秦始皇陵极为庞大,皇陵极高,外面种上了树木花草,像是一座山。墓室非常深,穿越三重泉水,灌注铜水填塞缝隙,阻挡泉水渗入。墓室内设置了百官位次,并装有大量奇珍异宝。墓室顶部设计有天文图像,底部用水银做成百川江河大海的地理图形。为防止盗墓,让能工巧匠设置机关操纵弓箭,一旦有人闯入,便将其射杀。

现在,这个富丽堂皇的陵墓终于派上用场了。只不过,进入陵墓的,并不只是秦始皇的遗体,还有许多活着的人。二世胡亥下令,凡是没有为始皇帝生育子女的后宫女子,全部送入皇陵为始皇帝陪葬。又因为担心制造机关和放置宝物的工匠们泄露消息,等他们的工作完工以后,便将皇陵的大门封闭。就这样,许多人转眼就成了活死人。当陵墓大门关闭的那一刻,那些活生生的人该是如何悲惨绝望呢?即使两千多年后,想来也是不寒而栗。

安葬完秦始皇,胡亥开始思考一件大事。新君继位,最需要的是什么？权威。而通过非法手段获得帝位的胡亥,更需要切实有效的措施来树立自己的权威。

为树立自己的权威,胡亥作了哪些努力？

一是大搞个人崇拜,极力提高秦始皇的历史地位,狐假虎威,拉虎皮做大旗,用秦始皇的威严来为自己造势。

胡亥刚继位,就下令增加始皇祠庙里用来祭祀的牲畜数量,增加山川各种祭祀的礼仪。他试图通过加强祭祀来说明自己是感恩敬畏先皇,是合理合法的继承人。

为了进一步提高秦始皇的历史地位,他还让大臣讨论如何尊崇始皇帝庙号的事。秦始皇虽然是统一天下的始皇帝,但秦国的开山祖师并不是他。按照以往的祭祀惯例,只有国家的开国之祖才能永享祭祀,世代尊荣。显然,秦国的开国之祖并非秦始皇,而是秦襄公。如何能让秦始皇更加尊崇呢？胡亥耍了一个心机。

他授意大臣们商量出一个不同于以往的宗庙制度:把秦国先君的宗庙分为两类,一类是诸侯王祖庙,一类是皇帝祖庙。这样,秦始皇就是无可争议的皇帝始祖。胡亥也就把直接“传位”于自己的秦始皇推到了帝国始祖的至高无上的地位。秦始皇庙自此成为秦帝国的“极庙”,永远享受祭祀,万世不得拆毁,后世无论是谁都不得超过他的规格。按照规定,以后的历代天子都要祭祀始皇帝庙。而其他的秦国列祖列宗庙,只要派大臣去祭祀即可。这些规定无疑让始皇帝的地位超越了真正的秦国开国始祖,成为至高无上的权威。

小年轻胡亥不遗余力地抬高老爹的地位,其目的也就是拉虎皮做大旗,借此抬高自己,树立自己的权威。

二是效仿老爹,巡游天下,彰显皇帝的威严。

关于这一点,胡亥对赵高吐露了心迹,大意是,我还年轻,刚刚登位,很多人还不服。想当年,我爹统一天下之后,巡游各地,耀武扬威,威震海内外,各地百姓都服气。现在,我继位了,如果不带着大秦帝国的领导班子四处溜达一圈,就显得我心虚示弱,无力治理天下。

三是接力完成秦始皇的遗留工程,感恩先皇,给天下人留下秦始皇的确是传位于他的印象。

秦始皇的遗留工程有两大项。一是秦始皇陵。秦始皇去世时,秦始皇陵的主体工程虽然已完工,但还有许多后续工程没有完成,比如陪葬陵等。何以为证?《史记·秦始皇本纪》里有明确记载:

二年冬,陈涉所遣周章等将西至戏,兵数十万。二世大惊,与群臣谋曰:"奈何?"少府章邯曰:"盗已至,众强,今发近县不及矣。郦山徒多,请赦之,授兵以击之。"

也就是说,陈涉等人起义时,帝国镇压的兵力不足,章邯建议赦免在郦山服劳役的人前去镇压起义。而"郦山徒"正是修建郦山秦始皇陵的人。

除了秦始皇陵外,秦始皇的另一项遗留工程就是阿旁宫了。胡亥认为,阿旁宫是老爹大人下令要修的。如果自己继位后成了烂尾楼工程,就等于自己否定了老爹修建阿旁宫的决策。老爹约的宫殿,含着泪也要修完。为了体现自己与秦始皇的思路是高度一致的,胡亥上台后,继续大修阿旁宫。

以上就是胡亥新君即位上任后烧的三把火,目的还是想向世人证明,自己是合法继承的皇帝。

但这些都是表面工作,虽然很有仪式感,但是并不具有震慑力,也很难真正服众。

胡亥并非没有自知之明。他明白,朝野上下,社会舆论都大写着几个字:你当皇帝,我不服。这让他心里十分不安。

怎么办?当然是找他的心腹大臣赵高商议。此时的赵高,已被他任命为郎中令,位列九卿。

胡亥对赵高丝毫不隐瞒，开门见山地说，现在我虽然当了皇帝，但大臣们不服，各级官吏的权威还很高，皇子们也可能要和我争权，如何是好？

赵高最擅长的就是处理这种问题，正巴不得胡亥问呢，胡亥果真就问了。

于是，赵高摆出一副胸有成竹的架势，顺着胡亥的思路和他聊了一百块钱的。

他的大意是，您说的这个问题我早就注意到了，只是因为您没有提，我也就不好乱说。现在既然您提出这个问题了，不妨让我给您分析分析。

您现在虽然继位了，但公子大臣们还是有所怀疑。现在的大臣，都是先帝时期提拔的，大多都是经历了好几代的功勋卓著的人，都是些狠角色，不那么听话。我原来的地位卑微，现在有幸得到您的提拔，身居高位，掌管朝廷大事，大臣们很不高兴，只在表面上服从我，心里实在不服气。他们不服我，其实也就是打您的脸呢，因为我是您一手提拔的。

胡亥见赵高分析得很在理，便急问对策。

给胡亥提了两条建议：一是杀人立威，铲除异己，打压老臣。二是提拔新人，培植亲信。

不得不说，赵高的这两个阴招虽然狠毒，但在短时间内确实奏效。杀异己分子，打压老臣，可以解决自己的后顾之忧，也可以树立自己的权威。而提拔新人，使"贫者富之、贱者贵之"，让那些原来无钱无势不受重用的人变得尊贵，他们自然对二世感恩戴德，死心塌地。

不得不说，赵高的确是善于玩弄权术的阴谋家，这两招一破一立恩威并用，成为后来历代新君树立自己权威的不二法门。

听了这些高招，胡亥同学激动得不要不要的，表示将全盘接受，还把赵高同志狠狠地表扬了一番。

接下来，胡亥和赵高的阶段性重点工作就是杀人。杀人总是要有个由头的。如何杀呢？胡亥和赵高商议后，决定通过修改法律、罗织罪名来杀人。

对于胡亥来说，不服的异己分子太多，从谁开始杀起呢？这就要看谁的威胁最大了。

在秦始皇的众多皇子中，胡亥是最小的一个。曾经，胡亥最大的威胁是老大哥扶苏，现在，扶苏已死，威胁最大的就是剩下的十几位哥哥了。

那就从哥哥们开刀。于是让赵高给诸公子罗织罪名，审讯法办。如何法办？

"公子十二人僇死咸阳市。"在咸阳，一次性处死了十二位公子。

"十公主砳死于杜。"在杜县，十位公主被肢解而死。

如果说杀死皇兄是因为惧怕他们夺取继承权的话，胡亥为何要将没有继承权的公主们也都杀死呢？公主对他的皇位有威胁吗？这个真的有。

一般来说，公主们下嫁的丈夫都是名门贵族。如果公主们联合起来，就等于是名门贵族联合起来。在二世皇位来源不正的情况下，公主们和她们背后的家族如果联合起来要求二世下台，重选德才兼备的继承人，也不是没有可能。杀死公主们，就是威吓了十个名门贵族。秦始皇统一天下后，实现郡县制，诸公子因为没有封地，也没有封王，所以没有形成实际的势力。但公主有实际的夫家的支撑。因而，在胡亥赵高等人看来，公主们的威胁甚至大于没有实权的公子们。从处死的情况看，公子们是杀死，而公主们是肢解。公主们受到的刑罚更重，也从侧面证明她们对皇位的威胁。这就是胡亥的皇权逻辑，对皇权的威胁越大的人，也就死得最惨。

这就是胡亥和赵高的皇权逻辑，谁对皇权有威胁，就整死谁。谁的威胁更大，就死得更惨。

公子将闾兄弟三人，被囚禁在内宫，判罪在最后。胡亥派遣使者向将闾宣读二世的命令，以"不臣"的罪名处死他们三兄弟。

听到这个莫须有的罪名，将闾实在咽不下这口气，对使者极力争辩:宫廷内的礼仪,我从来就不敢不顺从;朝廷上的位次,我从来就不敢失掉礼节;承受君命言语应答,我也未尝错用措辞,凭啥说我不臣呢?要让我死,也得给个说得过去的罪名吧?我希望知道自己真正的罪名再死。

这话跟使者说自然是无效。使者说,小哥,我也只是奉诏办事,你跟我说这些没用啊。将闾于是仰天大叫三声,喊道:"天啊!我没有罪!"于是,兄弟三人都痛哭流涕,含冤拔剑自杀。

公子公主案还牵连许多人,连带一同治罪的不计其数。

在一列杀戮之后,皇室震惊,朝野震惊,天下震惊。群臣劝谏的被认为是诽谤朝廷,大臣只好谄媚奉承,以保守俸禄,百姓无不震动恐惧。白色恐怖弥漫着整个大秦帝国。

公子高想外出逃命,但又怕连累家人,遭至满门抄斩,就主动上书请求一死,为秦始皇陪葬。

他是这么说的:老爹在的时候,我进宫就赏给我好吃的,出宫就让我坐高级马车。总之是管吃管穿,锦衣玉食,宝马香车。现在老爹去了,我本该跟随去死,可我却活得好好的,这就是不忠不孝啊。我实在没有理由活在这世上,请皇帝可怜可怜我,准许我去死,把我葬在郦山脚下,给老爹作陪吧。

一个堂堂的皇子,为了保护自己的家人,竟给自己罗织罪名,上书求死。这是何等的悲凉!由此可见,胡亥赵高等人制造的白色恐怖有多恐怖!

此书上奏以后,胡亥非常高兴。至少,可以省去替他的这位哥哥找罪名了。一高兴,不仅没有牵连公子高的家人,还赐给他十万钱予以安葬。

相对于胡亥的其他哥哥,公子高的结局算是最好的了。

就这样,胡亥把自己的兄弟姐妹全杀掉了,再没有人同他争夺皇位了。但是,要树立自己的权威,还有很多人要杀。比如位高权重、资历深厚的先皇旧臣蒙氏兄弟。

32 蒙氏蒙冤，帝国双璧陨落

凡臣之言，非以求免於咎也，将以谏而死，愿陛下为万民思从道也。

——《史记·蒙恬列传》

我死不足惜，只愿我的死我的血，能够警醒当权者，使他们走出歧途，多为江山社稷着想，多为黎民百姓谋利。这是对国家社稷多么深情的告白！这在那个时代是多么令人敬仰的忠诚！可惜，秦二世不能感受到他的忠诚，也不想感受他的忠诚，他只让使者给他带去死亡。

——《轻松读秦史》

在秦国统一天下的历史进程中，涌现出了两大功勋家族。一是以王翦王贲父子为轴心的王氏部族，二是以蒙恬蒙毅兄弟为轴心的蒙氏家族。正如《史记·白起王翦列传》中所说："秦始皇二十六年，尽并天下，王氏、蒙氏功为多，名施于后世。"但要论起两大家族在朝中的根基，蒙氏比王氏更强。

那么，蒙氏家族到底是什么来头呢？我们先来看史记中关于蒙氏家族的简历及成绩单：

蒙恬蒙毅兄弟的的祖先是齐国人。其祖父蒙骜，从齐国来到秦国辅助秦昭王，官做到上卿。

秦庄襄王元年，蒙骜担任秦国的将领，攻打韩国，占领了成皋、荥阳，设置了三川郡。

庄襄王二年,蒙骜攻打赵国,夺取了三十七座城池。秦始皇三年,蒙骜攻打韩国,夺取了十三座城池。

始皇五年,蒙骜攻打魏国,夺取了二十座城池,设置了东郡。

始皇七年,蒙骜去世。蒙骜的儿子叫蒙武,蒙武的儿子就是蒙恬和蒙毅。蒙恬曾做过狱讼记录工作,并负责掌管有关文件和狱讼档案。

秦始皇二十三年(公元前224年),蒙武担任秦国的列将,和王翦一同攻打楚国,大败楚军,杀死了项燕。

秦始皇二十四年,蒙武又攻打楚国,俘虏了楚王。

秦始皇二十六年,蒙恬由于出身将门做了秦国的将军,率兵攻打齐国,大败齐军。秦帝国授予他内史的官职。秦国统一天下后,派蒙恬带领三十万人的庞大军队,向北驱逐戎狄,收复黄河以南的土地。修筑长城,利用地理形势,设置要塞,西起临洮,东到辽东,逶迤绵延一万余里。渡过黄河,占据阳山,曲曲折折向北延伸。烈日寒霜,风风雨雨,在外十余年,驻守上郡。这时,蒙恬的声威震慑匈奴。

秦始皇特别尊重推崇蒙氏,信任并赏识他们的才能。因而亲近蒙毅,让他官至上卿。蒙毅外出陪着始皇同坐一辆车子,回到朝廷就侍奉在帝王跟前。

就这样,蒙氏兄弟中,蒙恬在外担当着军事重任,而蒙毅经常在朝廷出谋划策,兄弟俩被誉为忠信大臣。因而,蒙氏兄弟的地位在朝中大臣中无人可比拟,即使是其他的将相,也没有敢和他们争宠争功的。

总之,历经蒙骜、蒙武而到蒙恬蒙毅,蒙氏三代均为秦国名将重臣,蒙氏子弟遍及军旅官署,且忠正厚重之族风未曾稍减。正是许许多多如蒙氏的人才望族的稳定蓬勃的延续,才成就了帝国时代的强大实力。

然而,在胡亥"除旧臣"以提升自己统治权威的指导思想之下,谁的权力越大,谁对胡亥政权的威胁就越大,因而危险也越大。此时,王翦王贲父子已去世,只有王翦的孙子王离还在军中任职,王氏家族的影响已大不如以前。真正具有强大影响力的是内外皆管的先皇旧臣蒙氏兄弟。正所谓树大招风,位高权重的蒙氏兄弟很快被赵高列入清洗名单中。

其实,早在胡亥、赵高等人用假诏书赐死扶苏时,就要同时赐死蒙恬的。只是蒙恬怀疑诏书有假,不肯自杀,才没有当场丢命,但被囚禁起来。而此时的蒙毅在哪里呢?

此前,秦始皇在巡游途中病重之后,立即派随行的蒙毅去名山大川为自己祈祷,希望以此消除病灾。当然,蒙毅的祈祷并没有效果,没能让秦始皇康复。直到秦始皇病逝之后,蒙毅还未归来。等到蒙毅祈祷完毕归来时,秦始皇早已不在人世。

这不回来还好,一回来就被囚禁起来了。他不知道,在他没回来之时,就有人在思考如何除掉他,等待他的是一张巨大的阴谋之网。而撒网之人便是当今秦二世的红人赵高。

如果说赵高杀其他重臣还只是为胡亥清除威胁、出于"公心"的话,那么,赵高杀蒙氏兄弟则是"公私兼顾"。

于"公",他要杀蒙氏兄弟。胡亥是通过制造假诏书窃取皇位的,名不正言不顺。所谓做贼心虚,通过非正常程序上位的统治者,最怕忠正大臣揭穿阴谋,将其从皇位上拉下来。而当今朝堂之上,最有可能也最有能力将胡亥拉下马的重臣,非蒙氏兄弟莫属。蒙氏兄弟一个主内,掌管朝廷事务,一个主外,带领驻军防守边疆,要是两人知道真相后,来个里应外合,将胡亥反革命集团拉下马并不是难事。

于"私",赵高也要除掉蒙氏兄弟。有两个原因:

一是赵高担心,即使蒙氏兄弟未能发现胡亥集团的阴谋,继续为秦帝国效力,以蒙氏兄弟的才干,很可能被胡亥重用,从而威胁自己在二世心中的位置。

二是赵高与蒙毅有"旧恨",正好借二世之手公报私仇,除掉蒙氏兄弟,一了百了,永绝后患。

在蒙毅祈祷山川神灵回朝之前,胡亥等人就已经掌握了政权。而赵高趁蒙毅在胡亥政权中立足未稳之际，以向胡亥尽忠献策为名，诋毁蒙氏兄弟，意图杀之而后快。

他向胡亥忽悠道："我听说先帝很久以前就选贤用能，册立您为太子，而蒙毅劝阻说'不可以'。如果他知道您贤明有才能而长久拖延不让册立，那么，就是既不忠实而又蛊惑先帝了。以我愚见，不如杀死他。"

胡亥这个人的阴险就在于他诬告陷害人总能陷害到点上。他不诬陷蒙毅的生活作风有问题，也不诬陷蒙毅贪污腐败等，而是找准了胡亥最在意的问题：事关皇位的合法继承问题。赵高心里很清楚，胡亥的帝位是窃来的，最担心的是别人质疑他继承的合法性。一旦坐实来了蒙毅曾反对立胡亥为太子，胡亥必然会怪罪。

本来，胡亥对蒙氏兄弟并无恶感，但是赵高说到了他的痛处，蒙毅竟然反对皇帝立他为太子，实在是可恨。于是，没等蒙毅返回朝中，胡亥就下令把蒙毅先囚禁起来再说。但直到此时，胡亥也还没有下定决心要杀蒙毅。

等到胡亥继位做了二世皇帝之后，赵高得宠，"日日夜夜毁谤蒙氏"，网络他们的罪过，天天给蒙氏兄弟俩穿小鞋。

俗话说，坏话说得太多了，就有人信以为真。经不起赵高一天到晚地嘚啵嘚，胡亥终于对蒙毅起了杀心。

有人说蒙氏兄弟的坏话，但也有人为蒙氏兄弟说好话。

这个人就是后来继承秦国王位的子婴。

子婴进言规劝二世，为了增强说服力，他还举了几个鲜活的历史事例来证明杀忠臣能臣用庸人小人的后果。

比如，赵王迁杀死他的贤明臣子李牧而起用颜聚，齐王建杀死他前代的忠臣而改用后胜的计策，都导致了亡国。如今蒙氏兄弟是秦国的大臣和谋士，而国君打算一下子就抛弃他们，我认为不妥。草率考虑问题的人不可以治理国家，独断专行、自以为是的人不可以用来保全国君。诛杀忠良臣子而起用没有品行节操的人，对内将会使大臣不能相互信任，对外使将士们丧失斗志，后果很严重。

子婴是皇族，但对于子婴的具体身份，历史上有不少争议，现在我们先不细究，但从他对秦二世说话的语气上看，他的地位身份不低。尽管他已经把话说得很明白了，但胡亥还是听不进去，派使者前去命令蒙毅自行了断。

使者传达胡亥的话说：先主要册立太子而你却加以阻挠，如今丞相认为你不忠诚，罪过牵连到你们家族，我不忍心，就赐予你自杀吧，也算是很幸运了。你好自为之。

蒙毅觉得冤枉，自然要为自己辩护：

要是认为我不能博得先主的心意，那么，我年轻时作官为宦，就能顺意得宠，直到先主仙逝，可以说是能顺应先主的心意了吧。要是认为我不了解太子的才能，那么唯有太子能陪侍先主，周游天下，和其他的公子比起来，相差太远了，我还有什么怀疑的。先主举用太子，是多年的深思积虑，我还有什么话敢进谏，还有什么计策敢谋划呢！不是我借口来逃避死罪，只怕牵连羞辱了先主的名誉，希望大夫为此认真考虑，让我死于应有的罪名。况且顺理成全，是道义所崇尚的；严刑杀戮，是道义所不容的。从前秦穆公杀死车氏三良为他殉葬，判处百里奚以不应得的罪名，因此，他死后被人认为做错了事。昭襄王杀死武安君白起，楚平王杀死伍奢，吴王夫差杀了伍子胥，这四位国君，都犯了重大的过失，而遭到普天下人对他们的非议，认为他们的国君不贤明。因此，在各诸侯国中名声狼藉。所以说："用道义治理国家的人，不杀害没罪的臣民，而刑罚不施于无辜的人身上。"希望大夫认真地考虑！

应当说，蒙毅的辩护还是很有说服力的。可谓是摆事实讲道理举例子，一样不差。如果要评出历史上最具说服力的十大辩护词，蒙毅的这一番辩护必然能够入选。

可惜，秦二世没有给蒙毅辩护的机会。他只是派遣使者来将他赐死。使者知道胡亥的意图，根本听不进蒙毅的申诉，就把他杀了。

蒙毅死了，还有蒙恬。当初，胡亥赵高派遣使者，捏造罪名，拟定公子扶苏和蒙恬死罪。扶苏自杀后，蒙恬产生怀疑，又请求申诉。使者就把蒙恬囚禁起来，另外派人接替他的职务。使者回来报告时，胡亥已经听到扶苏的死讯，本来打算释放蒙恬，但赵高唯恐蒙氏再次显贵当权执政，就从中阻挠，蒙恬继续被囚禁。

此时，蒙毅已死，胡亥又派出使者赐死蒙恬。

理由很简单：你的罪过本来就多，现在你的弟弟蒙毅又犯有重罪，依法也牵连到你。

蒙恬自知这回难逃一死，但实在是不想死得不明不白，于是发表了离世感言，表明自己的心迹：

从我的祖先到后代子孙，为秦国累积大功，建立威信，已经三代了。如今我带兵三十多万，即使我被囚禁，但是，我的势力足够叛乱。然而，我知道必死无疑却坚守节义，是不敢辱没祖宗的教诲，不敢忘掉先主的恩宠。

从前周成王刚刚即位，还不能完全脱离小儿的背带和布兜，周公姬旦背负着成王接受群臣的朝见，终于平定了天下。到成王病情严重得很危险的时候，公旦剪下自己的指甲沉入黄河，祈祷说："国君年幼无知，这都是我当权执政，若有罪过祸患，应该由我承受惩罚。"就把这些祷祠书写下来，收藏在档案馆里，这可以说是非常诚信了。到了成王能亲自治理国家时，有奸臣造谣说："周公旦想要作乱已经很久了，大王若不戒备，一定要发生大的变故。"成王听了，就大发雷霆，周公旦逃奔到楚国。成王到档案馆审阅档案，发现周公旦的祷告书，就流着眼泪说："谁说周公旦想要作乱呢！"于是杀了造谣生事的那个大臣，请周公旦回归。所以《周书》上说："一定要参差交互地多方询问，反复审察。"

如今我蒙氏宗族，世世代代没有二心，而事情最终落到这样的结局，这一定是谋乱之臣叛逆作乱、欺君罔上的缘故。周成王犯有过失而能改过振作，终于使周朝兴旺昌盛；夏桀杀死关龙逄，商纣杀死王子比干而不后悔，最终落个身死国亡。所以我说犯有过失可以改正振作，听人规劝可以察觉警醒，参互交错地审察，是圣明国君治国的原则。我说的这些话，不是用以逃避罪责，而是要用忠心规劝而死，希望陛下替黎民百姓深思熟虑地找到应遵循的正确道路。

与弟弟蒙毅临死前的话相比，蒙恬的话更让人敬佩和叹息。他不是辩护，而是表明心迹和劝谏。他说得很明白：虽然我已被囚禁，但以我在军中的势力和影响，是有造反的能力的。如今，我明知自己将要被冤死也不愿造反，就是不想毁了蒙氏家族几代人的声誉，不想忘了祖宗的教诲，不想忘了先皇的恩宠。

蒙恬比蒙毅更理智一些，也更现实一些，他明白自己必死无疑，知道再为自己做无罪辩护也没有用，他只是想用自己的死来劝谏胡亥，希望他走上正确的道路，造福于黎民百姓。

我死不足惜，只愿我的死我的血，能够警醒当权者，使他们走出歧途，多为江山社稷着想，多为黎民百姓谋利。

即使自己含冤而死也还在希望他服务的帝国走上正轨，希望帝国的百姓臣民能够得到福利！

这是对国家社稷多么深情的告白！这在那个时代是多么令人敬仰的忠诚！

可惜，秦二世不能感受到他的忠诚，也不想感受他的忠诚，他只让使者给他带去死亡。

使者说："我接受诏令对将军施以刑法，不敢把将军的话转报皇上听。"

蒙恬沉重地叹息说："我对上天犯了什么罪,竟然没有过错就处死呢?"

良久,蒙恬才自言自语地说："我的罪过本来该当死罪啊。起自临洮接连到辽东,筑长城、挖壕沟一万余里,这中间能没有截断大地脉络的地方吗? 这就是我的罪过了。"于是吞下毒药自杀了。

蒙毅、蒙恬这对帝国双璧就这样陨落了。他们死前或辩护或告白,但都没有改变命运。但这不等于说,他们的话就完全没有意义。至少,他们的话被记录在历史中,秦二世没能还给他们的清白,历史最终还给他们了。

蒙氏蒙冤而死,是秦帝国最大的悲剧之一,甚至可以说,在一定程度上加速了秦帝国的覆灭。蒙氏家族世代为将,蒙恬征讨匈奴时期达到了权力的顶峰。蒙家成为历代帝王眼里的忠臣良将,虽然蒙家三代都手握军权,但是从来没有过叛乱的传言,可见蒙氏家族是一个人品信得过,值得托付,耿直厚重至忠至诚的优秀军事家族。而今蒙氏兄弟骤然被一齐赐死,在秦帝国朝堂之上和军士之中产生的思想震荡应当是巨大的,其后患之深更是难以估计。其中最大的后患和不良影响就是导致秦国军心的溃散、秦国军风的迅速瓦解。自王翦王贲父子相继病逝,秦军的传统轴心便聚结在了以统帅蒙恬为旗帜的蒙氏军旅部族之上。蒙恬以天下公认的军旅大功臣而被赐死,秦军的统帅大旗被无端砍倒,秦军将士之心何能不剧烈浮动?

看秦军后来的战况,我们常常不解:为何所向披靡战无不胜的秦军锐士,面对后来"揭竿而起"的农民军竟倍感吃力,到了对项羽军作战之时更是一朝溃败,连最精锐的九原大军统帅王离都一战被俘? 这恐怕与蒙氏被杀后的军心溃散不无关系。蒙恬死后,胡亥赵高更是杀戮成风,国家重臣几乎悉数毁灭,军中将士眼见耳闻接踵连绵的权力杀戮,也必然是战心全失,虎狼之风难存。也就是说,作为曾经强大的帝国雄师,秦军在很大程度上是被自己朝廷的内乱风暴击溃的。

此外，蒙恬蒙毅之死的直接后果，是整个蒙氏部族的溃散。因蒙氏太过显赫，胡亥有很大顾忌，未能像后来诛杀其余功臣与皇族那样大肆连坐。纵然如此，蒙氏部族还是立即警觉到了巨大的劫难即将降临。

"今臣将兵三十馀万，身虽囚系，其势足以倍畔。"根据蒙恬死前的话，我们可以知道，蒙恬统帅的三十万长城军团中，有不少自己的亲信，要发动叛乱也不是什么难事。蒙恬死后，他那些亲信及部族明白如此巨大的冤情绝无可能洗刷，很可能以秘密逃亡的方式远离是非之地。于是，遍及军旅的蒙氏精壮纷纷以各种理由离开防地出走，咸阳的蒙氏两座府邸也迅速地人去府空。蒙氏逃亡不可能重返海疆，而是南下逃入南海郡的秦军，投奔岭南大军的蒙氏族人。

但对蒙恬的死，并不是所有人都报以同情和叹息，对蒙恬的功绩，也不是所有人都认同。比如，太史公司马迁的看法就有些不同：

吾适北边，自直道归，行观蒙恬所为秦筑长城亭障，堑山堙谷。通直道，固轻百姓力矣！夫秦之初灭诸侯，天下之心未定，痍伤者未瘳；而恬为名将，不以此时强谏，振百姓之急，养老存孤，务修众庶之和；而阿意兴功，此其兄弟遇诛，不亦宜乎？何乃罪地脉哉！

司马迁的话有这么几个意思：凡蒙恬所筑北边工程，都是挥霍民力的不当作为工程；秦统一天下之后，蒙恬该做的事是强谏始皇帝实行与民休息，而蒙恬没有强谏，反而奉承上意而大兴一己之功。基于以上考虑，蒙恬兄弟被杀实在是该当的。

司马迁此说，有些站着说话不腰疼。我们不能抛开时代背景来指责蒙恬修筑的那些工程都是愚忠的表现。虽然这些工程确实耗费了大量民力，但修筑直道客观上便利了秦国的交通，修筑长城客观上也起到了防范匈奴入侵的作用。

众所周知，华夏外患自西周末年西部戎狄攻入镐京迫使周室东迁洛阳开始。自此，外患之门被打开，外族入侵一直严重威胁着华夏文明的生存。秦赵燕西北三国因此而一直是两条战线作战：对内争霸，对外御胡。这一基本外患,直到秦始皇以蒙恬重兵痛击匈奴,并修筑万里长城,才取得重大的阶段性胜利,使华夏文明获得了稳定的强势生存屏障。显然,蒙恬长期经营北边而驱逐匈奴,对于华夏文明的稳定发展具有深远的意义。蒙恬作为一代名将,文明屏障之功不可没也!

正如西汉《盐铁论·伐功》篇云:"蒙公为秦击走匈奴,若鸷鸟之追群雀。匈奴势慑,不敢南面而望十余年。"

从这些角度看,我们甚至可以说,蒙恬是中国文明史上的一个突出标志性人物。这正是:一腔血泪浇筑天地脊骨,满腹冤屈却无处诉,空留下后人长歌当哭。

33 李斯落难

李斯数欲请间谏,二世不许。

——《史记·李斯列传》

李斯作为饱读天下诗书的文吏,当然知道这套歪理邪说是多么无知、多么混蛋、多么可笑。这位自己亲手参与造反送上皇帝宝座的人如今一心一意只图享乐,如今,竟要他帮忙出主意:如何才能更好地享乐! 如果当时有网络或微信,有表情包,李斯的表情一定是:汗! 汗! 汗!

——《轻松读秦史》

二世的兄弟姐妹们已被杀死,蒙氏兄弟等重臣也已被杀死。应当说,对秦二世皇位的主要威胁都已经不存在了。

但是对于赵高来说,还有一个极大的威胁。这个威胁就是李斯。

在篡夺皇权的初始阶段,李斯被赵高拉拢,成为造反三人团的骨干力量。此时,他和胡亥、赵高的利益都是一致的,如果有点分歧,那也是造反团的内部矛盾,并非不可调和。但当秦二世已经在皇位上站稳脚跟,赵高的羽翼也日渐丰满的时候,李斯便成为了赵高夺取最高权力的绊脚石。

在劝服李斯加入造反阵营时,赵高便给李斯下了套,李斯挣扎了几轮,结果还是中套了。

200

不幸的是，善于搞阴谋的赵高，再一次为李斯下套的时候，李斯依然中套。而且由于赵高的套路太深，李斯被耍得团团转不说，还丢了性命。

　　在赵高的怂恿下，二世胡亥大搞白色恐怖，法令刑罚一天比一天残酷，群臣上下人人自危，想反叛的人很多。二世又继续修建阿房宫，修筑直道、驰道，增加赋税，兵役劳役没完没了，终于压垮了百姓承受能力的最后一根稻草——各地纷纷传来暴动的消息。

　　李斯多少还是有些良心，想找机会进谏，胡亥不但不允许，还下旨指责李斯不懂事。胡亥是这样说的：

　　我读《韩非子》一书时了解到，尧统治天下，殿堂只不过三尺高，柞木椽子直接使用而不加整修，茅草做屋顶而不加修剪，即使是旅店中住宿的条件也不会比这更艰苦的了。他冬天穿鹿皮袄，夏天穿麻布衣，粗米作饭，野菜作汤，用土罐吃饭，用土钵喝水，即使是看门人的生活也不会比这更清寒的了。大禹凿开龙门，开水道疏河流筑堤防，将天下水引入大海，累得大腿上没白肉，小腿没汗毛，手掌脚底都结满了厚茧，面孔漆黑，最终还累死在外，草草埋葬在会稽山上，即使是刑徒奴隶也没这么惨。

　　然而把统治天下看得无尚尊贵的人，其目的难道就是想操心费力，住旅店一样的宿舍，吃看门人吃的食物，干奴隶干的事吗？这些都是不靠谱的人才努力去干的，并非贤明的人所从事的。贤明的人之所以要占有天下，就是想把天下的一切拿来满足自己的私欲而已，所以才处心积虑要占有天下。人们所说的贤明之人，一定能安定天下、治理万民，倘若连给自己捞好处都不会，又怎么能治理天下呢！所以我才想随心所欲自在享乐，永远享有天下而没有祸害。你觉得怎样做才能更好的享乐呢？

估计李斯看了胡亥这一通歪理邪说是很无语的。这位篡逆的皇帝、大秦帝国的败家子在各地暴动帝国生死存亡之际,不想着如何力挽狂澜、安抚百姓,却一心只想着放纵享乐,还按自己的歪理歪曲先贤的勤劳节俭,认为他们都是不会享受的傻蛋。他的歪理邪说的核心要点就是:不享乐,毋宁死。不会享乐的人不配拥有天下也不能统治天下。在他的眼里,辛苦打下来的江山只是为了君王享乐的,不会享乐的统治者都是大傻子。

李斯作为饱读天下诗书的文吏,当然知道这套歪理邪说是多么无知、多么混蛋、多么可笑。这位自己亲手参与造反送上皇帝宝座的人如今一心一意只图享乐,如今,竟要他帮忙出主意:如何才能更好地享乐? 如果当时有网络或微信,有表情包,李斯的表情一定是:汗! 汗!汗!

明知他说得毫无道理,我竟无言以对! 这,恐怕就是李斯当时心情的写照。

既然无言以对,那就只能闭嘴。但身处风口浪尖的李斯,并非闭嘴就能"平安着陆"。

倒霉的是,李斯的儿子李由担任三川郡守,造反的吴广等人向西攻占地盘,任意往来,李由不能阻止。章邯在击败并驱逐了吴广等人的军队之后,派到三川去调查的使者一个接着一个,并责备李斯身居三公之位,为何让盗贼猖狂到这种地步。有了这个把柄捏在皇帝手里,李斯很是紧张,为了保住自己的地位,他不但不反驳二世胡亥的歪理邪说,还曲意阿谀顺从二世的心意,上书为二世的歪理邪说寻找理论根据,以求得胡亥的宽容。

他的上书大致内容是这样的:

贤明的君主,必将是能够全面掌握为君之道,又对下行使督责之术的君主。对下严加督责,则臣子们不敢不竭尽全力为君主效命。这样,君主和臣子的职分一经确定,上下关系的准则也明确了,那么天下不论是有才德的还是没有才德的,都不敢不竭尽全力为君主效命了。因此君主才能专制天下而不受任何约束,能够尽情的享乐。贤明的君主肯定能看明白这一点的。

所以申不害先生说:拥有天下要是不懂得纵情享乐,天下无异于自己的镣铐。他说这样的话,没有别的意思,只是讲不督责臣下,而自己反辛辛苦苦为天下百姓操劳,像尧和禹那样,所以称之为"镣铐"。不能学习申不害、韩非的高明法术,推行督责措施,一心以天下使自己舒服快乐,而只是白白地操心费力,拼命为百姓干事,那就是百姓的奴仆,并不是统治天下的帝王,这有什么值得尊贵的呢!让别人为自己献身,就自己尊贵而别人卑贱;让自己为别人献身,就自己卑贱而别人尊贵。所以献身的人卑贱,接受献身的人尊贵,从古到今,没有不是这样的。自古以来之所以尊重贤人,是因为受尊敬的人自己尊贵;之所以讨厌不肖的人,是因为不肖的人自己卑贱。而尧、禹是为天下献身的人,因袭世俗的评价而予以尊重,这也就失去了所以尊贤的用心了,这可说是绝大的错误。说尧、禹把天下当作自己的"镣铐",不也是很合适的吗?这是不能督责的过错。

所以韩非先生说"慈爱的母亲会养出败家的儿子,而严厉的主人家中没有强悍的奴仆",是什么原因呢?这是由于能严加惩罚的必然结果。所以商鞅的新法规定,在道路上撒灰的人就要判刑。撒灰于道是轻罪,而加之以刑是重罚。只有贤明的君主才能严厉地督责轻罪。轻罪尚且严厉督责,何况犯有重罪呢?所以百姓不敢犯法。因此韩非先生又说:如果只是几尺绸布,一般人见到都会"顺走",但如果是百镒黄金,连汪洋大盗也不会盗取。这是为什么呢?并不是因为普通人贪婪之心严重,也不是那几尺布有极高的价值,更不是因为汪洋大盗品行高尚，不把黄金的重利看在眼里。而是因为，拿几尺布够不上犯罪，不会被处罚，而一旦夺取黄金，随手就要受刑，所以即便是汪洋大盗也不敢随便夺取黄金。若是不坚决施行刑罚的话，那么一般人也就不会放弃几尺绸布。因此城墙虽然高不过五丈，人们也不敢轻易翻越冒犯；泰山高达百仞，而跛脚的牧羊人却敢在上面放牧。原因在于，泰山虽高，但是平缓；城墙虽低，但是陡直。圣明的君主之所以能久居尊位，长掌大权，独自垄断天下利益，其原因并不在于他们有什么特殊的办法，而是在于他们能够独揽大权，精于督责，对犯法的人一定严加惩处，所以天下人不敢违犯。现在不制定防止犯罪的措施，去仿效慈母养成败家子的做法，那就太不了解前代圣哲的论说了。不能实行圣人治理天下的方法，除去给天下当奴仆还能干什么呢？这不是太令人悲伤的事吗！

更何况节俭仁义的人在朝中任职，那荒诞放肆的乐趣就得中止；规劝陈说，高谈道理的臣子在身边干预，放肆无忌的念头就要收敛；烈士死节的行为受到世人的推崇，纵情享受的娱乐就要放弃。所以圣明的君主能排斥这三种人，而独掌统治大权以驾驭言听计从的臣子，建立严明的法制，所以自身尊贵而权势威重。所有的贤明君主，都能拂逆世风、扭转民俗，废弃他所厌恶的，树立他所喜欢的，因此在他活着的时候才有尊贵的威势，在他死后才有贤明的谥号。正因为这样，贤明的君主才集权专制，使权力不落入臣下手中，然后才能斩断仁义之路，堵住游说之口，制止烈士以死殉节的行为，闭目塞听，任凭自己独断专行，这样在外就不致被仁义节烈之士的行为所动摇，在内也不会被劝谏争论所迷惑。只有这样，君主才能独来独往，做事随心所欲而没有人敢反对。像这样，才可以说是了解了申不害、韩非的统治术，学会了商鞅的法制。只要法制和统治术掌握实施好了，天下就不可能大乱。所以，有人说："帝王的统治术是简约易行的。"只有贤明君主才能这么做。像这样，才可以说是真正实行了督责，臣下才能没有离异之心，天下才能安定,天下安定才能有君主的尊严,君主有了尊严才能使督责严格执行,督责严格执行后君主的欲望才能得到满足,满足之后国家才能富强,国家富强了君主才能享受得更多。所以督责之术一确立,君主就任何欲望都能满足了。群臣百姓想补救自己的过失都来不及,哪里还敢图谋造反?像这样,就可以说是掌握了帝王的统治术,也可以说了解了驾驭群臣的方法。即使申不害、韩非复生,也不能超过了。

谁也不曾想到,大秦帝国的大笔杆子、写过《谏逐客书》千古名篇的李斯为了保住自己的地位,竟然阿谀奉承胡说八道写下这种等而下之的文章。

表面上看,这篇文章似乎言必有据,逻辑严谨,引经据典。但只要稍加分析,就可看出李斯是故意曲解先贤名流的观点,迎合二世胡亥。其中核心的观点就是,对臣民,实行督责之术,严法酷刑。对皇帝,则是主张享乐为上,闭目塞听,独断专行。这哪里是谏书,分明就是亡国理论。

这样的亡国理论恰恰是胡亥希望看到的。这封谏书上奏之后,胡亥看了非常高兴。

当时,百姓处于水深火热的生活,各地暴动已是如火如荼,胡亥和他的帝国正坐在一座活火山却不自知。他按照李斯所谏,更加严厉地实行督责,并加重百姓的赋税劳役,实行更加严酷的法律。这些举措的推行,导致百姓的生活更加悲惨。

《史记·李斯列传》这样形容当时的惨状:刑者相伴于道,死人日积于市。

路上的行人,有一半是犯人,在街市上每天都堆积着刚杀死的人的尸体。这样的帝国,百姓何来安全感和幸福感,不造反才怪呢。李斯可不管这些,他或许还在为自己取悦了二世胡亥、暂时保全了自己的地位而松了一口气。但他不知道,他真正该担心的,是时时都很"尊崇"他,嘴上"丞相长丞相短"、暗地里却时刻想着给他下套的赵高。

自秦二世登基以来,赵高杀死了许多宗室大臣和他自己的仇人,因此担心大臣们上朝奏事时批判揭发自己,便以上朝奏事容易暴露自己的不足和缺陷为由,劝二世胡亥不要接见大臣们,只要玩乐即可,有什么事由赵高来上传下达就行了。

胡亥竟然听了赵高的话,整日深居宫中玩乐,闭门不出。这样,大臣想向皇帝进谏也没机会了。

赵高料定李斯对胡亥的许多政策会有意见,便故意挑逗李斯,为他下了一个套:

嗨,丞相大哥,我给你说个事呗。现在,函谷关以东地区盗贼很多,皇上不派人去镇压清剿,却加紧遣发劳役修建阿房宫,搜集狗马等没用的玩物。我想劝谏,但我的地位太低了,不够格啊。可您作为一言九鼎的丞相,怎么也不为了国家大局着想,去劝劝皇帝呢?

看见没?人家赵高的套路确实很深。寥寥两句话,迫使李斯就范。

"我想劝谏,但我的地位太低了,不够格。"就这一句话,压低了自己的身份,抬高李斯的地位,让李斯在心理上爽歪歪。

"可您作为一言九鼎的丞相,怎么也得为了国家大局着想,去劝劝皇帝呢?"这是道德绑架,简单一句话就把李斯架在了忠君爱国敢于为国家大局直谏的道德制高点上,让李斯下不来。

这两招一出,李斯果然很受用,心甘情愿上钩。他兴致勃勃地对赵高说:"确实是这样呢,其实我早就想劝谏了。"可是现在皇帝不临朝听政,常居深宫之中,我虽然有话想说,又不便让别人传达,想见皇帝却又没有机会。

赵高见李斯上钩了,便摆出一副"我办事,你放心,包在我身上"的好人架势,信誓旦旦地对李斯说:"您若真能劝谏的话,请让我替你打听,只要皇上一有空闲,我就立刻通知你。"

李斯对赵高的深明大义赞叹不已,浑然不知已落入赵高的圈套。

于是赵高趁二世在休闲娱乐或是与美女进行"请勿打扰"的活动时，就派人告诉丞相李斯，说皇帝这会儿有空。李斯于是颠颠儿地跑就到宫门求见。一次也就罢了，赵高连续这样忽悠了李斯三次。李斯三次都上当，都在不该出现的时候去找秦二世。

秦二世胡亥同志非常生气，"我有空时你不来，早不来晚不来，偏偏在我玩得嗨的时候就来奏事？你到底几个意思？这是以为我很好消遣是吗？还是压根不把我放在眼里！"

被二世骂了一通，李斯灰溜溜地走了。赵高成功挑起了二世对李斯的不满，又趁机添油加醋地诋毁李斯：

我的皇帝哥，您这样说话可太危险了！沙丘的密谋，丞相是参与了的。现在陛下您已即位皇帝，而丞相的地位却没有提高，显然他的意思是想割地封王呀！如果皇帝您不问我，有件事我还不敢说，但不说似乎又不是我的性格。

赵高挑起了二世的胃口，胡亥果然说，有话快讲。

于是赵高告诉二世一个"秘密"：

李斯的大儿子李由担任三川郡守，楚地强盗陈胜等人都是丞相故乡邻县的人，因此他们才敢公开横行，经过三川时，李由只是守城而不出击。我曾听说他们之间有书信来往，但还没有调查清楚，所以没敢向陛下报告。更何况丞相在下面的权力比陛下还大。

"丞相的权权力比陛下还大"，这一句挑拨离间的话十分到位，足以让胡亥对李斯产生忌惮。二世胡亥认为赵高的话没错，就有了查办李斯的心思。但他还是担心情况不实，就派人去调查李由与盗贼勾结的具体情况。

李斯好歹是个丞相，有自己的消息渠道，很快也知道了皇帝派人去调查自己的儿子去了。这时，他才如梦初醒，明白自己向皇帝劝谏以来发生的一些蹊跷事估计都是赵高从中陷害自己，于是决定面见胡亥，也告一把赵高的黑状，让赵高也吃点亏。当李斯准备进谏时，二世又在开展娱乐活动,李斯无奈只得上书进谏,告赵高的"黑状"。

为了能够告好这个"黑状",到达"高级黑"的目的,李斯引经据典,希望能够一举说服皇帝打压赵高。

他上书的大致意思是这样的:

我听说,臣子如果和君主平起平坐,没有不危害国家的;妻妾和丈夫平起平坐,没有不危害家庭的。现在有的大臣擅自掌握赏罚大权,和您没有什么不同,这是非常不妥当的。当年子罕当宋国丞相,自己掌握刑罚大权,用威权行事,一年之后就劫持了宋国国君,篡夺了王位。田常当齐简公的臣子,爵位高到全国无人与他相匹敌,自家的财富和公家的一样多,他行恩施惠,下得百姓的爱戴,上得群臣的拥护,暗中窃取了齐国的权力,杀死了齐简公,完全控制了齐国。这些都是人尽皆知的事情。现在赵高有邪恶放纵的心志和行为,就如同子罕当宋国丞相时的所作所为;私人占有的财富,也正像田常在齐国那样多。他既使用了子罕的做法,也使用了田常的做法,夺取了您的威信。陛下如果不及早打算,等到赵高发动叛乱时就来不及应对了。

李斯的这封谏书,中心意思是皇帝给赵高的权力过大,容易让赵高树立自己的威信,从而把皇帝架空,一旦赵高起了反叛之心,后果不堪设想。为了增加说服力,李斯还举了很多历史上的例子,算是警示教材。应当说,这封谏书是切中时弊切中问题要害的。

但是,李斯对二世胡亥与赵高的特殊关系估计不足。那么,赵高和胡亥到底有哪些关系呢?

一是君臣关系。沙丘之谋的主谋,无疑是赵高。胡亥本没有篡位的意思,是赵高说服了他。李斯也没有篡改秦始皇遗愿的意思,同样是赵高说服了他。总之,如果没有赵高,胡亥是当不上皇帝的。在君臣关系上,赵高是胡亥登上帝位的第一功臣,而李斯虽然最终同意了参与沙丘之变,顶多算第二功臣。因此,在君臣关系上,胡亥更看重赵高的功劳。

二是师徒关系。《史记·蒙恬列传》记载:"高即私事公子胡亥,喻之决狱。"赵高很早就在私下里教胡亥决断诉讼案件,从理论上来说赵高之前算是公子胡亥的老师,现在算是帝师,所以二人关系肯定不同寻常。在这层关系上,李斯等于零,完败赵高。

三是陪伴关系。按照《史记》的说法,在与李斯的谈话中,胡亥要说一句"朕少失先人"。这里的"先人",可能是指自己年少继位,父皇去世。但也可能是指自己的母亲更早就去世了。如果胡亥的母亲在世,胡亥继位时,应该会被尊为太后的。在胡亥的成长过程中,没有母亲的他十分孤独,这时候,他的老师赵高可能就不只是他的老师,还很有可能是他最忠实的陪伴者,是可以说知心话的人。

在这层关系上,李斯更无法与赵高相比。

因而,从这三层关系来看,胡亥与赵高都要比李斯亲密得多。因而,当李斯与赵高发生矛盾时,胡亥早已先入为主,心里肯定是更偏向于赵高的。当胡亥看到李斯上书告赵高的"黑状"时,不禁要站出来为赵高说话。他要堵住李斯的嘴,不准李斯诽谤他的忠臣、老师、好友赵高。

胡亥立即让使者宣李斯进见。李斯以为是胡亥相信了他的话,没想到见面就被胡亥一顿骂。

胡亥责问李斯:丞相为何要告赵高的黑状?赵高只是个宦官,但他从不因处境安逸就为所欲为,也不因处境危险就改变忠心,他品行廉洁,一心向善,靠自己的努力才得到今天的地位,因忠心耿耿才被提拔,因讲信义才保住职位,我认为他确实是个好干部,你为何要怀疑他呢?

况且我年纪轻轻就失去了父亲,没什么见识,不懂得如何治理天下,而你年纪又大了,我担心与天下人隔绝了。我如果不把国事托付给赵高,还应当用谁呢?况且赵高为人精明廉洁,竭尽其力,下能了解民情,上能顺适我的心意,请你不要怀疑。

胡亥当着李斯的面把赵高美美地夸了一通，这对于告赵高黑状的李斯来说，无疑就是啪啪打脸。按说李斯应该知难而退。可事已至此，李斯已无退路，只得再努力试试，企图改变胡亥的看法。

李斯很忧国忧君地说：

不是这样的呢！赵高出身卑贱，既无知又不懂得道理，而且贪得无厌，求利不止，现在他的地位权势仅次于陛下了，但他还那样不知足，实在是一大威胁。

胡亥早已相信了赵高，当然听不进去李斯的话。不仅如此，他还十分担心自己的心腹忠臣被李斯陷害，就把李斯的话告诉了赵高。

赵高看到胡亥这样信任自己，这样替自己着想，心里自然是万分欣喜。但表面上，他却装出一副被人排挤陷害的可怜样，并忧心忡忡地说：

"谢谢皇帝小哥给我报信。我早想到李斯有害我之心，但没想到他这么心急。我死不足惜，但因为我对皇帝您忠心耿耿，李斯最怕我坏他的好事了。只要我死了，李斯就可以干他想干的事——弑君篡位了。"

"我死了不要紧，只是我担心李斯要谋害您啊。"要是赵高活到现代，绝对是当影帝的料。你看，明明是他想害别人，现在却装着要被人害的可怜样。最关键的是，他还装出一副舍己为人、把自己的生死置之度外、一心只为皇帝着想的高尚情操。

胡亥被赵高扮演的忠臣感动得不要不要的，马上下旨，把李斯交由赵高查办。

34 李斯的最后自白：如果再回到从前

斯出狱，与其中子俱执，顾谓其中子曰："吾欲与若复牵黄犬，俱出上蔡东门逐狡兔，岂可得乎！"

——《史记·李斯列传》

李斯的临终之言，翻译成现在的语言，其实就是一句话：朝中套路深，哥要回农村。可是他在朝野的权谋中陷得太深，已经回不去农村了。从上蔡郡县小吏到位极人臣贵为丞相权倾朝野，再到沦为阶下囚，被灭三族。李斯的一生，真可谓是"其兴也勃焉其亡也忽焉"。

——《轻松读秦史》

李斯被赵高拿下关进监狱时才如梦初醒，明白自己被赵高下了套，而胡亥则是个十足的糊涂蛋，被赵高卖了还帮他数钱。

郁闷的他悲叹不已，在狱中发了一番感慨，骂胡亥昏庸无能，骂自己瞎了眼，帮昏君出谋划策。具体内容大致如下：

真是可悲啊！可惜我李斯聪明一世糊涂一时，竟然为这昏君出谋划策，落得今天这般下场。从前夏桀杀死关龙逄，商纣杀死王子比干，吴王夫差杀死伍子胥。这三个大臣，难道不忠吗！然而免不了一死，他们虽然尽忠而死，只可惜跟错了主子。现在我的智慧赶不上这三个人，而二世的暴虐无道超过了桀、纣、夫差，我为这样的人尽忠而死，也是活该。

况且二世治国分明就是乱来。不久前杀死了自己的兄弟而自立为皇帝，又杀害忠良，重用低贱的人，修建阿房宫，对天下百姓横征暴敛。不是我不劝谏，而是他不听我的呀。凡是古代圣明的帝王饮食都有一定的节制，车马器物有一定的数量，宫殿都有一定的限度，颁布命令和办事情，增加费用而不利于百姓的一律禁止，所以才能长治久安。现在二世对自己的兄弟，施以违反常情常理的残暴手段，不考虑会有什么灾祸，迫害、杀戮忠臣，也不考虑会有什么灾殃；大力修筑宫殿，加重对天下百姓的税收，不吝惜钱财。这三件措施实行之后，天下百姓不服从。现在造反的人已占天下人的一半了，但二世心中还未觉悟，居然重用赵高来辅助他，亡国之日恐怕不远了，当时盗贼攻陷都城，麋鹿游于朝野也就不是什么奇怪的事了。

但感慨终归只是感慨，骂一骂胡亥和赵高虽然能解一时之气，但并没有什么实际作用，更不可能改变自己的命运。他虽然预测到秦王朝的末日已不远，但眼下，吃亏的还是他自己。赵高被胡亥授权查办李斯以后，果断地审理完全不存在的李斯谋反案。他下令将李斯的宾客及家人统统逮捕入狱，全部隔离审查，重刑逼供。他是怎样审讯李斯的呢？一个字：打！

"赵高治斯，榜掠千余，不胜痛，自诬服。"

赵高审讯李斯，完全就是严刑拷打刑讯逼供。当时，李斯已是70多岁的老人，怎么能扛得住大刑伺候？可赵高并没有尊老爱幼的美德，不管三七二十一，命令手下一顿狂打，"榜掠千余"，打得李斯皮开肉绽满地找牙，被迫称服。也许，李斯起初是不服的，但一个贵极人臣的丞相、一个满腹经纶的学者型官员、一个年逾古稀的老年人，在被打了一千多棍之后，不得不求饶，用自己的鲜血写下一个大写的服字。而赵高是很懂秦国法律的人，拿到李斯的供词之后，立即进行合理想象虚构组合，经过精心整理之后,呈报二世胡亥皇帝,邀功请赏。

而此时的李斯,虽然被赵高揍得奄奄一息,但心里依然还有希望的灯塔——"斯所以不死者,自负其辩,有功,实无反心,幸得上书自陈,幸二世之寤而赦之"。

和李斯同时被查的,其实还有右丞相冯去疾、将军冯劫。两人估计都知道赵高的狠毒,自己也还有些骨气,不想受辱,于是愤而自杀。但李斯却不这么想。即使被打得很惨,他也绝不自杀。他侥幸地以为二世皇帝可能只是一时糊涂,自己能言善辩,又对秦国有大功,确实没有反叛之心,只要上书为自己辩护,二世胡亥感动之余很可能回心转意,网开一面放自己一马。

臣为丞相治民,三十余年矣。逮秦地之陕隘,先王之时秦地不过千里,兵数十万。臣尽薄材,谨奉法令,阴行谋臣,资之金玉,使游说诸侯,阴修甲兵,饰政教,官斗士,尊功臣,盛其爵禄,故终以胁韩弱魏,破燕、赵,夷齐、楚,卒兼六国,虏其王,立秦为天子,罪一矣。地非不广,又北逐胡、貉,南定百越,以见秦之强,罪二矣。尊大臣,盛其爵位,以固其亲,罪三矣。立社稷,修宗庙,以明主之贤,罪四矣。更剋画,平斗斛度量文章,布之天下,以树秦之名,罪五矣。治驰道,兴游观,以见主之得意,罪六矣。缓刑罚,薄赋敛,以遂主得众之心,万民戴主,死而不忘,罪七矣。若斯之为臣者,罪足以死固久矣。上幸尽其能力,乃得至今,愿陛下察之!

李斯的这一封奏书,采用的是正话反说的手法,表面上是列举自己的七大罪状,实则是在向皇帝展示他为秦帝国立下的七大功劳:一是扫六合灭六国;二是平百越逐胡人;三是尊大臣留人才;四是立社稷修宗庙;五是统一文字度量衡;六是修驰道兴游观;七是缓刑罚薄赋敛。李斯以为这样正话反说更能感动胡亥,为自己求得一线生机。

只可惜，此时的李斯已不是写《谏逐客书》的李斯，二世胡亥也没有秦始皇当年的胸怀和眼光，而最重要的是，赵高并不会给他上奏的机会。

奏书呈上之后，赵高让狱吏丢在一边而不上报，说："囚犯怎能上书！"

你以为你是谁？还当自己是丞相呢？囚犯哪还有上书的权利？李斯用血泪写出来的最后一份奏书，就这样被赵高轻而易举地踩在了脚下。但这一切，李斯都蒙在鼓里，他只能在狱中翘首以盼秦二世的批复。

李斯毕竟位居丞相，当赵高向二世呈上李斯一案的卷宗时，胡亥按照常理还是要派御史亲自复审一下案情的。不过，对于熟知秦国法律程序的赵高来说，他早就安排好了一切。在胡亥派出的御史复审专案组审讯李斯之前，赵高已经培训了一批人员，组成山寨版的"李斯案御史复审专案组"，让他们扮演相关办案人员，去"审问"李斯。

李斯看到山寨版的御史复审专案组，以为是自己的奏书发挥了作用，顿时觉得生命的灯塔又燃起了光亮。他大呼冤枉，对之前的供述全盘否认，并告发赵高刑讯逼供，诬陷忠良，自己之前是年老体衰经不起打才被迫就范的。

李斯以为这样就可以真相大白，哪知这些御史是赵高心腹之人扮演的山寨版。

"大胆李斯，竟敢翻供戏弄皇帝，给我狠狠地打！"

一听李斯说了实话，山寨版御史立即对其乱棍群殴，把李斯打得生不如死。这还没完，之后的几天，赵高故伎重演，让山寨版御史反复"审讯"试探李斯，只要李斯一说实话就一顿狠揍。如此反复操练，李斯终于不再敢说实话。

直到有一天，二世派出的真正御史复审专案组到来时，李斯以为还是之前的把戏，条件反射地恐惧，再也不敢说出真相。随后，御史复审专案组向二世胡亥复命，认定李斯谋反罪名成立。

当初，李斯被调查是以他和长子李由合谋谋反为立案理由的。所以，皇帝既派了使者去复审李斯，同时也派了使者去调查李由，当使者到达李由任职的三川之地时，李由已经被造反部队的将领项梁杀死，为国捐躯。使者返回时，李斯已被赵高控制。李由已死，死无对证。而李斯也已被赵高控制，玩弄于股掌之间，赵高很容易就编造了一整套李斯父子谋反的罪状。

就这样，莫须有的李斯父子谋反案就这样被办成了"铁案"。胡亥听了御史的汇报，很欣慰地说："幸亏有赵君，我差点被丞相出卖了。"

"二世二年七月，具斯五刑，论腰斩咸阳市。"大秦帝国曾经的股肱之臣李斯被判处五刑，在咸阳街市上腰斩示众。何谓五刑？这里的五刑指的劓（割鼻）、斩趾（斩左右脚趾）、笞（用鞭，杖或竹板打）、枭首（将人的头砍下悬挂以示众人）、菹（剁成肉酱）。

《史记》中没有记载李斯执行五刑的惨状，但记录了一个令人叹息的细节：

李斯被提出监狱，在验明正身押赴刑场时，看到小儿子也被同时押赴刑场。曾经的帝国丞相竟落到这般田地，尤其是当看到自己年轻的小儿子因为受到自己牵连也要被处死时，他怎能不心如刀绞，老泪纵横？一把年纪的李斯说出了一句十分哀婉的话："我多想回到我们还是普通人的时代，和你一起牵着我们家的狗一起走出上蔡东门去追兔子。只可惜，已经不可能了，我们再也回不去了！"

听到这句话，岂不让人更加感伤？于是父子相向而泣，在悲伤与恐惧中走完了他们起伏的一生。与他们一起被处死的，还有李斯的三族。

李斯的临终之言，翻译成现在的语言，其实就是一句话：朝中套路深，哥要回农村。可是他在朝野的权谋中陷得太深，已经回不去农村了。从上蔡郡县小吏到位极人臣贵为丞相权倾朝野，再到沦为阶下囚,被灭三族。李斯的一生,真可谓是"其兴也勃焉其亡也忽焉"。

那么,李斯的悲剧结局究竟是谁造成的呢?

从外因上看,是李斯晚年所处的政治环境太恶劣,用今天的话说,就是当时的政治生态不正常。这种不正常有两个表现:一是皇帝没有皇帝的样子。二世胡亥整天只惦记着如何享乐,听不进去大臣的合理意见,一意孤行,倒行逆施。李斯多少还是有些想法的,总想给皇帝提点建议,皇帝不但听不进去,还对他产生了厌烦情绪,留下了不好的印象。二是大臣没有大臣的样子。权臣赵高一心想着提升自己的地位,扩大自己的权力,整天惦记着整人,把朝廷上下搞得乌烟瘴气。

不幸的是,李斯就是挡住赵高发达的最后一道障碍,因而也就成了赵高欲除之而后快的对象。

从内因上看,一是李斯的厚黑学学得不如赵高地道,在搞阴谋方面技不如人。要论治国理政的才干,赵高远不及李斯,二人根本不在一个档次。但是要论搞阴谋,李斯就远不及赵高。二是李斯太轻敌,对赵高和胡亥的关系之铁和赵高搞阴谋的水平都缺乏正确的预估和判断。在贵为丞相的李斯眼中,赵高不过是个低贱的宦官,即便有点野心也翻不起什么大浪。思想上的轻视导致他没有把赵高作为对手看待,前期应对措施明显不足。到最后意识到对手的强大时已经晚了,他这个高贵的丞相最终反被"低贱"的赵高耍得团团转,直到付出了生命的代价。三是不够果敢,缺乏一个大政治家该有的魄力和胆识。作为朝廷重臣、大国丞相,他理当充当帝国的"清道夫",有权力有能力清除赵高之流的帝国祸害,甚至废黜秦二世这样的昏君。然而,他只求自保,没有主动作为,最终被赵高步步紧逼,反受其害。

如果我们用今天的眼光来苛求李斯的话,导致他屈辱的结局的,最根本的内因还是他缺乏国家的核心价值观——没有树立大秦帝国核心价值观,把个人的荣辱得失凌驾于国家利益之上。每次在国家利益与个人利益发生冲突时,他都选择了个人利益,舍弃了国家利益。换言之，他在关键时刻舍弃了帝国，任由帝国坠入万劫不复的深渊。最终，作为帝国的丞相，他自己也终于被帝国所抛弃，坠入人生的深渊。

李斯曾经面临两次大的抉择。

第一次大抉择是沙丘之谋。当时，秦始皇病死沙丘，赵高拉他加入造反联盟，他起初是不同意的，但在赵高三番五次的怂恿下，李斯为了保住自己的权力地位，怀着十分矛盾的心情加入了三人造反团，牺牲了大秦帝国的国家利益，暂时保全了自身的利益，成为赵高和胡亥篡位夺权的主要帮凶。由于李斯的变节，直接导致昏庸的二世胡亥继承帝位。胡亥继位后，在赵高的怂恿下，杀戮兄妹和功臣，等于把李斯的政治盟友一个个都推上了断头台。当赵高的所有政敌都被其消灭时，就再没有人出来说句真话了，这也导致李斯在朝中孤掌难鸣，难以同赵高抗衡。

如果沙丘之谋时，李斯不顾个人安危得失，坚定地站在秦国的国家利益这一边，积极联络扶苏阻止胡亥篡位，大秦帝国的命运或将改变。如果扶苏继位，不再重用李斯，李斯也就是失去个相位，但却可能换来整个帝国的平安和调整政策的机会。同时，李斯也可免于被羞辱腰斩的命运。退一步讲，即便李斯未能阻止胡亥篡位，但只要坚守底线，最多也就是个死，也死得其所，不必像后来那样死得窝囊和冤枉。

第二次抉择是上《劝督责书》。胡亥继位后，大肆加重劳役，滥用民力，民不聊生。李斯清醒地知道这样下去将把帝国拖垮，就想劝谏二世与民休息。但秦二世不是秦始皇，不但不给机会让李斯劝谏，还责备李斯没有尽到大臣的职责，并以李斯的长子李由失职之事责难李斯。为了逃避秦二世的责难，保全自己，李斯又一次舍弃了国家利益，违背自己的初心曲意奉承，精心炮制了《劝督责书》。《劝督责书》极大地强化了秦二世的独裁，也为其贪图享乐提供了理论依据。而秦二世的独裁与腐化反过来又加速了李斯被杀的进程。

与蒙毅、蒙恬出自高官世家不同，李斯完全是从一个屌丝一步步爬树秦帝国高层的。我们可以说,他是功利的,摆脱贫困和低贱,是他始终一生的奋斗目标。贪利、恋利是他性格的基本特征。他是摇摆的,缺乏对帝国核心价值的信仰,导致他在抉择时一再放弃国家利益。他是懦弱的,虽然时时见风使舵,最终还是难以逃脱被冤杀的命运。作为一个谋略家,却惨死在别人的阴谋中,实在是有些"寒酸"。

尽管如此,有一点还是不容否认——他是有大智慧的。在大秦帝国的功臣榜中,可谓人才济济群星璀璨。但全程参与了秦始皇兼并六国的过程,全程参与了大秦帝国的构建,全程参与了大秦帝国政治、军事、文化全方位改革,唯有李斯一人。换句话说,如蒙毅、蒙恬、王翦等人对秦帝国的贡献都是局部的,战役性的,而李斯的贡献是具有战略性、全局性意义的。正如太史公司马迁所说,如果没有沙丘之谋那档子事,"斯之功且与周、召列矣"。

可惜历史没有如果。

35 二世末日：
从一部《指鹿为马》的大片开始

八月己亥，赵高欲为乱，恐群臣不听，乃先设验，持鹿献于二世，曰："马也。"二世笑曰："丞相误邪？谓鹿为马。"问左右，左右或默，或言马以阿顺赵高。

——《史记·秦始皇本纪》

如何知道自己有没有能力干掉胡亥呢？赵高不愧是阴谋家中的极品，他脑洞大开，导演了自己人生中的巅峰阴谋大片，片名后来成为一个流传千古的成语——指鹿为马。

——《轻松读秦史》

李斯死后，赵高和胡亥都很高兴。

胡亥高兴的是，朝中唯一一个还敢还能给他提建议的人死了，以后都是顺从他的人了，再也没有人磨磨唧唧，打扰他进行"请勿打扰"的娱乐活动了。

赵高高兴的是，挡自己财路和权力之路的人都已被他清理掉。

果然，李斯死后，胡亥任命赵高为丞相，事无巨细全权授权赵高处理，自己则过着逍遥的"不上班"的日子。

胡亥不想管政事，赵高替他管了。赵高有权力欲望，胡亥给了他最大的权力——除了皇位以外。两人的配合算得上是天作之合，按理说应该相安无事，各自幸福满满。

但是有一群人偏不让他们过安逸的日子。谁呢？各地的"叛军"。在胡亥和赵高铲除李斯等大臣的时候，叛军们一点也没闲着，到处攻城略地，局势十分紧张。秦二世本来想自欺欺人装着没看见，但实在是装不下去了。装不下去了怎么办？只好责备全权处理政事的赵高。

　　赵高被二世一责问，心里就有点紧张。虽然刚开始还能找些理由搪塞过去，但心里还是留下了阴影。当他内心的阴影面积逐渐变大时，一个阴谋就在他心里尘埃落定——干掉秦二世胡亥！

　　赵高为啥要干掉胡亥？

　　从客观上讲，胡亥有可能会干掉他，他要铲除对自己的威胁。赵高心里很清楚，胡亥是一个不讲道理的人，他可以干掉自己的兄弟姐妹，干掉众多大臣，照样也可以干掉自己。虽然赵高权势极大，但胡亥毕竟还是至高无上的帝国皇帝，只需一道命令就可以杀死任何人。虽然现在胡亥还信任和依赖赵高，但保不齐哪天不满意了就将他推向断头台。因此，只要胡亥还在世一天，赵高或多或少都面临着风险。作为阴谋家的赵高，岂可让自己犯险而让别人"苟活"？因而，为了避险，以绝后患，他要干掉自己的主子胡亥。

　　从主观上讲，赵高是个野心家，他并不想止步于一人之下万人之上。随着自己成为丞相，他的野心越来越大，他想为所欲为，想自己的权力上不封顶。要实现这一目标，也只有一个途径：干掉自己的主子胡亥。

　　策划了沙丘之谋、整死李斯等阴谋的赵高，在多次实战中锤炼了自己的阴谋能力，其阴谋术已经炉火纯青。他深知，干掉胡亥不是一件容易的事，只许成功不许失败，一旦失败，必定是人头落地灭族毁家。

　　如何知道自己有没有能力干掉胡亥呢？赵高不愧是阴谋家中的极品，他脑洞大开，导演了自己人生中的巅峰阴谋大片，片名后来成为一个流传千古的成语——指鹿为马。

　　某一天，秦二世胡亥正在朝堂上和众臣子议事呢，赵高这家伙居然堂而皇之地牵着一头鹿走上朝堂,众人莫名其妙,不知道赵高又要搞什么鬼。只见赵高一脸奸笑讨好地对胡亥说,臣有一匹好马,要献给皇上。

胡亥一看,笑笑说,哥们,你是猴子派来的逗逼吗?这哪里是马,明明就是一头鹿吗?然后胡亥又问众臣,你们觉得是鹿是马?

众臣被迫作出选择,多数人说是马,一些人说是鹿。

胡亥顿时就懵了。他搞不明白,到底是自己眼花了,还是赵高和大臣们精神失常,只好草草结束了当天的朝会。

这就是历史上著名的阴谋大片——指鹿为马。

这部大片实际上就是阴谋家赵高策划的一次"民意"测验。测验的结果表明,赵高虽然颇有权势,然而支持率并没有达到百分之百,甚至没有达到百分之九十。还有不少人还是不服他的。既然有人不服,那就整到他们服为止。这就是赵高的逻辑。

这部大片上演后,发生了两件事。一是赵高以各种莫须有的罪名将那些说是鹿的人抓捕问罪处死,大臣们为了明哲保身,再也没有人敢违抗赵高的意思。

另一件事就是秦二世胡亥从此变得疑神疑鬼神经兮兮,惶惶不可终日,以为自己得了什么怪病。

此后不久,刘邦带领的反秦部队攻克武关,进入秦地。武关失守,意味着关中无险可守,秦帝国已经危在旦夕。这时候,刘邦知道秦国的朝政基本上已经是由赵高把持,就派人秘密招降赵高,与赵高密谋灭掉秦国。当然,刘邦会给赵高一些适当的好处。

赵高害怕二世知道后发飙,遭到杀身之祸,于是推说生病,不肯朝见。

在此之前,胡亥因为怀疑自己见了鬼,得了怪病,就把太卜召来,叫他算上一卦。太卜说:"陛下春秋两季到郊外祭祀,供奉宗庙鬼神,斋戒时不虔诚,所以才到这种地步。可依照圣明君主的样子再虔诚地斋戒一次。"

这位太卜，自然是赵高的人。

于是，胡亥就到上林苑中去斋戒，并借机在上林苑中游玩射猎。一次，一位路人"误入"上林苑中，胡亥亲手把他射死。

得知此事后，赵高就让他的女婿咸阳令阎乐出面弹劾，假装说不知谁杀死了人，把尸体搬进上林苑中。

按照常理，作为天子，杀死一个擅自闯入皇家林园的人，是件稀松平常的事儿，根本不值一提。胡亥哪里知道这是阴谋，于是就大大方方地说，这个人是我射杀的，你想怎么着？

赵高就趁机劝谏胡亥说，天子无缘无故杀死没有罪的人，这是上帝所不允许的，鬼神也不会接受您的祭祀，上天将会降下灾祸，应该远远地离去皇宫以祈祷消灾。

听了赵高的忽悠，胡亥就离开皇宫到望夷宫去居住了。

由于在指鹿为马事件中留下了心理阴影，胡亥从此落下了心理的病根，常常做一些怪梦。在望夷宫，胡亥梦见白虎咬死他车驾上的马，便杀死了白虎。醒来后不知此梦是凶是吉，便有些心慌，召解梦的人来解释。解梦人告诉他，这是泾的水神在作怪。胡亥于是在望夷宫斋戒沐浴，拜祭泾水神，把四匹白马当祭品沉进水里。

恰好在此时，各地反秦部队步步逼近咸阳。胡亥便派遣使者责备赵高防范不力。

赵高觉得如果再拖下去，胡亥恐怕要深究自己的渎职之罪，便决定先下手为强，永除后患。而此时，赵高干掉胡亥的时机也已基本成熟。

当断不断反受其乱。赵高决定启动代号为"斩首"的秘密行动。他招来自己的女婿咸阳令阎乐以及弟弟赵成，密谋发动宫廷政变。当然，要干掉皇帝，他也得找个牵强的借口。他摆出一副为民除害的姿态，开始政变前的动员：

各位死党，皇帝不听劝谏导致现在的混乱局势。现在，各路反秦叛军就要攻入咸阳了，皇帝却把罪过推到我们头上来。我想把皇帝废了，另立公子婴做皇帝。公子婴仁慈俭约，应该能得到臣民信任拥戴。赵高的心腹们自然是一片叫好，表示誓死追随。

于是赵高又让掌管宫中警卫的郎中令做内应，诈称有大批盗贼来到，命令阎乐召集官吏发兵追讨。但赵高对自己的女婿也不放心，便拘禁了阎乐的的母亲在赵高府内做人质。

阎乐率领一千多人马杀向望夷宫，来到殿门，拿下宫廷禁卫的首领。喝问道，盗贼都闯进宫里了，你们为何没有阻止。禁卫首领自然感到奇怪："宫殿周围到处都是卫士，防守十分严密，哪有盗贼敢跑到宫里去。"他哪里知道，这只是赵高阎乐一伙贼喊捉贼的把戏，目的就是以追击贼人的借口闯进宫中干掉胡亥。所以阎乐并不听禁卫首领的分辩，不由分说杀了他，带领众人冲击宫殿，见人就射杀。近侍宦官见兵丁杀来，乱作一团，纷纷逃散，只有少数人抵抗，也很快被叛军杀死。

在逃跑的人群中，有两个人比较靠后，因为他们发现情况异常比别人晚了一些。这两个人就是秦二世胡亥和他的一位近侍宦官。他们两人虽然起步晚，但跑的速度还是可以的，以他们最初的速度判断，他们绝对可以算得上是短跑健将。我说的是短跑健将。但他们这次遇到的是马拉松，是一场没有终点的马拉松。追兵不止，他们就不能停。当胡亥和这个唯一肯跟在他后面的人快被抓住时，他还不忘记摆摆帝王的架子。大声训斥这个手下说，都有人造反了，你怎么不早点告诉我？手下人说，这一路我一直大跑不止，还没喘过气，要是多说一句话，耽误了跑步，早被造反的队员追上来了。说完这句，他们就真的被追上了。此时，这位近侍宦官的内心独白很可能是这样的：

就老子一个人陪着你跑，你还要挑三拣四。你以为我想跟你跑，实在是没有别的出路，跑道都被别人占了。其实，不是他不想跑，而是别人都跑了，他发现得太晚。这时，他看见前面一个人，心中大喜，追了上去。原来，这个比他跑得更快的，就是秦二世胡亥。可惜他们两人最终还是都被抓住。

以上情节纯属虚构,历史记载的情况是这样的:

郎中令和阎乐一起进入二世的房间,用箭射中二世的帷幄。二世大怒,命令左右近卫拿下叛贼,左右近卫都惶恐畏惧不敢战斗。旁边有一个陪着胡亥的近侍宦官不敢离开。二世逃入内房,对他说:"你为什么不早告诉我?竟落到这种地步!"这个宦官回答说:"正因为我没告诉你,才保住了命,要是早告诉你,早就被你杀了,哪里能活到今天?"

近侍宦官的言下之意很明白:像你这种昏君,谁敢跟你说实话,说得早死得早。当一个人不再有人对他说实话时,那这个人活着已经很无趣了,当一个国家的帝王听不到实话时,这个国家也快垮台了。

阎乐上前当面数落二世的罪过:"你凶残无道,滥杀无辜。神人共愤,诸侯尽叛,今天的结局是你自己一手造成的。"

胡亥此时方如梦初醒,知道是他最信任的丞相赵高要整他。便对阎乐说,可否见见丞相?

阎乐坚决否定,不行。

迂腐的二世胡亥竟然开始和他的臣下进行一场讨价还价的生意。

请转告丞相,我只当一个郡王,可以吗?

不行!

那我只要当一个万户侯,可以吗?

不行!

么么哒,那我只要和妻子儿女当一个普通百姓,总可以了吧?

不行!

胡亥还想求求情,阎乐却一脸严肃地说,我受丞相委托,为天下人杀你,你说再多也无用,我不敢把这些话报告给丞相,只能完成自己的使命。说完大手一挥,兵士杀将进来。二世胡亥求生无望,只得自杀。

曾经的大秦帝国的皇帝,就这样被自己的臣子贱杀,时年24岁。

秦二世胡亥通过不正当手段攫取了皇位,为人所不齿。但客观地说,并不是篡位夺权的皇帝都不能做好皇帝。历史上,许多篡位夺取的皇帝,励精图治,开创了一代盛世。

唐太宗李世民杀死哥哥李建成夺得皇位。为帝之后,李世民虚心纳谏,厉行节约,劝课农桑,使百姓能够休养生息,国泰民安,开创了中国历史上著名的贞观之治。

明成祖朱棣从侄子手中夺得帝位。在他统治期间,明朝经济繁荣、国力强盛,文治武功都有了很大提升,史称永乐盛世。《明史》评价他说:"雄武之略,同符高祖。六师屡出,漠北尘清。至其季年,威德遐被,四方宾服,受朝命入贡者殆三十国。幅陨之广,远迈汉唐。成功骏烈,卓乎盛矣。"

但令人惋惜的是,胡亥并没有珍惜"来之不易"的皇位,不是励精图治,而是昏庸残暴,杀害忠臣,宠信奸佞,终于导致身死国灭。

或许正是因为自己来路不正,且明白自己的确不是一个好皇帝,所以我们看到的胡亥,在生命的最后一刻,只是害怕失去生命,并未对谋害他的赵高加以咒骂和指责。或许,他认为,这一切,本来就不属于他,都是赵高替他争来的。现在,他把一切都还给赵高,也并不委屈。

是的,如果不是赵高,他不会当是皇帝,只想做个老实的皇族。同样,如果不是赵高,他也不会死得这么快。

一失足成千古恨,再回首已是百年身。胡亥的短暂一生,真可谓是成也赵高,败也赵高。如果在生命的最后时刻,他要唱一首歌给赵高听,或许会是改编版的《再回首》。

再回首
词:秦二世胡亥
演唱:秦二世胡亥

再回首

225

天遮断归路

再回首

阴谋密布

今夜不会再有难舍的旧梦

曾经与你拥有的皇帝梦

今后要向谁诉说

再回首

黄泉路上走

再回首

泪眼朦胧

留下你的阴谋

永远别再害我

不管明天要面对多少伤痛和迷惑

曾经在幽幽暗暗反反复复中追问

才知道平平淡淡从从容容才是真

（旁白：要是当初不当皇帝多好）

再回首 恍然如梦

再回首 无路可走

只有那无尽的噩梦伴着我

36 阴谋落幕：
阴谋家赵高死于"阴谋"

五日，子婴与其子二人谋曰："丞相高杀二世望夷宫，恐群臣诛之，乃详以义立我。我闻赵高乃与楚约，灭秦宗室而王关中。今使我斋见庙，此欲因庙中杀我。我称病不行，丞相必自来，来则杀之。"高使人请子婴数辈，子婴不行，高果自往，曰："宗庙重事，王柰何不行？"子婴遂刺杀高于斋宫，三族高家以徇咸阳。

——《史记·秦始皇本纪》

赵高已死，被迫向其臣服的臣子们自然不愿意再为其卖命。子婴趁机灭掉赵高三族。自此，一生导演阴谋大片的赵高终于谢幕。从沙丘政变渐渐登上政治舞台，之后一直顺风顺水平步青云，阴谋整人屡屡得逞的阴谋家赵高，竟然死于一个名不见经传的子婴的阴谋，走完了自己阴谋的一生。

——《轻松读秦史》

回头来看，干掉秦二世胡亥是一步险棋。为了化险为胜，赵高把这一大步分成三小步，把险棋变成了稳稳当当的走向权力巅峰的决胜棋。

第一小步，民意测验掌握敌我双方实力。

赵高尽管权势很大，但胡亥毕竟是皇帝，以下犯上干掉皇帝是一件缺德事，是没有"职业道德"的行为，赵高在道义上不占优势。他想知道的是，朝中还有多少人愿意舍命维护"职业道德"？为了得到答案，他亲自指导导演了阴谋大片——指鹿为马。

这部阴谋大片落幕后,赵高不仅获得了民意测验的结果,清除了反对势力,还有意外收获——胡亥从此落下心病,变得疑神疑鬼,为赵高实施下一步计划提供了机会。

第二小步,赵高利用胡亥请人算卦的机会,将胡亥忽悠到上林苑,在上林苑给胡亥下了一个皇帝杀人的套。那个在上林苑被胡亥射杀的人,多半是赵高用大价钱请来的托(或者以其家人的性命相威胁请来的),故意在上林苑晃悠让胡亥射杀。

胡亥杀了上林苑的人之后,就进入了赵高的连环套。赵高以天子杀人应该出宫祈求原谅为借口,将胡亥骗出皇宫,来到望夷宫去居住。

赵高为什么要将胡亥骗出皇宫呢?因为皇宫戒备森严,有大批军队把守,赵高实在不好下手。而望夷宫不过是一个比较普通的皇家行宫,比起皇宫来,要小得多,守备力量也是临时抽调随行的守卫,安保措施与皇宫相比,不在一个层次。这大大降低了赵高谋杀胡亥的难度和风险。

第三小步,在各种条件成熟之后,赵高以追杀盗匪为由,派人杀进防守薄弱的望夷宫,一举杀掉胡亥。

在谋杀胡亥这件事上,赵高可谓是快刀斩乱麻,三小步搞定了他的小目标。

从长期看,赵高也是毁人不倦,坑帝乱秦毫不含糊,以达到自己掌权的目的。在实现这个大目标的过程中,他用三大步完成了自己的计划。

第一步当然是沙丘之谋,撺掇本不该当皇帝的胡亥上位,从此让胡亥走上不归路,也让大秦帝国走上不归路。如果没有赵高,胡亥当不上皇帝。但如果没有赵高,胡亥也不会死得这么快。

第二步是怂恿胡亥养成贪图享乐不思进取的价值观。

秦二世胡亥上台不久,就找来赵高商议怎样才能享尽人间乐趣:

"人居于世间,就像白驹过隙。我既然已君临天下了,就应该穷尽一切手段享乐,并且长期维持下去。这个要求可以达到吗?"

才二十多岁的小青年,就说出这种玩物丧志的颓废之语,如果是李斯或许会用周幽王和褒姒的故事劝谏。可偏偏胡亥所问的是赵高,而赵高正唯恐天下不乱,懵懵懂懂的胡亥去问他,恰是正中下怀。

赵高是怎样回答的呢?他的回答真是语不惊人死不休。他说,只有贤明的君主才能达到你所说的状态。您现在还不可以。为什么不可以呢?因为他还没清除对自己皇位有威胁的人。

按照赵高的逻辑,贤明的君主必然是贪图享乐的,胡亥不够贤明,所以还不能贪图享乐。为何不够贤明呢,因为他还没有杀掉威胁自己的皇室兄弟姐妹及大臣。而只要铲除了这些威胁,再贪图享乐那就是理所当然的了。

赵高的核心意思就是,图享乐是没有错的,只是现在着急了点,得先清除皇权威胁再说。

赵高的这一说法,无疑是肯定鼓励了胡亥的享乐观。这种享乐观一旦形成,就很难指望他成为一个贤明的君主了。

胡亥畸形享乐观的形成与赵高有很大关系,但与他本身也有很大关系。或许他是通过父皇的一生看透了人生的残酷——一生为江山社稷鸿图霸业而鞠躬尽瘁的秦始皇,还没来得及好好享乐就驾鹤西去了。这样的人生实在是没意思。在他看来,打江山当皇帝最终目的也不过是为了享乐,为了美食美女美酒而已。

第三步是怂恿胡亥杀皇室兄弟姐妹和大臣。在赵高看来,要安心享乐必须得先巩固皇帝权威,清除一切潜在的威胁。于是,在赵高的建议下,胡亥杀兄弟姐妹,杀蒙氏兄弟,杀李斯,杀群臣。这样做的后果是,当大秦帝国处于危机四伏风雨飘摇之时,已经无人可用。

第四步是怂恿胡亥与世隔绝,不接地气,不听臣言。

赵高为了达到自己彻底专权的目的,对胡亥说了一大通很有"道理"的话,大意就是说胡亥年轻,经验不足,应该少和大臣们见面,以免在大臣们面前暴露自己的弱点。如果能居住深宫中听取赵高他们的汇报，有他们这些"栋梁之才"来辅佐，那国家会治理得更好。

胡亥一听有道理，而且他也愿意呆在后宫中享乐，从此，朝中大小政事都由赵高一人来独断专行。

这一招是致命的一招，使得胡亥与群臣包括军队失去了联系，被赵高架空。以至于后来已经没多少人听他的话。

第五步是逼得章邯走投无路，被迫投降项羽，把大秦帝国当时战斗力最强的军事力量拱手让给了反秦大军。当章邯军队遭遇项羽的猛烈打击之后，派手下司马欣回朝汇报军情，商量解决办法。赵高拒而不见，并露出猜疑章邯的意思。章邯害怕以阴谋著称的赵高坑害自己，只得投降项羽。

第六步是发动叛乱，杀死胡亥。

赵高不愧是阴谋家的集大成者，其阴谋之术可谓前无古人后无来者。蒙氏兄弟等有大智慧的一代名臣皆被其算计害死；一代名相李斯被他耍得团团转，最终也含冤而死；专制独裁的胡亥长期被他卖了还帮他数钱，最终还被其杀死。而大秦帝国，也被他的一个个阴谋搞得乌烟瘴气，最终走向灭亡。

如果蒙氏兄弟、李斯、胡亥等人在天有灵，他们一定有个共同的感受——这世上，这一生，我们走过最长最艰难的路，就是奸人赵高的套路。

赵高的阴谋套路如此之深，他自己的命运又如何呢？

赵高处心积虑杀掉胡亥，当然还是想过把皇帝瘾。在杀胡亥之前，他曾经说过要更立公子婴为秦王，但这不过是他给自己造反蒙的一层遮羞布。现在胡亥已死，他完全没必要再要子婴这块遮羞布。于是，在杀掉胡亥之后，赵高立即召集群臣，列举秦二世胡亥的罪状，并通报已经将其诛杀。群臣自然是震惊不已。

这时候，赵高把从秦二世身上摘下来的皇帝玉玺佩戴在自己身上，观察群臣的反应，没想到群臣都不臣服。赵高拿着玉玺走上大殿，走上皇帝宝座，大殿竟然摇晃起来。赵高这才知道自己当皇帝是不可能的了，大臣不答应，老天也不答应。

赵高指鹿为马，许多大臣都被迫屈服了。为何他要当皇帝，会出现"百官莫从"的局面吗？

也许，大臣们多少还是有些职业道德，有点职业底线的。他们的心理或许是这样的：你赵高权势大，搞搞阴谋，我们奈何不了你，睁只眼闭只眼忍忍也就罢了。现在，你这种人竟然要当皇帝，这就突破了底线，简直是赤裸裸地侮辱我们的智商，侮辱我们的名声，不把我们群臣当干部。我们坚决不答应！

至于大殿摇晃之事，尽管《史记》有明确记载，也还是过于玄乎了点。大殿毕竟只是一个建筑，皇帝宝座毕竟只是一把椅子，真能识别真命天子吗？真实的情况可能是，大殿摇晃只不过是赵高心虚的一个心理感受而已。

赵高以下犯上，谋反弑君，当皇帝名不正言不顺，心理压力自然很大，在这种巨大的压力下，极有可能产生大殿摇晃甚至天旋地转的幻觉，他所理解的天意，可能只是他极度心虚的感受而已。

不管怎么样，皇帝是当不成了。为了堵住大臣和百姓的悠悠众口，赵高只好退而求其次，按约定扶植公子婴当傀儡君王，自己则在幕后当太上皇。

他认为，秦国原来就只是个诸侯国，只是到了秦始皇才统一天下，称皇帝。此时各地反叛，六国重新称王独立，秦就不该再称皇帝，而应回到诸侯国时代，称秦王。

新君继位，按惯例要举行相关仪式。赵高传话给子婴，让他斋戒五天后，到祖庙参拜祖先后接受玉玺。子婴目睹了赵高坑帝乱秦的种种阴谋，心里不得不加堤防。他找来他的两个儿子商量，分析当下形势：

丞相赵高在望夷宫杀死二世皇帝，害怕群臣杀他，才假装申张大义立我为王。我听说赵高和反秦的楚军已约定好,灭掉秦的宗室后他就可以在关中称王。现在要我斋戒拜祭祖庙,估计是要在祖庙里干掉我和我的子孙。这样,秦的宗室后人基本上就全军覆没了。赵高就可以按约定在关中称王了。

商量来商量去,子婴决定称病不去祖庙。赵高坐不住,就会亲自前来请,我们到时候就趁机干掉他。

随后,子婴坚持不去祖庙,赵高派了好几拨人去请子婴,子婴还是不动。

赵高按捺不住,果然亲自来到子婴的住处,责问子婴:祖庙祭拜乃是国家大事,君王为何不去?

子婴懒得搭理,大手一挥,早已埋伏在屋内的杀手立即杀出,将赵高当场斩杀。

赵高已死,被迫向其臣服的臣子们自然不愿意再为其卖命。子婴趁机灭掉赵高三族。

自此,一生导演阴谋大片的赵高终于谢幕。从沙丘政变渐渐登上政治舞台,之后一直顺风顺水平步青云,阴谋整人屡屡得逞的阴谋家赵高,竟然死于一个名不见经传的子婴的阴谋,走完了自己阴谋的一生。

那么,这个子婴究竟是何许人也?为何赵高会栽在他的手上?

先看看子婴究竟是谁。关于他的身份,《史记》有两个完全不同的说法。

"立二世之兄子公子婴为秦王。"按照《史记·秦始皇本纪》的说法,子婴是胡亥的兄弟的儿子,也就是胡亥的侄子,秦始皇的孙子。

"高自知天弗与,群臣弗许,乃召始皇弟,授之玺。"按照《史记·李斯列传》的说法,子婴是秦始皇的弟弟,也就是胡亥的叔叔。

到底哪一种说法靠谱呢?可以根据两个细节判断。

一是年龄问题。先假设子婴是秦二世胡亥的侄子,秦始皇的孙子。秦始皇五十岁去世,即便他十七八岁就生长子扶苏,他去世时扶苏也就三十二岁左右，即便扶苏也是十七八岁生子，此时他的儿子也就是十四五岁。胡亥在位三年，这时候，子婴也就十八九岁。十八九岁的儿子能有多大呢？最多也就三四岁吧。但按照《史记》的记载，子婴铲除赵高之前，曾与自己的两个儿子商议。和三四岁的孩子商议杀掉赵高的计策，这显然说不过去。因而从年龄的细节推断，子婴不大可能是胡亥的侄子。那么，如果子婴是秦始皇的弟弟，那他与两个儿子商议对付赵高是完全没有违和感的。

二是资历问题。

史记里有两个细节值得注意。一个细节是秦二世要杀蒙氏兄弟时，子婴曾经这样劝谏胡亥：

臣闻故赵王迁杀其良臣李牧而用颜聚，燕王喜阴用荆轲之谋而倍秦之约，齐王建杀其故世忠臣而用后胜之议。此三君者，皆各以变古者失其国而殃及其身。今蒙氏，秦之大臣谋士也，而主欲一旦弃去之，臣窃以为不可。臣闻轻虑者不可以治国，独智者不可以存君。诛杀忠臣而立无节行之人，是内使群臣不相信而外使鬭士之意离也，臣窃以为不可。

"臣闻轻虑者不可以治国"、"诛杀忠臣而立无节行之人"、"臣窃以为不可"，从这样的语句可以看出，子婴劝谏的语气是比较强硬的，也是丝毫不客气的。如果是胡亥的侄子，这样跟胡亥说话恐怕是要掉脑袋的。但如果是胡亥的叔叔这样说话，就比较合乎情理了。因为按照秦国的制度，皇帝的弟弟一般是不在皇位继承人考虑之列的，身为胡亥的叔叔，子婴不是威胁他皇位的政敌。也正因为这样，子婴说话时顾忌反而少些。加上他毕竟是胡亥的叔叔辈儿，说话重些，胡亥也不好与其计较。

另外一个细节是，赵高在谋杀胡亥另立新君之前，曾说过一个立新君的理由：

上不听谏，今事急，欲归祸于吾宗。吾欲易置上，更立公子婴。子婴仁俭，百姓皆载其言。

赵高的话不一定全是真话，但如果没有一点根据，也难以说服众人。这从侧面反映出子婴是有一定政治影响力和社会影响力的。如果子婴是胡亥的侄子，那就不过是个十四五岁的小伙子，参加政治活动和社会活动应该不会太多，"百姓皆载其言"就不大可能。如果子婴是秦二世的叔叔，那这一切也能解释得通了。

因此，从种种细节推断，公子婴极有可能是秦始皇的弟弟，而不是秦始皇的孙子。但权倾朝野诡计多端的赵高为何会栽在这样一个除了口碑好没有任何资源的子婴身上呢？

从赵高的角度看，是因为他过于轻敌。或许正是因为子婴没有表现出任何政治野心，也没有政治资本，赵高才放心立他为秦王，这样的话，自己就可以轻而易举地控制他。也正是因为这样，赵高对他没有防备，没有把他当成一个对手来看待，子婴才可以轻易得手。

从子婴的角度看，他看多了赵高的阴谋诡计，知道如果不除掉赵高，赵高迟早会除掉他。于是他决定先下手为强。但双方的实力悬殊巨大，赵高掌握军政大权，子婴除了有一个王的虚名之外，什么都没有。但是他从赵高谋害秦二世一事上学到了一招：调虎离山。

赵高谋杀胡亥时，千方百计把胡亥骗出皇宫，骗到望夷宫再下手。因为这里是自己熟悉的地盘，不是胡亥熟悉的地盘，方便自己对手。

我的地盘我做主。子婴以其人之道还治其人之身，把赵高引到自己的地盘上来，一击必杀。

赵高如果不轻敌，他去请子婴时完全可以带上一支保卫部队以防不测。但从子婴一击必杀的结果来看，赵高并没有带足够的警卫兵力随自己前往。

赵高高估了自己，低估了子婴。他只知道子婴没有政治野心，但没有野心不代表没有作为,没有坏心眼不代表不会搞阴谋,尤其是当他面对的是一个恶人时。

　　子婴杀了赵高,为了自己,也为了大秦帝国。他自己虽然获得了暂时的安宁,但大秦帝国却已是千疮百孔,病入膏肓。内有赵高祸国殃民留下的烂摊子,外有反秦大军烽烟四起。一部分反秦军队已经兵临城下觊觎关中,随时可能攻进来。

　　反秦这个星星之火是怎样点燃,又是怎样燃得越来越大的呢?子婴是否能够力挽狂澜救大秦于水火?一切得从大秦帝国的最后一场战争说起。

37 大泽乡疑云：
一场"骗局"引发的起义

"公等遇雨，皆已失期，失期当斩。藉第令毋斩，而戍死者固十六七。且壮士不死即已，死即举大名耳，王侯将相宁有种乎！"

——《史记·陈涉世家》

不管是哪种可能，不管秦二世时法律对戍卒失期是怎样处罚的，不管陈胜有没有忽悠戍卒，我们都无法否认大泽乡起义的客观作用——在离秦帝国中央政府一千多公里的大泽乡，两个穷屌丝带着一群穷屌丝举起了锄头和铁锹，为秦帝国的坟墓掘了第一杯黄土，打响了武装反秦的第一枪。

——《轻松读秦史》

历史的天空有时候也充满着暴风骤雨。自秦始皇驾崩后，大秦帝国的天空就一直是阴云密布，上层权贵从沙丘之谋、胡亥篡位到李斯权臣变异、赵高指鹿为马，官员横征暴敛，六国贵族密谋复辟；下层人民从修长城、建寝陵、造阿房宫到北戍边疆、南迁百越，纳赋税充人头……总之到处血雨腥风，暴雨肆虐。

就在秦二世胡亥继位为皇帝的第一年七月，一个叫大泽乡的地方也下了一场暴雨。令人始料未及的是，这场暴雨会带来一场影响天下的反秦风暴，直至大秦帝国轰然倒塌。

当时，一个900人的徭役大队在看守士兵的监督下高唱着"封建主义好"从南方向目的地渔阳进发。这900人是被朝廷强制征用前往渔阳服军役的。当队伍途经大泽乡时，天降暴雨，阻塞了道路。眼看就要误了到达渔阳的期限，大家都很紧张。因为传说中，按照法律的规定，误了期限是要杀头的。

但是有两个人一点都不紧张，岂止是不紧张，甚至还有点兴奋。这两个人就是这900贫民的小头目，一个叫陈胜，一个叫吴广。他们俩商量着得趁此机会干一票大的，死也要死个轰轰烈烈！

当时的情形大抵是这样的：

陈胜说，这里离渔阳还有上千里路，老子又不是千里马，怎么赶也赶不到啊。

吴广贼笑一声说，那啥，赶不到是死，造反也是死，不如咱们造个反吧？说不定还能混个王侯当当，最不济被抓回来砍头，也能落个抗秦义士的好名声。

见吴广也有些反意，陈胜很是兴奋。他和有威望有人缘的吴广分析天下形势：

"天下苦秦久矣。吾闻二世少子也，不当立，当立者乃公子扶苏。扶苏以数谏故，上使外将兵。今或闻无罪，二世杀之。百姓多闻其贤，未知其死也。项燕为楚将，数有功，爱士卒，楚人怜之。或以为死，或以为亡。今诚以吾众诈自称公子扶苏、项燕，为天下唱，宜多应者。"

应该说，陈胜虽然身在底层，但还是十分关心时政要闻的，三言两句就把国内形势讲得很透彻，算得上是见多识广。

吴广对陈胜的分析深以为然，为他点了个大大的赞。两人一拍即合，下定决心要寻找机会造个反。

彼时，人们做事是很有仪式感的，何况造反这么重要、这么严肃的事，当然要找个会占卜的人来问问成功率有多高。

占卜的哥们见他们决心已下，就送了个顺水人情：你们这事应该能够成功，但最好是再问问鬼神。

聪明的陈胜、吴广心领神会，知道占卜者是提醒他们可以利用鬼神做点思想宣传，忽悠一下那些吃瓜群众。毕竟当时的人们还是很迷信的，鬼神是最好的统一思想的工具，没有之一。两人经过商量，策划了一系列打造影响力和树立威望的"事件"。

他们在一块白绸布上写下"陈胜王"三个字，悄悄塞进了渔民捞来的鱼肚子里。戍卒们买了鱼回去，剖开了鱼，发现了这块绸子上面的字，觉得十分惊奇。别看这个文案字数少，但是宣传效果很好，成功地起到了疑惑军心的作用。只是辛苦了那些鱼——当他们把绸布塞到鱼腹中时，肯定没有考虑过鱼的感受吧。

光有一件事还不足以惑乱军心，白天里演了一场鱼腹藏书的戏，晚上他们又演了一场狐狸喊口号的戏。陈胜暗地里派吴广到驻地旁边丛林里的神庙中，用篝火装作鬼火，模拟狐狸叫的声音大喊："大楚兴，陈胜王。"

鱼腹文案的宣传推广加上吴广夜里的装神弄鬼，戍卒们的内心彻底崩溃了，夜里都很惊慌恐惧。第二天，军中开始蔓延"大楚兴，陈胜王"的预言，看到陈胜，人群议论纷纷，都觉得他是个干大事的人。

经过各种装神弄鬼舆论炒作，陈胜终于成功树立了威望，俨然一副领导者形象。

但要造反，还需要一个由头。

这时候，按照既定的方案，吴广故意出来挑事，他把押送戍卒的两个军官灌醉，然后故意嚷嚷着"反正误了期，还不如散伙逃回家种田"这类的话，以此挑战军官的底线，引他发怒。军官果然上当，大声辱骂吴广。因为吴广向来人缘好，军官辱骂吴广，就引起了公愤。军官见吃瓜群众不服，心里更生气，拿起鞭子使劲抽吴广。尽管被鞭子抽，吴广仍然表示：哥就是不服，你能咋滴？这下把军官气坏了，拔出剑就要斩杀吴广。吴广还是有两下子的,翻身起来迅速夺过军官的剑,杀死军官。这边陈胜早已准备好,见吴广杀了军官,他也密切配合,以迅雷不及掩耳之势杀掉了另外两名军官。

杀死押送的军官,陈胜便开始忽悠吃瓜群众,发表了慷慨激昂地造反演讲:

公等遇雨,皆已失期,失期当斩。藉第令毋斩,而戍死者固十六七。且壮士不死即已,死即举大名耳,王侯将相宁有种乎!

从古自今,大凡造反起义革命等,行动前总有一位领袖会发表一番鼓动性极强的演讲。陈胜的这番演讲,也是有极强的鼓动性的,短短的几句话,就讲出了造反的必要性、重要意义及其前途。

必要性——我们遇到暴雨,必然不能按朝廷的要求到达目的地,而不能按期到达按照法律是要杀头的。就算侥幸不被杀头,被派去戍守渔阳,十有八九也是个死。造反或许会死,但也可能杀出一条活路。不造反的话必然会死,所以一定要造反!

重要意义及其前途——壮士不死则已,死则一鸣惊人!与其默默死去,不如死个轰轰烈烈。造反而死,正是死得轰轰烈烈的方式,而且还能落个反秦义士的名声,比坐等处罚而死要强太多了。至于前途嘛,如果我们干得好,说不定还能捞个王侯当当,也算没白来这世上走一遭。王侯将相,宁有种乎!他们能当,我们也能当!

毋庸置疑,陈胜的战前动员演讲是十分成功的,特别是那一句"王侯将相,宁有种乎"充分激发了戍卒们的战斗荷尔蒙,使本来生活如"咸鱼"的吃瓜群众顿时有了崭新的革命理想和希望,令人精神为之一振。

听完陈胜的激情演讲,戍卒们个个焕发出战斗的气息,纷纷表示愿意跟着陈胜吴广干革命灭秦廷!

轰轰烈烈的反秦星星之火就此点燃，史称大泽乡起义。大泽乡的900勇士从此走上反秦革命的康庄大道。

事情真的就这么简单吗？显然不是。

按照《史记》记载的陈胜的说法，这次起义的直接原因就是：适逢天下大雨，道路不通，估计已经耽误守边期限。误期，按照法律都要被杀头。假如遇到大雨而耽误了时间，处罚首领是正常的情况，但将全体人员全部斩首，这的确是非常残暴的法律；究竟秦朝是不是有这么一条残酷的法律？陈胜的话是不是真的有秦朝的法律作为依据？司马迁在记载的时候并没有说明陈胜的话是出自秦朝哪条法律，因而就留下一桩历史悬案。这个悬案直到1975年有了新的解释。

1975年11月，考古人员在湖北省孝感地区云梦县出土了大量秦竹简，其中很多是法律条文。在睡虎地秦墓竹简中，就有秦律中《徭律》部分条文的抄录，其中就有这样两句：

御中发徵，乏弗行，赀二甲。失期三日到五日，谇；六日到旬，赀一盾；过旬，赀一甲。水雨，除兴。

翻译过来的大意是：为朝廷征发徭役，如耽搁不加征发，应罚二甲。迟到三天到五天，斥责；六天到十天，罚一盾；超过十天，罚一甲。因大雨或洪水导致的耽误，可免除处罚。显然，出土的秦律与陈胜吴广起义时声称"因大雨耽误日期，肯定会被处死"截然相反。为何会有这样矛盾的情况出现呢？有三种可能性。

第一种可能是：陈胜为了反秦撒了谎，忽悠了900戍卒。

陈胜是一个什么样的人？《史记》里记载了一个小细节：

陈胜年轻时，曾同别人一起耕地。但他实在不甘心一辈子就跟地主家的这一亩三分地打交道。一天，在耕地休息的间隙，他向同伴发出感叹说："如果我们之中有人富贵发达了，可不要忘记彼此哦。"没想到,屌丝的叹息是不值钱的。同伴看了他一眼,充满鄙视地说,像咱们这种耕地的人,哪里来的富贵呢!

陈胜对同伴的自暴自弃很是瞧不起,长叹一声:唉,燕雀怎么能知道鸿鹄的志向呢?

虽然陈胜从小就有鸿鹄之志,但当时六国已经统一,对外战争也告一段落,在和平时期无法靠战功提升获得显赫功绩,陈胜有些生不逢时怀才不遇之感。而恰在此时,秦二世的暴政引起了底层百姓的不满,陈胜带领的戍卒又恰逢暴雨耽误了期限,于是他便抓住这千载难逢的机会,编出一套失期当斩的谎言,鼓励大家跟着他一起造反,成就自己名垂青史的事迹。

如果真是这样,那么被我们后世所赋予重大意义的大泽乡起义,实际上是因为陈胜的一场骗局引起。

一场血雨腥风的革命拉开了序幕,然而大泽乡起义的这帮兄弟,一部分可能是和陈胜志同道合的,另一部分则是因为失期当斩的骗局被迫参加了造反,不管怎么样,距离天下统一和平盛世还很长,这些兄弟运气好的话可能见证了秦王朝的覆灭,再幸运点的话可能熬过了四年的楚汉战争。

第二种可能是:秦朝的法律本来是没有失期当斩的规定,但秦二世时期严刑峻法,修改了法律或者"司法解释",失期当罚变成了失期当斩。

按照《史记》记载,秦二世胡亥继位后,任用赵高掌管法律事务,赵高可以说既是立法者也是执法者。他按照胡亥的意愿,严刑峻法,搞得群臣人人自危,百姓苦不堪言。

于是二世乃遵用赵高,申法令。

——《史记·秦始皇本纪》

四月,二世还至咸阳……当食者多,度不足,下调郡县转输菽粟刍蕙，皆令自赍粮食，咸阳三百里内不得食其谷。用法益刻深……七月，戍卒陈胜等反故荆地，为"张楚"。

　　——《史记·秦始皇本纪》

　　二世然高之言，乃更为法律。
　　——《史记·李斯列传》

　　法令诛罚日益刻深，群臣人人自危，欲畔者众。又作阿房之宫，治直（道）、驰道，赋敛愈重，戍徭无已。于是楚戍卒陈胜、吴广等乃作乱，起于山东，杰俊相立，自置为侯王，叛秦，兵至鸿门而却。

　　——《史记·李斯列传》

　　从以上记载中，可以明确读到几个信息：
　　一是秦二世胡亥继位后，对法律本身或者法律的适用进行了修改和调整。
　　二是秦二世时期的法律比秦始皇时期的法律要严酷得多，"用法益刻深"、"法令诛罚日益刻深"。
　　三是这些严刑峻法的举措基本都是在陈胜、吴广造反前就已经实施了。
　　从以上三个信息来看，秦二世完全有可能对秦始皇时期法律中的《徭律》进行了修改，把因天气等不可抗力而失期可不负刑事责任的条款进行了修改，去掉了免责条款，而且加大了处罚力度。也就是说，只要是失期，一律斩首，不管天气等因素如何。从秦二世对其他法律的修改和适用看，他和赵高改出这样的法律条款是完全有可能的。
　　第三种可能是：《史记》记载有误，或许根本没有发生暴雨失期，陈胜慷慨演讲等一档子事。大泽乡起义另出有因。
　　而这种记载有误，有可能是无意的，也可能是故意的。

何为无意？众所周知，太史公在写《史记》时，为了使《史记》更好看，更有可读性和文学性，在确保基本事实可靠的情况下，在一些细节方面也加入了许多未经证实的传说，最典型的就是对刘邦出生时神秘兮兮的氛围的渲染、斩白蛇神乎其神的传说。

或许，陈胜少时燕雀安知鸿鹄之志哉的感叹，以及起义前王侯将相宁有种乎的慷慨激昂的演讲本就子虚乌有，只是后人觉得他干了一番惊天动地的事业，应该有个很励志的故事版本，于是就演绎出了陈胜少年壮志不言愁、中年遇雨失期慷慨演说的桥段，让英雄看起来更像是英雄。而太史公为了让《史记》更好看，又觉得加入这些传说也无伤《史记》整体的真实性，于是就把这些传说也写进了《史记》里。

这样的解释是很符合中国人的思维习惯的。一个人若是成年后干了一件英雄的事迹，那么，人们就会觉得他少年时肯定就有英雄的事迹，至少是有英雄的思维和想法，如果没有，那就硬编一段出来。

另外一种记载有误的情形，就是司马迁故意为之。司马迁毕竟是汉朝人，他写的《史记》虽然努力做到秉公执笔，但在总体基调上，还是要符合大汉朝的主旋律的，要不然通不过当局的审查。因而，在下笔时，在保证基本史实不误的情况下，也会适当对大汉朝有利的人和事进行美化。对于汉朝来说，陈胜是反秦的先驱者，汉高祖刘邦对其功绩十分尊重和肯定。因而，加入一些传说对陈胜的美化，其实就是对汉朝的美化，用遇雨失期、失期当斩这样一个传说就更加增强了陈胜反秦的正义性和被迫性，使其站在了道德制高点上。这样的美化，其实也是对汉朝统治合法化的美化，是符合汉朝主流舆论的。

不管是哪种可能，不管秦二世时法律对戍卒失期是怎样处罚的，不管陈胜有没有忽悠戍卒，我们都无法否认大泽乡起义的客观作用——在离秦帝国中央政府一千多公里的大泽乡，两个穷屌丝带着一群穷屌丝举起了锄头和铁锹，为秦帝国的坟墓掘了第一抔黄土，打响了武装反秦的第一枪。

38 最后一战：少府章邯力挽狂澜

二年冬，陈涉所遣周章等将西至戏，兵数十万。二世大惊，与群臣谋曰："奈何？"少府章邯曰："盗已至，众强，今发近县不及矣。郦山徒多，请赦之，授兵以击之。"二世乃大赦天下，使章邯将，击破周章军而走，遂杀章曹阳。

——《史记·秦始皇本纪》

可以说，章邯是解放思想实事求是的典范，令人脑洞大开：谁会想到用犯人去攻打反贼这一奇招！在这帝国生死存亡之际，章邯提出的这一建议可以说是挽救了咸阳，挽救了胡亥，挽救了帝国（至少是暂时挽救了）。此计一出，简直亮瞎了秦二世的双眼。他当即拍板，就如你所说的办！

——《轻松读秦史》

大泽乡事件让民间被压制的对秦庭不满的情绪瞬间暴发出来。事实上，秦二世时期，坑压百姓的政策和法律都达到了极端，有反秦之心的人不在少数，就等着有人带个头喊个口号扛一面大旗了。恰在此时，陈胜、吴广扛起这面大旗，吹响了埋葬大秦帝国的集结号。

既然是造反，就得有个造反的样。比如，总得有个旗号啥的。陈胜和吴广就假称是公子扶苏、项燕的队伍，个个露出右臂（作为造反的标志），号称大楚，成为反秦第一军。陈胜自立为将军，吴广任都尉。两人带着大泽乡的900戍卒一路冲杀,先是攻下大泽乡的官军,得手后又拉了不少当地人入伙,队伍进一步壮大。此后,反秦第一军一路势如破竹,在行军途中又有大量的"粉丝"加入队伍,很快就占领了秦朝统治下的多个城市。等到到达陈县,造反部队已有战车六七百辆,骑兵一千多,士兵好几万。攻下陈县后,陈胜主持召开造反集团董事会,几位有影响的股东联名提出:

陈董事长,您亲自披甲挂帅,讨伐不义的暴君,消灭残暴的秦朝,重建楚国的江山,按照功劳应当称王,称将军实在是规格太低,不适合您的领袖身份。

陈胜或许表面推迟了一下,心里却乐开了花:这帮股东,真是深得我心啊。

于是,陈涉自立为王,定国号叫张楚。有了正式的名号,就更能吸引粉丝了。

周围各郡县中吃尽秦朝官吏苦头的百姓,都团结起来杀死当地官吏,响应陈胜的号召加入造反阵营。短短几个月之内,陈胜从只有900粉丝的小头目变成了拥有数十万部队的领袖。领袖大手一挥,派吴广率领几路大军四处攻城略地,取得丰硕成果。此时,楚地几千人聚在一起造反的,多得不计其数。

当陈胜、吴广的造反运动如火如荼地进行时,大秦帝国当局在干啥呢?

秦二世胡亥在忙着享乐,赵高在想法设法算计李斯和其他大臣,李斯在想法设法对付赵高。总之,没有人干正事——镇压造反。

当听说有人造反时,秦二世胡亥的反应是怎样的呢?

七月,戍卒陈胜等反故荆地,为"张楚"。胜自立为楚王,居陈,遣诸将徇地。山东郡县少年苦秦吏,皆杀其守尉令丞反,以应陈涉,相立为侯王,合从西乡,名为伐秦,不可胜数也。谒者使东方来,以反者闻二世。二世怒，下吏。后使者至，上问，对曰："群盗，郡守尉方逐捕，今尽得，不足忧。"上悦。

当巡视东方的官吏来报告有人造反的消息时，秦二世胡亥不但没有引起重视，还下令把巡视官抓捕入狱。看到说真话不受待见，后来巡视地方的官吏就学乖了，当胡亥问起地方造反的情况时，巡视官员就报喜不报忧，汇报时忽悠胡亥：只不过是一群小毛贼，已经让地方官追捕，如今造反之人多半都被抓获了，不足为虑。听到这样的回答，胡亥果然很高兴。

此后，李斯也曾试图建议皇帝对造反的情况加以重视，但胡亥始终是摆出一副"我不听我不听"的姿态。这样，也就再也没有人敢提造反的真实情况。

一般来说，统治者对很多事情都可以忍，都可以缓缓，但唯独不能容忍造反——因为这是在革自己的命呢！按照常理，只要一有造反的风吹草动，甚至只是一点点苗头，统治者都会在第一时间下令予以剿灭，以防后患。面对各地的造反运动，秦二世竟不予理睬，甚至不肯承认有造反的事实存在。他为何这么心大呢？

原因很简单——他太自信。对大秦帝国国力尤其是军队战斗力的自信，也是对天下形势的自信。

曾几何时，大秦帝国军队横扫天下，所向披靡，六国的军队要么被剿灭，要么被俘虏。而胡亥当政时，帝国的军队并没有经历大的战争，也没有什么大的损失，所以，秦始皇时期建立的强大军队仍然比较完整地保存着。有了大秦帝国虎狼之师的军队作底牌，秦二世胡亥才敢于蔑视反秦武装。或许在他的眼里，消灭这些毛贼，根本不用秦帝国的正规军动手。

胡亥蔑视反秦势力的另一个原因是因为他爹当年的一个英明决策。秦始皇统一天下称帝之初，就想到有一天可能有人要造反，为了防范于未然,他下令收缴民间的所有武器,集中运送到咸阳,铸成12个巨型铁人放在宫中。这一招在一定时期内确实起到了比较显著的效果。在陈胜吴广造反初期,他们确实没有多少像样的武器,只能"斩木为兵、揭竿为旗"。但胡亥不知道,其实最厉害的武器根本不是刀枪,而是人心。当大秦帝国已经完全失去民心之时,就是遍地刀枪、遍地狼烟之时。随着造反部队规模的扩大,他们的武器也越来越多,越来越精良——从秦帝国官兵那里抢来的。如果非要问造反部队的心得体会,他们可以套用几千年后的游击队队歌这样唱:

没有吃,没有穿,自有那敌人送上前。
没有刀,没有矛,敌人给我们造。

由于最高层领导的不重视,在陈胜吴广造反初期,秦帝国并没有派出像样的武装力量前去镇压,只是让当地官兵自行剿灭,给了陈胜吴广的反秦部队极大的活动空间,导致他们一路高歌猛进。

在这个过程中,六国贵族及旧部趁机浑水摸鱼,打着复国的旗号反秦,一时间,大秦帝国狼烟四起,危如累卵。

直到有一天,陈胜的手下周文率领几十万大军攻入关中,进入到一个叫"戏"的地方。这个地方离秦都咸阳近在咫尺,胡亥同志想不重视都不行了。此时的他,终于知道,帝国面对的,并不是几个小毛贼,而是一群企图窃国的大盗。

到了这个时候,他终于想起来,自己是皇帝,于是召集群臣召开紧急会议,向群臣问策。众臣面面相觑,沉默不语。

就在胡亥几乎要对自己和这帮臣属绝望时,一个淡定的声音在大殿响起:报告,俺有御敌之策。

胡亥听到这样的声音振奋了一下,但看了一下说话的人,顿时又失望了。

说话的人是谁呢？少府章邯。

少府是个什么东东？是秦国的一种官职，为秦帝国的九卿之一。具体是干啥的呢？——"掌百工技巧之政"。也就是说，章邯虽然贵为九卿，级别很高，但说到底也就是个管技术的，相当于大秦帝国的技术总监。说到带兵打仗，那就和章邯的专业严重不对口，似乎跟他没有半毛钱的关系。也正是如此，胡亥一看是章邯说话，就没抱什么希望。

但当章邯说出他的策略之后，所有人都觉得，这是当前解决问题的最好办法。

章邯的御敌之策究竟是什么呢？简单来说，就六个字：以刑徒击盗贼。

章邯说，盗贼已经兵临城下，他们兵强马壮，人多势众，调远处的兵马显然已经来不及，而咸阳的兵力又远远不够。为今之计，只有赦免在郦山服役的刑徒，发给他们兵器，让他们去攻打盗贼。

可以说，章邯是解放思想实事求是的典范，令人脑洞大开：谁会想到用犯人去攻打反贼这一奇招！在这帝国生死存亡之际，章邯提出的这一建议可以说是挽救了咸阳，挽救了胡亥，挽救了帝国（至少是暂时挽救了）。此计一出，简直亮瞎了秦二世的双眼。他当即拍板，就如你所说的办！

于是，章邯把数十万在郦山服劳役被赦免的刑徒集结起来，自己担任将军，带领他们前去"剿匪"。与此同时，胡亥还命令王离率领在上郡的长城兵团紧急参与作战，以策应章邯。

章邯率领的部队大多数都是被处罚服劳役的刑徒，原本负责修建秦始皇陵的后期工程，整天干着繁重的体力活，想要的自由遥遥无期。此时突然被赦免，心情自然是很振奋的。虽然要去打仗，但是好歹能呼吸到自由的空气了，而且打完仗之后不用再回去服劳役了。同时，能参与皇陵工程修建的，多半是身强体壮的壮劳力。身体倍棒再加上士气高涨，章邯带领的这支特殊部队的战斗力自然是不错的。加上章邯有勇有谋,指挥有方,这支部队很快立下赫赫战功:先是击退已经进入关中的周文率领的数十万大军,逼迫周文所部退出函谷关,解除了大秦帝都咸阳的燃眉之急。这样的战果为秦帝国总部调兵遣将赢得了时间,胡亥得以派出军队增援章邯。章邯死死咬住周文所部不放,一直追到渑池,在这里大败周文所部,周文被迫自杀。

在此之前,陈胜曾指派吴广率军攻打荥阳(在今天的郑州市辖区)。当吴广的大军包围了荥阳之后,却久攻不下。防守荥阳的,正是李斯的长子李由。吴广手下的将军田臧见荥阳久攻不下,就认为主帅吴广无能,谋划着取而代之。他找来几位心腹之人商量搞点大事。搞事之前,田臧自然要按套路分析一下当前的形势:周文的军队已经被打散,秦国的军队迟早要来打我们。我们现在包围荥阳久攻不下,等到章邯的部队打来时,防守荥阳的部队和章邯的部队合力围攻我们,我们将陷入腹背受敌、进退两难的境地,必败无疑。不如现在只留下少量部队守在荥阳外围,主力精锐部队去迎击章邯率领的秦军。但现在我们的老大吴广,不懂用兵之策,还仗着是陈胜的把兄弟,骄横霸道,根本听我们的意见。只有杀了他,才能让我们的战略部署得以实现。几个人一拍即合,决定来一场兵变。他们假传"圣旨",假借陈胜的命令杀死了吴广,把吴广的头让人送回了陈胜的总部。

看到曾经的好兄弟成了刀下鬼,陈胜的心情应该是比较复杂的。一方面,吴广是他起事时最早的合伙人,曾与他一起并肩战斗,结下了深厚的战斗情谊。如果对他的死无动于衷,不惩治杀他的人,恐怕会给人留下一个杀害功臣的话柄。这样一来,谁还会愿意站他的队呢?另一方面,随着形势的发展,吴广逐渐显现出居功自傲的痕迹,甚至有单飞的迹象。也许攻打荥阳久攻不下就是吴广想保存自己的实力,以便日后单飞。吴广的死,客观上为他了了一桩后患。是惩治凶手给自己的合伙人一个交代还是顺水推舟送活人一个人情?陈胜是一个现实的人,最终,他做出了一个现实的选择——告诉世人田臧的做法是自己的意思,并派使者将吴广的职位赐给了田臧,彻底将吴广的政变抹白,使其合法化。

田臧如愿以偿当上了上将军,统帅吴广所部。他果真开始实行自己的战略,派部将李归等人驻守荥阳城下,自己则带了精锐部队西进迎战秦军。双方交战后,田臧战死,军队溃散。章邯领兵趁机到荥阳城下来攻打李归等人,李归战死,部队溃散。

此后,章邯的部队搂草打兔子,打败了荥阳周边城市邓说、伍徐率领的反秦部队,这些部队溃散到陈县。

章邯毫不客气,不给反秦部队喘息之机,接着进攻陈县。这里是陈胜称王的大本营,因而陈胜决心在这里与章邯的部队决一死战。然而在章邯的猛烈攻势下,大楚的最高武官战死。陈胜亲自督战,结果大楚的军队还是战败。陈胜被迫率部向安徽阜阳一带转移。在转移途中,他的车夫庄贾杀了他投降秦军。

后来,陈胜从前的侍臣吕臣将军组织了一支敢死队,从新阳(今安徽界首北)起兵攻打陈县,攻克后,杀死了庄贾,算是为陈胜报了仇。

从建都陈县称王到被自己的车夫杀死,陈胜当了六个月的王。他人虽死,但他点燃的反秦星星之火最终燃遍了大秦帝国,他所封立派遣的王侯将相最终灭掉了秦王朝。也正因为如此,最后夺得天下的汉高祖刘邦把陈胜尊为"反秦革命的先行者",专门安置了三十户人家为陈涉看守坟墓,以王侯的身份享受祭祀。这当然是后话。

陈胜死后,章邯又趁势出击,四处剿灭反秦部队,取得了很大成效。大秦帝国差点就被他成功挽救了。

然而,这一切,只不过是大秦帝国最后的回光返照。勇猛如章邯的人遇上了一个更为勇猛的人,他最终未能挽救大秦帝国的命运。

39 君梦成骸：大秦王朝留下千年背影

居月余，诸侯兵至，项籍为从长，杀子婴及秦诸公子宗族。遂屠咸阳，烧其宫室，虏其子女，收其珍宝货财，诸侯共分之。灭秦之后，各分其地为三，名曰雍王、塞王、翟王，号曰三秦。

——《史记·秦始皇本纪》

地盘被占，皇族被灭，皇宫被毁——自项羽入咸阳的那一刻起，君梦成骸，大秦帝国覆灭。秦始皇曾自诩的万世帝业，十五年尘烟飞灰。然而，秦天亡秦制却长寿不灭，留下千年背影。秦始皇和他的黄金团队缔造的帝国制度一直延续到后世，虽历经沧海桑田，影响未绝。

——《轻松读秦史》

击溃陈胜军团之后，天下最大的反秦势力就是项梁军团了。

项梁出生于将军世家，是楚国名将项燕之子。在陈胜起事之后的两个月，项梁也起兵反秦。由于带着楚国名将之后的光环，项梁起兵之后很快有大批人马响应归附，短时间内就聚集了八千精兵。到陈胜开挂之前，他已经是天下除陈胜军团以外的最大反秦力量。就连后来一统天下的汉高祖刘邦，此刻在名义上也还是他手下的小混混，接受他的指挥和领导。不过，项梁最厉害的不是他领兵打仗的本事，而是他有一个得力的助手——他的亲侄子、猛人项羽。

项羽究竟有多猛？按照《史记》的说法，他"力能扛鼎，才气过人"。项梁在会稽起事时，项羽作为得力助手随随便便就砍杀了郡守的手下数十上百人,吓得别人躲着不敢出来。有了这么个先声夺人的亲侄子作助手,项梁的反秦事业顺风顺水,越做越大。但章邯的出现,让他的部将吃了几次败仗,引起了他的注意。特别是在陈胜军团被章邯击溃之后,项梁开始变得警惕起来。他召集各路英雄贤达来聚会议事,主题就是:总结陈胜教训,防止重蹈覆辙。

一个叫范增的老头毛遂自荐前来参加了这次会议并作了主题发言,他发言的题目是:尊重民意拥护楚国王室,把反秦事业推向新高潮。他的核心观点就是:陈胜失败是意料之中的事。秦当时灭六国,楚国是最冤枉的。楚国与秦国往日无怨近日无仇,却依然因为秦国的贪婪而灭国,而楚怀王也被骗到秦国没有回来。楚国人至今都很同情他,所以有人说,楚虽三户,亡秦必楚。而陈胜起义时,不拥立楚王的后代而自立为王,这犯了天下大忌,也不符合民意。现在项梁将军在江东起事,楚国的勇士们争先归附,就是因为项氏世世代代做楚国大将,一定能重新立楚王后代为王。

范增的一番言论让项梁深以为然,他在会上当场拍板,让范增担任军师,排名项梁军团专家咨询委委员之首。除此之外,他还按照范增的建议,寻找楚怀王的嫡孙熊心。经过努力,找到了流落在民间当放羊娃的熊心。项梁沿用他祖父的谥号立他为楚怀王,以此顺应楚国民众的愿望,拉拢人心。这样一来,项梁军团的反秦事业就有了光复楚国的旗号,显得名正言顺,营造了良好的反秦氛围。凭借这一利好,项梁带队四处进攻秦国军队,取得了一系列胜利。其中,还斩杀了秦国丞相李斯的长子李由(当时李斯还没死)。在这一系列的胜利之后,项梁就有点嘚瑟了,有骄傲轻敌的苗头。项梁的手下宋义对他进行了友情提示,提醒他胜仗打得多了,一定要防止骄傲轻敌的情绪。但项梁不以为然,依然我行我素,对秦军的战斗力缺乏正确的判断。不久,秦帝国派来大量兵力增援章邯。章邯全力攻击项梁所部,最终在定陶大败楚军,项梁战死。

陈胜、项梁等楚地名将都被干死，章邯以为楚地的军队群龙无首，不值得大动干戈了，于是北渡黄河进攻赵国。在秦始皇统一天下的过程中，六国被吞并。但六国的王族后裔依然存在，他们时常做着复国的白日梦。但陈胜、吴广点燃的反秦之火逐渐把他们的白日梦照进了现实。他们"趁乱打劫"，借势复国。但相对于造反的发源地楚国而言，其他几个国家在刚开始时都是小打小闹，兵力并不强大。因而，在剿灭"盗贼"的前期，章邯把主要兵力都用在了楚地。等干掉陈胜、吴广以后，章邯就回过头来收拾赵国等几个跟着起哄闹事的国家。赵国历来是军事实力较强的国家，此时，除了楚地之外，就数赵国的反秦力量最强。章邯首先把矛头对准了赵国。经过几次硬仗，大败赵军。赵国主力军队被赶到钜鹿城内。这时候，王离率领的长城军团已经投入到"剿匪"的战场。章邯命令王离、涉间包围了钜鹿，自己的军队驻扎在钜鹿南边作为策应，同时筑起甬道给他们输送粮草。

　　这样的阵势赵国自然受不了，只得向各路反秦部队求救。各路反秦诸侯军队纷纷派兵前去救援，组成反秦联军。由于楚国军队实力最强，联军实际上由楚军的统帅来领导。那么，楚军的统帅是谁呢？是一个没怎么打过仗的人。这个人叫宋义，此前曾给项梁提建议。项梁没听其建议，结果吃了败仗，赔了性命。这事传到了楚怀王的耳朵里。楚怀王觉得宋义这小哥很不错，虽然没打过什么仗，但挺有先见之明，让他做主帅肯定没错。于是，没打过仗的宋义成了联军总司令，能征善战的项羽却只当了个副司令，心里自然有一万句"我不服"。后来，项羽果真找到了不服宋义的"理由"。

　　联军行军到黄河南岸时，宋义下令军队停滞不前。宋义的如意算盘是，先让秦军攻打赵军，即使秦军胜利，也必然疲惫，这时候联军以逸待劳攻打疲惫的秦军必然取胜。如果秦军不能打败赵军，联军就可以趁秦军和赵军打得你死我活的时候再冲上去歼灭秦军。

　　从理论上讲，宋义的隔岸观火、坐收渔翁之利的想法似乎也有些道理。但问题是,战场形势瞬息万变,联军如何能掌握秦军何时最疲惫的信息?就算掌握了信息,联军远在黄河彼岸,等到联军渡过河时,秦军恐怕早已做好应战准备了。如果王离率领的长城军团消灭了赵军,就等于消灭了一支反秦的有生力量,到那时再和章邯军团会合,合力攻击联军,那联军的形势就岌岌可危了。

实战经验丰富的项羽建议,应该立即过黄河攻击秦军,和赵军来个里应外合,必定可以击败秦军。宋义对这一建议不予理会,并严令全军原地不动,违令者斩。当时天气寒冷,军中存粮不多,小兵们又冷又饿,宋义却在军帐中大宴宾客,把酒言欢,搞得将士们怨声载道。项羽乘机鼓动将士,阐明火速攻秦的厉害,也指出宋义的不义之处:楚怀王将军机大权授命于他,将国家安危系于一人,他却不知责任重大,不体恤将士,滥用职权,假公济私,挥霍浪费,还让军队停滞不前,贻误战机,实在不是个好货。项羽在楚军中向来就很有威望,加上这么一鼓动,将士们算是都统一了思想,都觉得宋义不是好货。看时机已成熟,项羽假装去参见宋义,到了宋义军帐中,干脆利落地一刀结果了宋义。提着宋义的头通告全军:宋义谋反,楚王密令我处死他。

扶立楚王的,本来就是项羽一家。何况项羽凶猛无比,战功卓著,他既然已经这样说了,这样做了,谁还敢反对呢?所以,将士们也都表示大写的"服气",拥护项羽代替宋义成为反秦联军的总司令。项羽派人将杀了宋义的情况报告给楚怀王。生米已经煮成熟饭,楚怀王手上又无兵权,只能承认现实,同意让项羽作联军的总司令。

项羽取得了名正言顺的指挥权,立即派两万军队作为先锋队,火速驰援钜鹿的赵军。但先锋队取得的战果有限,赵军又派人来求联军支援。项羽率领全部军队渡过黄河和漳水,并且他作了一个名垂千古的决定:在过漳水后,让楚军把船全部凿沉,把锅碗全部砸碎,把军营烧毁,并且只带三天的口粮,以此表示要决一死战,不留后路。当时,王离的长城军团包围了钜鹿的赵军,而反秦联军又包围了王离的长城军团(实际上是半包围,王离军队背后有一面和章邯军团打通)。但是,反秦联军围而不攻,各路诸侯军看见秦军的阵容十分豪华,都不敢上前出战。项羽带领约五万楚军猛打猛冲,与二十万秦军展开九次殊死战斗,阻断了秦军章邯军团和王离率领的长城军团的联系,大败秦军长城军团,俘虏了王离。这一战,被军事史列为以少胜多的经典战例。

在这一战中,各路诸侯军队坚守营地不出,在城墙上观战,由此也创造了一个流传千古的成语——作壁上观。项羽则一战成名,威震天下。当项羽在打败秦军以后,召见诸侯将领时,这些将领都吓得跪着向前参见项羽,无人敢仰视。从此,项羽从名义上的联军总司令变成了真正意义上的联军总司令,各路诸侯军都听命于他。

钜鹿一战,秦军损失了整个长城军团,元气大伤,而反秦联军士气高涨。直到此时,章邯才明白,当初他带兵灭了陈胜,灭了项梁,就以为楚地无忧,其实是大错特错了。他真正的对手,是今日的项羽。

为避反秦联军锋芒,章邯不得不暂时后撤。此时秦二世还没被害,得知章邯多次后撤,便派人责问章邯。章邯心虚,便派自己的手下司马欣回朝说明情况做检讨,以此缓和与秦二世的关系。但司马欣到了咸阳之后,赵高故意不接见,当然也阻止秦二世与司马欣会面。司马欣惶恐不安,等了三天之后,果断逃离咸阳,抄小路回到军中。赵高派人从大路追赶,自然追不上。

司马欣回到军中,向章邯报告了在朝中被赵高阻挠无法面见秦二世胡亥的情况,并分析此时朝内外的形势:如今,赵高这个人在朝中独揽大权,我们是不可能有大作为的。如果我们打胜了,赵高必定嫉妒我们的功劳,必定要想办法整死我们;如果打败了,赵高那就更要名正言顺地整死我们。反正在他眼里,咱们是里外不是人。下一步,咱们何去何从,您得好好考虑考虑了!

司马欣的这番话,看似只分析了形势,没有提出具体对策。但实际上他在分析形势时已经暗示了只有第三条路走得通,那就是——向反秦联军投降。但司马欣是个狡猾的老狐狸，他只字不提投降，但却表明了投降之意，就是不想背投降首倡者的黑锅。

恰在这时，赵国的反秦将领陈馀也给章邯写了封信劝降。劝降信依然走的是老套路，先分析形势，再得出结论——投降是必由之路。当然，考虑到章邯的面子，陈馀委婉地把投降说成是与反秦联军订立和约，一起攻秦。

章邯又何尝不知道自己面临的危机重重。自统兵以来，他带领刑徒之众击败周文数十万大军，之后又击败反秦的始作俑者陈胜，斩杀南方反秦军影响最大的项梁，灭了复立的魏国，杀了新立的魏王。就是带着一支这样临时组织起来的业余军队，他几乎击溃了所有江南的反秦军队，又回到北方攻击赵地，大破赵军。一路高奏凯歌的章邯，一世英名的章邯，救帝国于危难之中的章邯，怎么就沦落到要投降的地步？不但他自己心有不甘，就连了解他英勇战绩的人恐怕也心有不甘。但是不投降又能怎样呢？奸臣当道，胜亦是败，败更是败，胜败都无法善终。

犹豫再三，他终于秘密派人与项羽联络，想订立和约。但项羽势头正健，哪里肯讲和？他只接受投降。

既不接受讲和，项羽就派出军队与秦军交战。章邯这时已经没有多大心思跟项羽死扛到底了，因而在战场上也就泄了气，吃了败仗。只得再次向项羽抛出橄榄枝。项羽考虑到军队粮草不多，就答应与章邯订立和约。

就这样，大名鼎鼎的章邯，击败反秦军队无数的章邯，竟然和反秦联军"讲和"，归附了项羽。

秦帝国原有两大军团，一是长城军团，一是南越军团。长城军团被项羽歼灭，主帅王离被俘，然后被杀。征伐南越的军团数十万人，但是天高地远，远水救不了近火。中原地带爆发反秦战火之后，南越军团被中原反秦联军阻断，无法接到帝国中央的指令，不能擅自北上救援。另外，南越军团曾长期限于南越人游击战的泥潭，还要时刻防止当地的反秦势力发展壮大，因而也不能全部抽身北上救援。即便能抽出一部分兵力主动北上救援，一是时间来不及，二是远道行军，也很有可能被以逸待劳的反秦联军击溃。此时，秦帝国唯一可以指望的，就是实力尚存的临时组建起来的章邯军团。信任章邯、笼络章邯、重用章邯是秦帝国得以苟延残喘的必然选择。有章邯军团在，秦帝国至少可以退保关中，回到统一前的局面，保住诸侯国的地位。但秦二世和赵高的选择恰恰相反，一个责问章邯，一个故意制造矛盾阻挠章邯的手下向秦二世汇报，弄得章邯忐忑不安，硬是把章邯这个实力派给推向了反秦阵营。章邯"归附"项羽之后，被项羽封为雍王。但他那二十万士卒可就没那么好运气了。虽然这二十万秦军都已投降了楚军，但因为担心日后生变，项羽密令楚军在一个月黑风高之夜坑杀了这二十万秦军。项羽的担忧也从侧门印证了章邯军团的战斗力。

章邯降楚，使得大秦帝国再也没有大的军团可与反秦联军抗衡，加速了其灭亡进程。但是秦帝国的统治阶层此刻却还在紧张地进行内斗，赵高正在咸阳上演"指鹿为马"的大片，并最终干掉了秦二世胡亥。此后，赵高扶植的新主子婴设计干掉了赵高，大秦帝国的领导层终于迎来了一阵清风。

但是这股清风来得太晚了。此刻，留给子婴的，是大秦帝国内外交困的烂摊子。对内，秦帝国的贤臣才子都已被赵高等人诛杀殆尽，几乎无人能用。对外，能够打仗的大规模军队已经没有了，只剩下卫戍咸阳的少量军队。

在项羽北上与秦军主力军团浴血奋战时，刘邦也没有闲着，他趁机加快挥师西进，闯关夺隘，到子婴继位时，刘邦军团已经攻破武关，离咸阳近在咫尺。但即便如此，子婴还是在做最后的努力。他派军队死守峣关，以此作为防守刘邦军团的最后一道防线。刘邦猛攻不下，便采取手下张良的计策，一边在山上到处插旗帜，一边派人与秦将谈判，以此迷惑秦军。在这些障眼法的配合下，刘邦派出一部分军队绕过峣关，从背后攻击秦军，终于大败秦军。此时，咸阳已经完全暴露在刘邦军团的脚下。到了这个份上，子婴是有心护国，无力回天了——在当了四十六天的秦王之后，刘邦军团进入咸阳，子婴坐着白马白车，捧着天子的玉玺符节，在路旁向刘邦投降。

刘邦为笼络人心，一直以宽大长者、仁义之师的形象示人。在进入咸阳城后，他照例没有进行打砸抢等不文明的活动，并封闭宫室府库，还给子婴等秦王室成员必要的物质保障。

但有一个人可没有这么好的脾气。他一心只想着杀进咸阳，进行烧杀抢掠的不文明活动。这个人就是项羽。

项羽同志本来脾气就不好，在这件事上心情不好更是有原因的。

一是因为他受到了不公平待遇。当初赵军被秦帝国的长城军团数十万大军围困，楚怀王让项羽北上救赵，本来就是件苦差事，是去啃硬骨头。问题是，派项羽去啃硬骨头也就罢了，楚怀王还派了一个宋义去做他的上司，时刻管着他盯着他，让他不爽至极。项羽被派去啃硬骨头，而刘邦却是美差——西进击秦。秦军主力军团都被项羽牵制了，刘邦西进当然就轻松了。这也就罢了，关键是楚怀王还制定了一个极其不公平的游戏规则——谁先入咸阳谁就当关中王！这个确实有点太不公平了，恐怕当时有些吃瓜群众都看不下去了吧。项羽的路线本来面对的敌人就要比刘邦的路线面对的敌人要多得多，而且刘邦西进去咸阳顺路，项羽北上再西进绕了个大弯。在这样的情况下，项羽同志必输无疑！那么，为什么项羽和刘邦的待遇差距这么大呢？原因竟然是楚怀王和身边的几个老干部一致认为，刘邦比项羽要老实。"项羽不老实，虽然领兵打仗确实有一套，但老是爱干一些屠城放火等不文明的事儿，不能让他先到咸阳。而刘邦是老实人，不能让老实人吃亏。"楚怀王和老干部的理由当然不能使项羽心服口服，他一直憋着一股劲儿等着发飙呢。

二是他和秦帝国有深仇大恨。在秦灭楚的战争中,项羽的祖辈项燕是抗秦名将,但最终被秦军打得兵败自杀。对于项羽来说,他的家仇国恨都是指向大秦王朝的。他多想第一个冲入咸阳复仇,但却因为不公平规则让刘邦先入了咸阳。

脾气不好的项羽在打败大秦帝国的长城军团并收服了章邯军团后,急忙西进赶往咸阳。此时,刘邦军团的军事实力远逊于项羽军团,只得给项羽让路,转手把咸阳让给了项羽。

项羽好不容易进了咸阳,憋着的一股劲儿终于可以释放了。他和他的军团进城之后第一件事就是屠城——杀死子婴以及秦朝众公子和皇族。接着屠灭咸阳,烧毁宫室,俘虏儿童妇女,没收珍宝财物,由诸侯们平分。灭秦以后,项羽把秦国土地分成三国,名为雍王、塞王、翟王,号称三秦。项羽自立为西楚霸王,主持政令,赐封诸侯王,秦国至此灭亡。又过了五年,刘邦军团打败项羽军团,统一天下。

地盘被占,皇族被灭,皇宫被毁——自项羽入咸阳的那一刻起,君梦成骸,大秦帝国覆灭。秦始皇曾自诩的万世帝业,十五年尘烟飞灰。然而,秦夭亡秦制却长寿不灭,留下千年背影。秦始皇和他的黄金团队缔造的帝国制度一直延续到后世,虽历经沧海桑田,影响未绝。即便是到了今天,有些制度都难逃秦制的影子(如郡县制)。

这正是:王朝十五载,人间两千年。帝国皓日垂耀山河,功过荣辱光照千秋。秦始皇若泉下有知,是喜是悲? 当作何感想?

(完)

这个世界上，我最对不起的人竟然是秦始皇

——用七年的时间写一本书是怎样一种体验

大凡小有点才华的人，都有很矛盾的一面——不好意思，我说的就是我自己。时而自负得很，觉得自己牛得不行，时而又很有挫败感，觉得一事无成。但多数时候，还是比较自负。

比如，我就曾自负地认为，在这个世界上，我仰不愧天俯不愧地，认真做事努力做人，似乎从来没有对不起谁。除了一个人。

这个人就是——秦始皇！秦始皇！秦始皇！

大约是8年前的2010年8月24日，我下定决心，要写一本秦始皇的书。哦，不，我当时是决定要写一套书，大体就叫传说中的开国皇帝。第一部就写秦始皇。

为什么要写这样的东西？我的动机很简单。对于一个有序的社会来说，我们常说普法的重要性。但对一个优秀的民族来说，要使他的优秀民族文化传承下去，就得"普史"。我们常说要继承和发扬民族的光荣传统和优秀文化。但如果连自己的历史都不了解，又如何能传承和发扬传统文化？

也许你会说，咱们上学不都学过历史了吗？但真正的历史，要比教科书精彩得多。于是，既爱好文学也爱好历史的我就有了一个伟大的梦想——用文学的笔法去写有趣的历史。我企图通过对一个个开国皇帝的有趣书写，来一场轰轰烈烈的普史运动。但这个梦想对于我来说，过于伟大。后来的事实证明，我的才华还够不上这伟大的梦想。

正是因为梦想太伟大，所以我的决定必定是疯狂的。我在决定的当天，就在电脑上敲下书名和第一章开头的426字。另外，还写了一个看似逆天的题记：历史本就是传说，每个人都是一部传说。我对秦始皇的在天之灵发誓：半年之内写完。

听起来似乎很刺激很牛气，但我犯了一个错误——彼时，我已经不再是无忧无虑的大学生，不可能全力以赴来写这个。对于时间被切割成碎片的成年人来说，要在兼顾工作和生活的情况下写长篇，那简直就是一种折磨和煎熬。

时间是最公正的判官，只要你敢于吹牛却不动弹，它就必定会啪啪打你脸。一年多以后，我的秦始皇项目依然没有什么大的进展。这一年，关于这本书，我只写了2342字。最叫人沮丧的是，多年以后再回首，我找不出那一年我做了些什么大事。我终于开始恶心我自己。因为，自律、坚持，不达目标不罢休，曾是我引以为豪的品质。人最有魅力的时候，应该是他坚持而专注地做自己喜欢做的事的时候。那一年，我想我的灵魂是丑陋的。

在我的写作生涯中，从来没有这么纠结过。有时候觉得自己写的这个东东是宝贝，将来必定大放光彩。有时候又觉得毫无意义，写这个有可能是费力不讨好。

此外，关于秦朝、关于秦始皇的事迹浩如烟海，我到底要写什么，以什么为重点？这也曾令我十分纠结。直到写到三万字的时候，一切才渐渐明晰。就写秦始皇、秦朝那些奇葩事儿！何谓奇葩？在我们现在的语境中，奇葩并不是个什么好词，更多的时候变成了形容人不靠谱。但实际上，奇葩的本意是奇特的，美丽的，出众的事物和作品。我自己将奇葩的内涵作了扩大，既有美丽出众，也有令人惋惜的意思。用我的话说——奇葩，或美丽而奇特，或不拘一格不可思议不靠谱。每一个生命都是奇葩，每一段历史都是奇葩，每一处生活都是奇葩。而所谓文学，亦不过是将奇葩的人事艺术化表达而已。

而秦始皇和他的大秦王朝,正符合我对奇葩的定义。他和他的王朝是伟大的牛气的,但同时又是短命的,令人惋惜的,实在是值得书写。

　　至于怎么个写法?我把握的原则是,在《史记》记载的基本史实上展开,以此和那些纯粹的无厘头的恶搞历史相区别。于是,沿着秦始皇和他王朝的奇葩之处,我一路写了下去。二十万字的小长篇,原以为可以很快搞定,结果拖到了第七年,终于到了我的忍耐极限。在过完2017年春节之后,我痛下决心:是时候结束我的痛苦了!一切都得为秦始皇和他的王朝让路!

　　这一年,我几乎放弃了与所有老友聚会的机会,甚至连跑步群、正能量群都统统退出,目的就是一鼓作气写完秦始皇。这一年,我暂时放弃了许多坚持多年的好习惯。这一年,别人加班的时候,我在加班。别人加完班的时候,我还在加自己的班写秦始皇。很多人包括我自己都在问我:什么时候,才能过正常的生活?这时候,我都会甩过去一句话:等我写完秦始皇!

　　干大事,必须得对自己狠一点——2017年4月22日22时03分,我终于完成这本书的初稿,如释重负。虽然后续还有许多需要修改完善的地方,但初稿完成,就意味着大局已定,剩下的修修补补的工作,就轻松得多了。我终究把它写完了——秦始皇同志,您若在天有灵,也该为我点个赞,对不?

　　写完秦始皇的初稿之后,我给自己这七年的写作算了一笔账。总的算下来,这本书总耗时约六年零八个月,完成总字数:184825字。平均每天完成字数:约76字。说起来牛得不行,算起来令人沮丧——原来,这七年来,我每天也就写了76个字而已(不算写其他的文章)。尽管这个效率让人难堪,但是有一个事实还是令人欣慰的——毕竟,我每天还写了76个字。

　　让伟大的人变得更伟大自然是伟大的事,但更伟大的事是让平凡的人变得伟大。而坚持做一件事,坚持做一件正确的事,就足以让一个平凡的人变得伟大。在写完秦始皇初稿的那一刻,至少有那么一秒,我觉得自己是伟大的。

这是无比痛苦的七年。七年,我把某娃从娘胎里写到了五岁多;七年,我把一个健康的小伙子写成了一个鼻炎患者;七年,我把一个文艺青年写成了一个猥琐的中年大叔。

这是无比焦灼的七年。七年,都够我患一场抑郁症然后再恢复正常了;七年,我从一个不跑步的人变成了一个马拉松选手;七年,我的大约70%的小学同学、40%的中学同学和30%的大学同学都生了二胎。

但无论多痛苦多焦灼,这七年,仍是我值得骄傲的七年——至少,我还干成了一件事。

由于工作生活事务繁忙,书稿完成后,又被搁置了一年。我才下定决心抽出时间联系出版事宜。这才有了大家看到的这本书。在此,我要特别感谢激励我、帮助我、为本书的出版付出巨大心血的检察日报社图书出版中心主任张志玲女士(我们称之为"志玲姐姐"),为本书出版付出巨大辛劳的中国检察出版社李健主任,以及其他帮助、关心、关注本书出版的朋友们。当然,也要特别感谢我的家人对我的巨大支持。

感谢所有关注邱二毛和邱二毛文字的人,我并不完美,但谢谢你们依然爱我——和我的文字。

正如巴尔扎克所说:"人的全部本领无非是耐心和时间的混合物。时间是伟大的导师,也是伟大的作者,它会给坚韧不拔的人写出完美的结局——尽管这过程会很痛苦。"

愿你我的下一个七年会更好。

邱二毛 2018 年 6 月 13 日于京西

图书在版编目（ＣＩＰ）数据

轻松读秦史：大秦王朝那些事儿 / 邱二毛著 . -- 北
京：中国检察出版
社, 2018.8
ISBN 978-7-5102-2166-8

Ⅰ.①轻… Ⅱ.①邱… Ⅲ.①中国历史－秦代－通俗
读物 Ⅳ.①K233.09

中国版本图书馆CIP数据核字(2018)第204235号

轻松读秦史
——大秦王朝那些事儿
邱二毛　著

出版发行：中国检察出版社
责任编辑：王伟雪
地　　址：北京市石景山区香山南路109号
网　　址：中国检察出版社(www.zgjccbs.com)
电　　话：(010)86423512
印　　刷：北京明月印务有限责任公司
开　　本：170mm×230mm　　16开
印　　张：17印张
字　　数：172千字
版　　次：2018年9月第一版　2018年9月第一次印刷
书　　号：ISBN　978-7-5102-2166-8
定　　价：56.00元